Martin Guddat

Des Königs treuer Diener

Martin Guddat

Des Königs treuer Diener

Als Soldat unter
Friedrich dem Großen

Seit 1789

Verlag E. S. Mittler & Sohn
Hamburg · Berlin · Bonn

Titelbild:
Archiv des Verfassers

Ein Gesamtverzeichnis der lieferbaren Titel der Verlagsgruppe Koehler/Mittler
schicken wir Ihnen gerne zu. Senden Sie eine E-Mail mit Ihrer Adresse an:
vertrieb@koehler-mittler.de
Sie finden uns auch im Internet unter: www.koehler-mittler.de

Bibliografische Information Der Deutschen Bibliothek
Die Deutsche Bibliothek verzeichnet diese Publikation
in der Deutschen Nationalbibliografie; detaillierte bibliografische Daten sind im Internet über http://dnb.ddb.de
abrufbar.

ISBN 3-8132-0862-1
ISBN 978-3-8132-0862-7

© 2006 by Verlag E.S. Mittler & Sohn GmbH
Alle Rechte, insbesondere das der Übersetzung, vorbehalten

Produktion: Inge Mellenthin
Druck und Bindung: cpi books, Leck
Printed in Germany

Inhaltsverzeichnis

Einleitung

*Die vorzüglichste Pflicht des Oberhaupts im Staate ist, sowohl die
äußere als innere Ruhe und Sicherheit zu erhalten, und einen Jeden
bei dem Seinigen gegen Gewalt und Störungen zu schützen.*

Allgemeines Landrecht II 13 § 2

Am 5. Februar 1794 verkündete Friedrich Wilhelm II. das Allgemeine Preußische
Landrecht. Kaum ein Gesetz hatte jemals einen so umfassenden rechtlichen Geltungsbereich
wie dieses. Denn es beschränkt sich nicht auf die Regelung des Rechtsverhältnisses zwischen
den Einwohnern, sondern erfasst auch den öffentlichen Bereich. Die Rechte und Pflichten des
Einzelnen gegenüber dem Staat werden ebenso geregelt wie dessen Obliegenheiten gegenüber
den Bewohnern. Es nimmt sogar den obersten Souverän in die Pflicht. Von ihm verlangt es
zuvörderst, die Sicherheit aller nach innen und außen zu gewährleisten.

Im Zeitalter des Feudalismus war die Erweiterung des Territoriums ein wichtiges
politisches Ziel. Wer die Grenzen zu seinen Gunsten verschob, steigerte den politischen
Einfluss und über die hinzugewonnene Arbeitskraft der Untertanen den Wohlstand. Bran-
denburg-Preußen konnte weder mit einer großen Bevölkerungszahl noch mit einer blühenden
Wirtschaft Begehrlichkeit wecken, aber seine verstreuten Besitzungen im Zentrum Europas
waren leicht zu gewinnen. Geschwächt durch den Dreißigjährigen Krieg und mit enttäu-
schendem Landgewinn im westfälischen Frieden abgefunden, fehlte ihm die Kraft, sich gegen
die latente Bedrohung zu behaupten. Mit den Worten *»Auf der einen Seite habe ich die Krone
Schwedens und auf der anderen Seite den Kaiser. Ich sitze zwischen ihnen und warte, was sie mit
mir anfangen.«*[1] beschrieb der zur Tatenlosigkeit verurteilte Große Kurfürst in nüchterner
Selbsteinschätzung seine Situation. Aus der Erkenntnis, dass ein Landesherr »Postur« und
»Nachdruck« haben müsse, wenn er sein Land behaupten und in der Außenpolitik mehr als
ein Spielball fremder Mächte sein wolle, schuf er das stehende Heer.

Sein Sohn Friedrich III. setzte den Aufbau der Streitkräfte fort. Ihm ging es dabei
allerdings weniger um die politischen Spielräume als um die Krone Preußens, die ohne die
Abstellung zusätzlicher Truppen für die Kriege des Kaisers nicht zu gewinnen war. Um die
Ausgaben für den höfischen Glanz nicht zu schmälern, besoldete und versorgte er sie aus
Subsidienverträgen. Den Nachteil, dass die Soldaten in Sold und Dienst fremder Mächte
seiner Verfügungsgewalt entzogen waren, nahm er in kauf.

Der in den Kategorien seines Großvaters denkende Friedrich Wilhelm I. löste das Heer
mit durch rigoroses Sparen erwirtschaftete Einnahmen aus der ausländischen Abhängigkeit
und machte es so für die Krone wieder verfügbar. Unterstützt durch den Fürsten Leopold von
Anhalt Dessau, formte er es neu und brachte es auf einen bis dahin nicht erreichten Stand. Damit
war zwar vollzogen, was der Große Kurfürst immer angestrebt hatte, aber für die Umsetzung der
neu gewonnenen Kraft fehlte dem überragenden Innenpolitiker die außenpolitische Begabung.
Selbst als Friedrich Wilhelm guten Grund für ein militärisches Vorgehen hatte, weil er vom
Kaiser im Zuge der Anerkennung der Pragmatischen Sanktion auf übelste Art um die Jülich-

Bergsche Erbfolge betrogen worden war, scheute er den Einsatz der Armee. Für die Akteure der großen diplomatischen Bühne blieb Preußen daher der kleine unbedeutende Statist, dessen berechtigte Ansprüche man unbeachtet beiseite schieben und dessen Vertrauen in das gegebene politische Wort man ungestraft missbrauchen konnte.

Erst der nach Erfolg strebende Sohn vollendete, was der Große Kurfürst begonnen hatte. Als im Jahre 1740 Bayern und andere sich anschickten, das mitteleuropäische Staatsgefüge durch Missachtung der Pragmatischen Sanktion aus den Angeln zu heben, wurde er aktiv. Nach 23 langen Jahren, die das Land bis an den Rand der Katastrophe brachten, zweifelte niemand mehr an Preußens Postur. Politische Mitsprache nach außen und Sicherheit nach innen waren fortan garantiert. Damit hatte Friedrich in der vierten Generation vollendet, was der Große Kurfürst begann und 1794 jedem preußischen Monarchen zur gesetzlichen Pflicht gemacht wird.

Heute, gut 200 Jahre später, ist Preußen von der Landkarte verschwunden. Unter dem Eindruck wilhelminischer Großmannssucht und zweier Weltkriege mit Millionen von Toten war die Kette von Friedrich über Bismarck bis hin zu Hitler schnell gespannt und mit dem Schicksal des Dritten Reiches auch die Existenz Preußens besiegelt. Der Militarismus sollte weder geographisch noch geistig jemals wieder eine Heimstatt haben. Dabei wurde bewusst oder unbewusst übersehen, dass der Militarismus nichts typisch Preußisches ist.

Für den überzeugt religiösen Friedrich Wilhelm I., bei dem am ehesten eine unkritische Nähe zum Militär vermutet werden könnte, war die Armee kein Instrument jederzeitigen Losschlagens, sondern in erster Linie ein Bindeglied zwischen den Gesellschaftsgruppen und nicht zuletzt ein Wirtschaftsfaktor. Sie kostete zwar viel, gab aber auch Geld aus. Als ordnungsliebender Mann hatte der König sicherlich eine Schwäche für das Militär, aber er war vor allem ein kühler Realist. Ständig eine Uniform trug er nicht, um das Militär zu hofieren, sondern um zu dokumentieren, dass auch der Monarch der gemeinsamen Sache diente. Die Kartoffelbauern lagen mit der Volksweisheit »so schnell schießen die Preußen nicht« näher am wahren Charakter des Soldatenkönigs als der alliierte Kontrollrat und die Analysten von heute.

Auch Friedrich der Große hat sich vom Militär niemals verführen lassen. Dass er im Zeitalter des Absolutismus die militärische Macht zur Durchsetzung seiner politischen Ziele benutzte, macht ihn ebenso wenig zum Militaristen wie die Herrscher Österreichs, Englands oder Frankreichs. Er erscheint nur kriegerischer, weil er als erster offen dafür eintrat, die gleichberechtigte Wahrnehmung von Staatsinteressen nicht mit sittlichen Grundsätzen zu ummanteln. Kriege mit »gerechten« Ansprüchen oder der Beseitigung von Ungerechtigkeit zu rechtfertigen, empfand er als scheinheilig. Kriege zu führen war für ihn keine Frage der Moral, sondern der Abwägung von Vor- und Nachteilen, also der Vernunft. Die Vernunft gebot, die Gewichte nur insoweit zu verschieben, als die Balance gewahrt blieb. Lag diese Voraussetzung vor, war ein Krieg als letztes Mittel zur Durchsetzung der staatlichen Interessen verantwortbar.

Friedrichs Handeln war ausschließlich auf Preußen ausgerichtet. Er wollte Österreich weder vernichten, noch an seiner statt eine führende Rolle in Deutschland übernehmen. Die Nachfolger waren ebenfalls weit davon entfernt, Deutschland einen preußischen Stempel aufzudrücken. Der Wunsch nach Befreiung aus der heute so sympathisch empfundenen Kleinstaatenidylle ist nicht von ihnen, sondern von den Dichtern und Denkern der Regionen ausgegangen. Sie sahen in Preußen den Stern, der sie nach seinem Muster zu Größerem führen sollte. Preußen hat die erbetene Rolle nur widerwillig übernommen und Friedrich Wilhelm IV. die Reichskrone aus der Hand des Volkes sogar abgelehnt. Kein machtbewusster Monarch hätte sich eine solche Chance entgehen lassen. Selbst als sich die Dinge auf anderem Wege schließlich doch dahin entwickelten, handelte Preußen fern aller Kriegslüsternheit mit Bedacht. Das geostrategisch nach Südosten zielende Österreich vom Deutschen Reich auszuschließen, war ein Gebot der Vernunft, dem Lockruf Englands nach Beteiligung am Krimkrieg zu widerstehen, ebenfalls. Augenmaß zu wahren, das Mächtegleichgewicht durch eine Vielzahl von Bündnissen und Rückversicherungsverträgen ohne Krieg zu erhalten, waren die Grundlinien der preußischen Politik, und zwar so ausgefeilt, dass Bismarcks Nachfolger Caprivi das Spiel der Kugeln kaum noch beherrschte. Die darauf folgende wilhelminische Großmannssucht hat mit dem alten Preußen nichts mehr gemein, und schon gar nicht das Großdeutsche Reich unter Einschluss Österreichs. Friedrich hatte die Eroberung Österreichs nie im Sinn gehabt und Bismarck seinen König bei Königgrätz mit großem Weitblick vom Einmarsch in Wien abgehalten. Zwischen dem, was vor und nach 1933 geschah, liegen Welten. Hitler sah es nicht anders. Die preußische Geschichte wurde zwar zu Propagandazwecken benutzt, er selbst hat sich aber nie in ihrer Tradition gesehen. Keine seiner elitären SS-Divisionen hat jemals einen preußischen Namen getragen.

Dennoch haben die Alliierten mit ihm zugleich Preußen auf die Anklagebank gesetzt. Die außerhalb Preußens lebenden Deutschen nahmen die Mithaftung willig auf, weil sie ihnen erlaubte, sich als doppelt Verführte in geringerer Schuld zu sehen. Erst recht schlossen sich linksintellektuelle Kreise, denen ein Staat, der »jedem das Seine« und nicht »allen Dasselbe« gewährte, schon immer zuwider gewesen ist, dem gemeinsamen Verdikt an und halten bis heute unbeirrt daran fest.

In den Strudel der Pauschalverurteilung musste zwangsläufig auch die altpreußische Armee geraten. Im diffusen Licht politischer Geschichtsbetrachtung erscheint sie als hochgezüchtetes präzises Uhrwerk, deren in skurrile Uniformen sowie Befehl und Gehorsam gepresste Soldaten sich in der Hand skrupelloser Führer wie Marionetten gebrauchen und missbrauchen ließen. Dabei wird geflissentlich übersehen, dass sie anderen deutschen Ländern Vorbild gewesen ist und ihre Prinzipien über den Stabskapitän Steuben sogar Eingang in die junge amerikanische Armee gefunden haben. Ebenso missachtet wird die Charakterfestigkeit ihrer Offiziere, für welche die Geschichte in der Person des Grafen Schulenburg, des Obristen von der Marwitz und des Grafen York viele Beispiele kennt. Nicht ohne Grund hat Fontane die Auflehnung dort, wo der Gehorsam keine Ehre brachte, als die schönste der preußischen Tugenden bezeichnet.

Während sich die Qualifizierung der Offiziere als kritiklose Befehlsempfänger sofort widerlegen lässt, ist die Überprüfung der Stichhaltigkeit der Behauptung bei den Mannschaften schwieriger. Einfache Soldaten traten selten so hervor, dass ihr Verhalten dokumentiert ist, und weil nur wenige des Lesens und Schreibens mächtig waren, haben sie uns kaum Aufzeichnungen hinterlassen, aus denen wir ihre Geisteshaltung unmittelbar ablesen können. Erkenntnisse über sie sind deshalb nur durch Rückschlüsse zu gewinnen. Um zu erfahren, ob die Soldaten tatsächlich die willfährigen Bauerntölpel gewesen sind oder selbst eine Verantwortung gespürt haben, müssen wir die Lebensumstände kennen. Wir müssen wissen, wie der einfache Mann aufgewachsen ist, was ihm die Religion und das Elternhaus mitgegeben haben, welchen rechtlichen Status er im Staate besaß, wie er den dienstfreien Alltag verbrachte und ob er beim Militär mehr gelernt hatte als die Handhabung des Gewehrs.

Die an vorhandene Quellen angelehnte Darstellung eines fiktiven Soldatenlebens soll den Hintergrund beleuchten und dazu beitragen, ein der historischen Wahrheit näher kommendes Gesamtbild zu entwerfen.

Berlin,
im August 2006

Martin Guddat

I. Friedensdienst

1. Die Musterung

Gut 25 km südöstlich von Potsdam liegt in der Mark, eingebettet zwischen Äckern und Wiesen in leicht hügeliger Landschaft, das Dörfchen Stücken. Weniger als 30 Häuser reihen sich an einer sandigen Straße mit einer aus Feldsteinen errichteten Kirche auf der Nordseite und einem bescheidenen Gasthaus schräg gegenüber. Sonst gibt es hier nichts, was besondere Erwähnung verdient.

Es ist März, und die Gehöfte und Insthäuser sind verwaist. Was Hände hat zu arbeiten, befindet sich jetzt auf den Feldern. Nachdem die Ackerflächen des Grafen Thümen versorgt sind, müssen die bescheidenen eigenen Flächen bewirtschaftet werden, um das Überleben der vielköpfigen Familien zu sichern. Obwohl die Feldarbeiter in der Abgeschiedenheit grundsätzlich wenig berührt, liegt Sorge auf ihren Gesichtern. Es ist die Zeit, wo heute oder morgen der Rekrutierungsoffizier aus Berlin erscheinen wird, um die männliche Jugend zu mustern. Wie jedes Jahr denken die Väter daran, ihre Söhne in den Wäldern zu verstecken, und stets geben sie den Gedanken wieder auf, weil die Armee auf Grund der Vormusterungen die genauen Zahlen kennt und der Nachbar überdies das Versteck verraten könnte, weil bei Unauffindbarkeit des Gesuchten dessen Sohn rücksichtslos eingezogen würde.

Große Sorgen macht sich der Bauer Basedow. Vor zwei Jahren hatte man seinen Zweitältesten im Alter von 15 Jahren durch Eintragung in die Enrollierungsrolle für das Regiment reserviert, mit der Halsbinde des Regiments als äußeres Zeichen seiner Vormerkung versehen und bis zur Einberufung mit einem Laufpass ausgestattet. Nur weil er noch nicht konfirmiert war und nicht wachsen wollte, hatte ihn der Kapitän mehrmals zurückgestellt. Jetzt war der Junge konfirmiert und zum Kummer der Eltern kräftig aufgeschossen. Noch einmal würde er deshalb kaum davonkommen, genauso wenig wie der eine oder andere der bisher Zurückgestellten.

Das Dorf Stücken gehört zum Kanton des Regiments Hacke. Die Einteilung des Landes in Rekrutierungsbezirke (Kantone) von jeweils 5.000 bis 8.000 Feuerstellen (Haushalte) hatte der Vater des Königs 1733 eingeführt, um den gnadenlosen Wettbewerb der Regimenter um guten Ersatz zu beenden. Das neue System hatte nicht nur Ordnung in das bisherige Rekrutierungschaos gebracht, sondern auch die Kameradschaft unter den Soldaten gefördert. Da die Kantone der Regimenter stets dieselben blieben, dienten häufig ganze Dörfer geschlossen in einem Regiment. Die Feldpostbriefe, die neben den Nachrichten an die eigene Familie häufig Grüße an die Angehörigen schreibunkundiger Kameraden enthalten, beweisen das ausgeprägte Gemeinschaftsgefühl. Eine allgemeine Wehrpflicht begründete das Kantonsystem allerdings noch nicht, weil nicht der komplette Jahrgang aufgerufen wurde. Die Hauptgruppe der Armee bildeten die angeworbenen Freiwilligen. Die Kantone stellten im Frieden nur den Ersatz für die Ausfälle durch Krankheit, Invalidität oder Desertion von nicht mehr als 30 bis 60 Mann im Jahr. In einer Zirkularnote vom 22. Mai 1743 heißt es dazu:

»Daß die Regimenter aus keiner anderen Ursache Kantons haben als zu vorderst den ordinären Abgang daraus zu ersetzen; nächst dem aber und hauptsächlich darum, daß das Regiment allemal eine Ressource habe, aus welcher es sich im Notfall, wenn es einmal in Campagne oder sonst einen großen Abgang gehabt, alsdann aus den Kantons geschwinde wiederum komplettieren könne.«[2]

Außerdem brauchten Manufakturarbeiter, Angehörige geistlicher Berufe, Einzelkinder von Bauern sowie Bürger ganzer Städte (z.B. Berlin oder Potsdam) überhaupt nicht zu dienen. Ebenso waren Streubesitzungen in Grenzgebieten vom Wehrdienst ausgenommen, wo sich die Rekruten ohne große Mühen rechtzeitig aus dem Staube machen konnten. Deshalb begnügte sich der Staat dort von vornherein mit einer Ersatzabgabe.

Friedrich Wilhelm I. hatte nicht nur das Rekrutierungssystem revolutioniert, sondern in seinem reformerischen Drang die ganze Armee auf den Kopf gestellt. Zwischen dem, was sein Großvater an Streitkräften vorgefunden hatte und dem, was er als Enkel seinem Nachfolger 1740 übergab, lagen Welten.

Als Kurfürst Friedrich Wilhelm 1640 mit 20 Jahren die Regierung übernahm, war das Land von Krieg und Pest verwüstet. Wann immer er seine Residenz verließ, traf er auf nahezu entvölkerte Dörfer und brachliegende Äcker. Ungewöhnliche Klimaveränderungen mit außerordentlich kalten Wintern und nasskalten Sommern, die bis 1715 andauern sollten, verschlimmerten die wirtschaftliche Lage. Die Staatskasse war leer und die übernommene Streitmacht politisch und militärisch nahezu bedeutungslos. Teile der Armee verweigerten sogar den Gehorsam oder hielten wie der Kommandant der Festung Spandau, Oberst Moritz August von Rochow, mehr zum Kaiser als zum eigenen Souverän.

Die Eigenmächtigkeit der Kommandeure war nicht ungewöhnlich, denn ein Landesfürst hatte damals auf die Armee nur einen geringen Einfluss. Er bestimmte zwar den Truppenumfang, die Höhe der Besoldung, die Werbe- und Musterungsplätze und den Zeitpunkt, zu dem die Formierung abgeschlossen sein sollte. Aber die eigentliche Anwerbung erfolgte durch die Obristen, die anschließend mit ihren Soldaten in seine Dienste traten. Da nach damaligem Recht das Ausbleiben des Soldes zur Auflösung der Verpflichtung berechtigte und Friedrich Wilhelm es gleich mit drei zahlungsunwilligen Landständen in der Mark Brandenburg, Preußen und Kleve mit jeweils eigenem »Kriegsetat« zu tun hatte, lässt sich die Gefahr für den Bestand der Armee leicht ermessen. Erst recht drohte sie im Frieden auseinander zu laufen, weil die Stände die Gelder aus Furcht vor fürstlicher Macht dann völlig sperrten. Um die Sicherheit des Landes zu gewährleisten, benötigte Friedrich Wilhelm ein aus seiner Hand finanziertes stehendes Heer. Hieran unbeirrbar festhaltend, rang er den Ständen in langen, zähen Verhandlungen das Recht zur selbstständigen Erhebung der Heeressteuer ab, musste dafür aber erhebliche Zugeständnisse machen. Den Eckstein bildete der Landtagsrezess vom 26. Juli 1653 in Stargard.

Die konzentrierte Anwerbung im Lande führte zu einer größeren Geschlossenheit im Heer. Brandenburger dienten nicht nur als einfache Soldaten, sondern auch in den höheren Rängen. Die Offiziere unterschieden sich allerdings kaum von den Mannschaften. Es gab noch kein höheres Berufsethos, und auch das Bildungsniveau war erschreckend gering. Fortschritte stellten sich erst mit der Zuwanderung der aus Frankreich ausgewiesenen Hugenotten ein. Wer in den Streitkräften Ludwig XIV. gedient hatte, verfügte über gesellschaftliche Umgangsformen und hervorragendes fachliches Können. Auch wenn die Zahl der übernommenen Soldaten

Kurfürst Friedrich Wilhelm, Totenmaske
Quelle: Bildarchiv des Verfassers

mit rund 600 relativ gering war, haben die Hugenotten die brandenburgische Armee wesentlich geprägt. Durch die erfahrenen Franzosen bekam der Rohdiamant Schliff und einen ersten bescheidenen Glanz.

Um die Bindung der Soldaten an seine Person zu stärken, änderte der Große Kurfürst in Abänderung der Bestimmungen des Prager Friedens von 1635 die Modalitäten der Eidesleistung. Fortan schwor der brandenburgische Soldat nicht mehr auf die »römisch kaiserliche Majestät und anstatt derselben der kurfürstlichen Durchlaucht zu Brandenburg«, sondern auf den Souverän Friedrich Wilhelm unmittelbar:

»Wir geloben undt schweren zu Gott dem Allmächtigen einen leiblichen Eid, dass wir der Churfürstl. Durchlaucht zu Brandenburg Unserem gnädigsten Herrn wie auch sowohl dero hohen Successoren der Chur-Brandenburg undt darzu gehörigen Lande also auch dero nächsten Erben und Erbinen der Jülichschen undt zugehörigen Landen in allen worzu dieselbigen unsere Dienste gebrauchen wollen, getrew, gehorsamb undt gegenwärtig undt gewärtig undt allen demienigen waß der unß fürgelesten Articulsbrief in sich heldt undt vermaß nachleben sollen undt wollen, wie solches getrewen undt redtlichen Soldaten eignet und gebühret, So wahr mir Gott helfe durch seinen Sohn Jesum Christum.«[3]

Auch die Auswahl der Offiziere überließ er nicht mehr dem Gutdünken der Obristen. Indem er die Bestallungen von seiner persönlichen Bestätigung abhängig machte, unterband er die Vetternwirtschaft und kontrollierte zugleich die Qualität. Außerdem schrieb er als erster Souverän die Rechte und Pflichten des Offizierkorps fest und sorgte für eine klare Abgrenzung in den Chargen. Die höheren setzte er auf die obere erste Seite (»Ober-Offiziere«) und die Feldwebel auf die untere erste Seite (»Unter-Offiziere«) der Musterungsrolle. Die Hierarchie ergänzte er um die Dienstgrade General, Generalmajor, Generalleutnant und Obrist-Wachtmeister (Major).

Wer sich für 1,5 Taler Wehrsold im Monat zum brandenburgischen Infanteristen verpflichtete, hatte die Wahl zwischen dem Dienst als Musketier oder Pikenier. Beide ergänzten sich im Einsatz und gaben sich gegenseitig Schutz. Den Kampf auf die Entfernung übernahm der Musketier. Sobald er nach dem Abfeuern des bis 1650 von einer Gabel gestützten Luntengewehrs mit dem umständlichen Nachladen begann, trat der Pikenier in Aktion und hielt mit seiner sechs Meter langen Stangenwaffe die feindlichen Reiter auf Distanz. Beide kleideten sich einheitlich, wobei die Unterkleider zunächst aus naturfarbenem Leinen, die Röcke und Mäntel aus blauem Tuch bestanden. Zunächst noch kaum beachtet, wurden die brandenburgischen Uniformen Mitte des 17. Jahrhunderts auf den verschiedenen Kriegsschauplätzen schnell bekannt. Den kriegsgewohnten Schweden waren sie seit Fehrbellin unvergessen. Sie erfuhren als erste, dass Friedrich Wilhelm dem brandenburgischen Adler Flügel gegeben hatte. Zwar waren seine Schwingen noch nicht so stark, dass man sie fürchtete, aber kräftig genug, um Vorsicht ratsam erscheinen zu lassen. Eine wichtige innenpolitische Frage stand allerdings weiterhin offen. Die Stände, darunter der priviligierte Adel, blieben eine Macht, an der der Kurfürst nicht ohne weiteres vorbeikam.

Dem Nachfolger gelang es nicht, den begonnenen Weg fortzusetzen. Von Natur schwächlich und eher kunstsinnig denn militärisch veranlagt, hatte er es von Anfang an schwer, bei seinem robusten Vater Anerkennung zu finden. Auf seine Stiefmutter Dorothea von Holstein-Glücksburg durfte er nicht zählen, da sie ausschließlich das Wohl ihrer vier leiblichen Kinder im Auge hatte. Hierfür ging sie sogar so weit, den Stiefsohn beim Vater zu desavouieren. Von diesem ohnehin nicht für voll genommen, durch die Stiefmutter zurückgesetzt und durch den frühen Tod seiner älteren Brüder Emil und Ludwig nur notgedrungen Kurprinz geworden, konnte der durch eine Krümmung des Rückgrates verunstaltete Friedrich keine Stärke entwickeln. Was ihm im Schatten seines großen Vaters an gesundem Selbstvertrauen fehlte, musste deshalb der höfische Glanz ersetzen. Dafür wendete er Unsummen auf, und als sich die Gelegenheit bot, wenigstens König »in« Preußen zu werden, griff er unbedenklich zu. Vergeblich hatte der brandenburgische Premier Danckelmann gewarnt, dass die aufwendige Hofhaltung und die verstärkte militärische Unterstützung, die der Kaiser als Preis für die Krone forderte, die finanziellen Möglichkeiten des armen Landes übersteigen würden. Die Einflüsterungen der selbstsüchtigen Günstlinge, welche die Eitelkeit des Kurfürsten als größte Schwachstelle rasch erkannt hatten, erwiesen sich als stärker.

Dem Enkel Friedrich II., obwohl seinem Großvater in jungen Jahren nicht unähnlich, fehlte für die gezeigten Schwächen jedes Verständnis. In seiner Geschichte des Hauses Brandenburg hält er fest:

»Dem Kurfürsten Friedrich III. schmeichelten in der Tat nur die Äußerlichkeiten des Königtums, das Gepränge, die Repräsentation und eine gewisse Wunderlichkeit der Eigenliebe, die sich darin gefällt, andere ihren geringen Stand fühlen zu lassen … Seine Miene war stolz, sein Charakter gewöhnlich. Ließ er sich fortreißen, geschah dies aus Laune, war er sanft, kam das von seiner Lässigkeit. Er verwechselte Eitelkeiten mit echter Größe. Er verschacherte das Blut seines Volkes an Engländer und Holländer, wie die schweifenden Tartaren ihre Herden den Metzgern Podoliens für die Schlachtbank verkaufen. Wenn (König) Friedrich Lob verdient, so geschieht dies deshalb, weil er seinen Staaten immer den Frieden erhalten hat, während die seiner Nachbarn vom

Krieg verwüstet wurden, weil sein Herz im Grunde gut war. Alles in allem: Er war groß im Kleinen und klein im Großen. Sein Unglück wollte es, daß er in der Geschichte seinen Platz zwischen einem Vater und einem Sohn fand, die ihn durch überlegene Begabung verdunkeln.«[4]

Aus heutiger Sicht ist das negative Bild überzeichnet, denn in der harsch gescholtenen Sucht nach Glanz und Anerkennung unterschied sich der Großvater kaum von seinen fürstlichen Zeitgenossen, die von der Sonne Ludwig XIV. verführt, leichtfertig alles aufs Spiel setzten, um ihn zumindest in der Hofhaltung zu kopieren. Die über ganz Deutschland verteilten Prachtbauten künden noch heute davon. Auch wird man anerkennen müssen, dass die »Vermietung« der eigenen Truppen an fremde Mächte nicht aus Gleichgültigkeit gegenüber den Untertanen geschah, sondern weil sie der einzige Weg war, die für die Erlangung der Krone versprochene Augmentation der Truppen zu finanzieren. Selbst die Erhebung Preußens zur Monarchie wird verständlich, wo doch der sächsische und hannoversche Kurfürst sich anschickten, Könige zu werden, hinter denen der preußische Monarch nicht zurückstehen wollte. Nicht als Kurfürst, wohl aber als König, wenn auch nur eines außerhalb des Reiches stehenden Landes, konnte er wie sie mit dem Kaiser auf derselben Augenhöhe verhandeln.

Ebenso fragwürdig ist das Lob, das Friedrich zur Ehrenrettung seines Großvaters findet. Friedrich III. war zwar kein martialischer Soldat, obwohl er 1662 ein Regiment geführt und 1688–1697 an der Belagerung von Kaiserswerth, Bonn und Namur als Generalwachtmeister teilgenommen hatte. Aber er war trotz seiner von den Erziehern Danckelmann und Schwerin früh geförderten Neigung zu den Künsten auch kein überzeugter Friedensfürst. Den Frieden in den preußischen Staaten hat er nicht bewahrt, weil er aus gutem Herzen Feldzüge prinzipiell scheute, sondern weil er sie ins Ausland verlegte. Tatsächlich standen seine Soldaten in 23 von 25 Regierungsjahren ständig im Einsatz, solange wie niemals zuvor und danach. Demgegenüber hat es der Soldatenkönig, dem am ehesten militärische Aktionen zugetraut werden, in 27 Regierungsjahren lediglich auf zwei Jahre Krieg gebracht. Im Unterschied zu seinem Vater und Enkel hat sich Friedrich weder als Kurfürst noch als König Friedrich I. niemals selbst an die Spitze seiner Truppen gestellt, sondern die Kriegsführung seinen Generalen Schlabrendorff, Natzmer, Roeder, Arnim, Glasenapp, Katte sowie Leopold von Dessau überlassen.

Ungeachtet der ausgebliebenen persönlichen Zuwendung haben die brandenburgisch-preußischen Truppen bei Malplaquet, Oudenarde, Höchstädt und Cassano so wacker gekämpft, dass die Oberbefehlshaber der kaiserlichen Armee, Prinz Eugen und der Herzog von Marlborough, voll des Lobes waren. Die Soldaten haben den Preis des Kaisers für die Krone bezahlt und nicht wenige dafür ihr Leben gegeben. Der fernab in Berlin residierende König hatte deshalb allen Grund, seinen Soldaten dankbar zu sein.

Dass der von Eitelkeiten freie und mit ausgeprägtem Sinn für Sparsamkeit ausgestattete Nachfolger Friedrich Wilhelm I. über die maßlose Prachtentfaltung und Günstlingswirtschaft seines Vaters tiefe Abscheu empfand, überrascht nicht. Dennoch remonstrierte er als Kur- und Kronprinz nicht, doch kaum an der Regierung, zog er sofort die Konsequenzen. Alle unnützen oder als solche betrachteten Ausgaben fielen dem Rotstift des »Plusmachers« zum Opfer. Die kritische Durchforstung der königlichen Dienerschaft überstanden nur diejenigen, die für die Wahrung der königlichen Würde unbedingt nötig waren. Statt Fasanen und Zuckerobst auf feinem Geschirr, löffelte die königliche Familie unter den konsternierten Blicken der höfische

Etikette gewohnten Königin zumindest in Wusterhausen Erbsensuppe aus Zinntellern. Der Glanz, die schönen Künste, kurz alles, was das Leben bis dahin lebenswert gemacht hatte, war in kürzester Zeit ausgelöscht. Es schien, als hätte es die beschwingte Zeit der philosophischen Spaziergänge Sophie Charlottes und des Gelehrten Leibniz im Schlosspark von Charlottenburg, die künstlerischen Arbeiten Schlüters und die beschwingte Fröhlichkeit in den Kaffeehäusern nie gegeben. Die königliche Devise »*lieber in Honneur arm leben als mit Deshonneur im guten Stande sein*«[5] war von heute auf morgen zum Leitmotiv für alle geworden.

Bei der Revision der Staatsfinanzen zeigte sich, dass die Kontribution (Grundsteuer) über Jahre ohne System erhoben worden war. Um die Lasten gleichmäßig zu verteilen, ließ Friedrich Wilhelm I. alle anbautauglichen Felder neu vermessen und stellte innerhalb der verschiedenen Klassen von guten und schlechten Böden die Gleichheit der Besteuerung her. In den erstmals eingeführten jährlichen

König Friedrich Wilhelm I., Totenmaske
Quelle: Bildarchiv des Verfassers

Etataufstellungen wurden die Ausgaben den Einnahmen gegenübergestellt und kein Taler ohne Deckung ausgegeben. Von den sieben Millionen Talern jährlicher Einnahmen gab der König fünf Millionen für seine Armee aus. Das bedeutet jedoch nicht, dass den Bürgern für sie die letzten Groschen aus der Tasche gezogen worden sind. Denn der damalige Staatshaushalt umfasste nur einen geringen Teil der heute üblichen Ausgaben. Die sozialen Angelegenheiten waren Sache der Kirche. Die Universitäten hatten ihren eigenen Etat. Die niedere Verwaltung und Rechtspflege oblagen den Grundherren und Magistraten der Städte, die sich durch eigene Gebühren und Strafgelder finanzierten. Wird dieses Finanzvolumen dem Staatsetat hinzugerechnet, machte der preußische Wehretat genau jenen Anteil aus, der auch nach neuzeitlichen Maßstäben als angemessen gilt.

Richtig ist allerdings, dass damals einige Ausgaben nicht zu Buche schlugen, die heute zum selbstverständlichen Bestandteil eines Verteidigungsetats gehören. Bei der Infanterie waren im Wesentlichen nur die Angeworbenen präsent. Der Rest wurde nach der Grundausbildung beurlaubt, so dass das Verpflegungsgeld entfiel. Lediglich für den Kriegsvorrat gab es 22 Magazine, deren Getreidevorrat in bestimmten Abständen gewälzt wurde. Die Bekleidung lagerte kostenfrei auf den Dächern der Rathäuser und Kirchen. Die Ausgaben der Einquartierung der Soldaten trugen gegen geringe Entschädigung die Bürger. Pferde waren nicht ganzjährig zu versorgen, weil sie sich im Sommer bei den Bauern auf Grasung befanden. Zug- und Lasttiere standen überhaupt nicht auf dem Friedensetat, sondern wurden erst bei der Mobilmachung beschafft. Ebenso warb der König das für den Krieg notwendige Sanitätspersonal erst bei der Mobilmachung an.

Um die seit dem Großen Kurfürsten noch ausstehende volle Souveränität des Landesherrn zu etablieren, wurde der Adel in die Armee integriert. Mit der Überführung in den Offiziersstand band der König ihn nicht nur in das Wechselspiel von Befehl und Gehorsam ein, sondern besetzte zugleich die militärischen Führungspositionen mit Leuten, die mit den Rekruten umzugehen wuss-

Grenadiermütze des Regiments Markgraf von Brandenburg 1713–1718
Quelle: Auktionshaus Hermann Historica, München

ten, weil sie auf den Gütern im engen Verhältnis mit ihnen gelebt hatten. Auch sah er im Adel die notwendigen moralischen Werte wie strenge Zucht, Gehorsam, Tatkraft und Nüchternheit bereits angelegt, die für ein effizientes Offizierkorps nur noch gepflegt zu werden brauchten.

Damit der Adel willig folgte, musste er innerhalb der Armee exklusiv bleiben. Es war deshalb weniger Standesdünkel als Staatsraison, wenn der König darauf achtete, dass Soldaten bürgerlicher Herkunft grundsätzlich nicht zu Offizieren aufstiegen. Diejenigen, welche insbesondere in Kriegszeiten die Regel durchbrachen, wurden nobilitiert, damit die für die Kameradschaft notwendige gesellschaftliche Gleichstellung gewährleistet war. Bürgerliche Soldaten hatten deshalb, wenngleich unter erschwerten Bedingungen, gleichwohl eine Chance, bei entsprechenden Verdiensten sogar bis in die höchsten Ränge aufzusteigen.

Stallhofen, Sohn eines Predigers, Schöning, Sohn eines Gastwirts, Lehmann, Sohn eines Bürgermeisters, Goetze, Sohn eines Pferdehändlers, Voigt, Sohn eines Stiftverwalters, Rohdich, Sohn eines Feldwebels, und Wunsch, dessen Vater Kürschner gewesen war, sind hierfür Beispiele.

Die jungen Adeligen traten entweder direkt als Unteroffiziere ein oder durchliefen zunächst die Kadettenausbildung. Hierfür gab es in Magdeburg, Kolberg und Berlin Kadettenschulen, die 1718 zu einem Korps vereinigt wurden. Anfänglich stießen die Anstalten nur auf geringe Sympathien, so dass der König Unteroffizierskommandos in Marsch setzte, welche die Zöglinge unter Zwang in die Schulen brachten. 1721 zählte das Kadettenkorps jedoch bereits 236 Schüler. Gut 20 Jahre später war der Andrang sogar so groß, dass das Korps durch ein Vorkorps in Potsdam entlastet werden musste. 1769 kam in Stolp eine weitere, 1776 in Culm sogar noch eine dritte Vorschule hinzu. Sobald die Knirpse das Konfirmationsalter erreicht hatten, traten sie nach Berlin über.

Für Ausbildung und Unterbringung eines Kadetten zahlte der König den dreifachen Wehrsold. Die Kleidung stellte das Lagerhaus. Die Zöglinge schliefen in großen Sälen mit invaliden Offizieren als Gouverneuren. Eingeteilt waren sie in Kompanien, wobei die Gouverneure die Rolle der Kompaniechefs übernahmen. Der Lehrplan beschränkte sich nicht nur auf die Vermittlung von Lesen und Schreiben oder das Erlernen einer Fremdsprache. Worauf es vor allem ankam, war die Erziehung zu leistungsbereiten, aufrichtigen und pflichtbewussten Menschen. Friedrich Wilhelm I. hatte 1717 das Ausbildungsziel in seinem Nachruf auf den Generaladjutanten von Koeppen mit folgenden Worten vorgegeben:

»Um folgende Eigenschaften hat der Offizier sich zu bemühen: Gottesfurcht, Klugheit, Herzhaftigkeit, Verachtung des Todes.

Nüchternheit, Wachsamkeit, Geduld, innerliches Vergnügen und Zufriedenheit mit sich selber, unveränderliche Treue gegen seinen Herrn, Gehorsam und Respekt gegen die Vorgesetzten, Aufmerksamkeit.

Er soll danach trachten, sich Falkenaugen und leise Ohren zuzulegen, auch nichts zu vergessen, was man einmal gesehen und gehört.

Er braucht Feindschaft und Haß gegen die Weichheit und schnöden Listen, aber Begierde, Ruhm und Ehre zu erlangen.«[6]

Von den etwa 250 jährlich zu besetzenden Offiziersstellen fielen rund 70 an die Kadetten. Ihre Zahl war zwar klein, reichte aber aus, um den alten calvinistischen Grundsatz der absoluten Pflichterfüllung lebendig zu erhalten und den Bildungsstand der Offiziere insgesamt positiv zu beeinflussen. Einige ehemalige Kadetten betätigten sich sogar schriftstellerisch. Der märkische Fähnrich von Rohr veröffentlichte eigene Gedanken zur Kriegsgeschichte, und der Magdeburger von Krossigk übersetzte Voltaires Universalgeschichte. Nach dem Siebenjährigen Krieg entsprach das Bildungsniveau jedoch nicht mehr dem Stand der Friedensjahre. Viele Offiziere waren im Alter von 14 oder 15 Jahren als Fahnenjunker zur Truppe gekommen, ohne die Kadettenanstalt durchlaufen zu haben. Ferner hatte das Kadettenkorps durch den Russeneinfall und die Verschleppung des Nachwuchses schwer gelitten. Und nicht zuletzt war das Aufsichtspersonal über die Jahre nachlässig geworden. Erst die Ernennung des Generals von Buddenbrock als Nachfolger des wenig befähigten Schulkommandeurs Oberst von Wulffen führte dazu, dass die Qualität des Offiziersnachwuchses allmählich wieder zunahm.

Wie der Große Kurfürst sah Friedrich Wilhelm I. in der Armee eine unabdingbare Voraussetzung für den Bestand des Staates. Ohne sie erschien ihm »*ein reiches Land wie ein Garten ohne Zaun.*«[7] Mit Sorge beobachtete er seinen Schulden machenden und Flöte spielenden Sohn aus der nicht unbegründeten Befürchtung, dass dieser dermaleinst demselben Leichtsinn verfallen könnte wie der Großvater, der mit dem Einsatz des Heeres andere Ziele verfolgt und dabei den Schutz des Staates völlig außer Acht gelassen hatte. Mit großem Ernst bläute er deshalb dem lebensfreudigen Nachfolger immer wieder seine politische Grundüberzeugung ein: »*Fritz, denke an das, was ich dir sage. Halte immer eine gute und große Armee. Du kannst keinen besseren Freund finden und dich ohne sie nicht halten. Unsere Nachbarn wünschen nichts mehr, als uns über den Haufen zu werfen, ich kenne ihre Absichten, du wirst sie auch noch kennen lernen. Glaube mir, denke nicht an die Eitelkeit, sondern halte dich an das Reelle. Halte immer auf eine gute Armee und auf Geld. Darin besteht die Ruhe und die Sicherheit eines Fürsten.*«[8]

Die enormen Veränderungen im Staate waren an den Bauern in Stücken bis auf das Rekrutierungsverfahren und die Reform der Grundsteuer, die sie unmittelbar berührten, spurlos vorübergegangen. Für die große Politik fehlte ihnen der Horizont, und für den Kampf um das tägliche Brot zählte die Zukunft mehr als die Vergangenheit. Den in Potsdam residierenden letzten König hatte kaum einer gesehen, selbst wenn die Stadt nahe lag und er seine Provinzen regelmäßig bereiste. Was der alte Basedow vom Soldatenkönig weiß, ist zu wenig, um sich ein vollständiges Bild zu machen. Dass dieser sich und allen Landeskindern eine spartanische Lebensführung auferlegt hatte, beeindruckt ihn nicht. Basedow ist sein Lebtag lang nichts anderes gewohnt. Aber dass der Souverän seine Stellung von Gottes Gnaden nicht als Privileg, sondern als verpflichtendes Amt empfand, imponiert ihm schon. Bei genauerer Betrachtung erkennt er sogar gewisse Parallelen zu sich selbst. Denn wie der König sich trotz seiner unumschränkten Herrschaft durch Gott in die Verantwortung genommen sah, fühlt auch er sich als einfacher Bauer bei ihm in der Pflicht. Der Herr hat ihn zum Bauern bestimmt. Dass er sich auf seinem Platz in Ergebenheit in die Aufgaben fügt und die dafür geschenkte Leistungskraft und Befähigung sinn- und kraftvoll nutzt, ist das, was Gott von ihm verlangt. Sich einstellende Erfolge betrachtet Basedow als Bestätigung, die Erwartung erfüllt zu haben. Er darf sie in Demut genießen. Misserfolge sieht er als Ansporn, in den Bemühungen nicht nachzulassen. Basedow ahnt, dass ihm mit dem Weggang des Sohnes eine besonders schwere Prüfung bevorsteht. Aber ihn tröstet der Gedanke, dass der Junge, wenn er denn schon Soldat werden muss, den Dienst wenigstens in der Gemeinschaft ihm vertrauter Kantonisten verrichten wird, und er hofft, dass die bescheidenen Lebensweisheiten, die er ihm durch sein Vorbild mit auf den Weg gegeben hat, genügend Halt für ein anständiges Leben geben werden.

Als die Bauern nach Stücken zurückkehren, ist der Kapitän schon eingetroffen. Wie in den vergangenen zwei Jahren hatte er sich den Tisch vor das Wirtshaus stellen lassen und dahinter mit einem Beamten Platz genommen. Sein Uniformrock mit der langen Reihe goldener Schleifen spannt leicht über dem Bauch. Den ebenfalls goldbetressten Hut hat er mit dem Offiziersstock auf den Tisch gelegt. Nur Eingeweihte können erkennen, dass der Mann nicht zum Regiment Hacke sondern zum Regiment Markgraf Karl gehört. Weil es im Kanton von Markgraf Karl wegen rückläufigen Aufkommens zu Rekrutie-

Ausmusterungsbescheid des Enrollierten Reitz wegen geringer Größe.
Das Dokument ist vom Chef des Regiments, Kronprinz August Wilhelm, unterzeichnet.
Quelle: GSTA PK Berlin

rungsproblemen gekommen war, hatte Hacke dem Berliner Nachbarregiment vor einiger Zeit unter der Hand erlaubt, im Tausch gegen die Stadt Treuenbrietzen vorübergehend im Raum Beelitz zu rekrutieren. Den Bauern ist es egal, an welches Regiment sie ihre Söhne verlieren.

Vor dem Tisch steht die Dorfjugend aufgereiht. Der Dorfschulze führt die Einzelnen heran und nennt die Namen. Während der Beamte für die inzwischen herangewachsenen 10- bis 13-jährigen Jugendlichen die Enrollierung vorbereitet, mustert der Kapitän kritisch die bereits Erfassten. Den 24-Jährigen, den er bereits mehrmals wegen körperlicher Schwäche zurückgestellt hatte, würde er dem Regimentschef aus Altersgründen nunmehr zur Ausmusterung vorschlagen. Den 19-Jährigen, der partout nicht wachsen will, plant er für die Garnisonsregimenter freigeben zu lassen. Von den restlichen sechs würden drei, darunter der junge Basedow, heute den Einberufungsbescheid erhalten. Alle sind kräftig und mehr als die geforderten 1,67 m groß.[9] Die anderen würde er noch einmal zurückstellen und dafür Enrollierte aus dem nächsten Dorf heranziehen.

Die Auswahl möglichst großer Rekruten war keine optische Marotte, sondern hatte einen überzeugenden praktischen Grund. In der Schlachtaufstellung standen die Soldaten in drei Gliedern, wobei sie auf Lücke stehend gleichzeitig feuerten. Weitere Glieder waren unnütz, weil sich die Schützen gegenseitig behindert hätten. Da die dünne Linie sich nur halten konnte, wenn sie den Gegner möglichst frühzeitig unter konzentriertes Feuer nahm, benötigten die Soldaten weit reichende, also langrohrige Gewehre, die es schnell zu laden und abzufeuern galt. Schnelles Laden langer Vorderlader bedingte wiederum Soldaten mit entsprechender Armspannweite, also große Leute. Je größer die Leute, desto dichter waren die von ihnen ausgelösten Salven. Außerdem attackierten Hochgewachsene im Bajonettangriff wirkungsvoller.

Nach einer knappen Stunde sind alle notwendigen Entscheidungen getroffen. Im Aufbruch sagt der Kapitän zu den tristen Gesichtern, was er immer zu sagen pflegt, dass es eine Ehre sei, unter Preußens Fahnen zu dienen, und dass die Väter nach einem Jahr[10] mit der Rückkehr ihrer Söhne rechnen können. Sie würden zwar bis zur Untauglichkeit ein Leben lang Soldat bleiben, aber danach nur noch einmal pro Jahr für zwei Monate zu den Frühjahrsübungen herangezogen werden. Vor allem aber ermahnt er die Umstehenden nachdrücklich, den angekündigten Einberufungsbescheid nicht zu ignorieren, der den Empfänger mit allen Konsequenzen zum Soldaten mache. Deshalb würde jeder, der darauf trotz dreimaliger Aufforderung nicht reagiere, von einem vereidigten Kriegsgericht zum Deserteur erklärt und sein Vermögen an die Invalidenkasse verlieren. Wer nicht lesen könne, sei gut beraten, sich den Bescheid vom Pfarrer vorlesen zu lassen.

Mit sich und der Welt zufrieden, macht sich der Mann aus Berlin anschließend auf den Weg in das nächste Dorf. Er ist sich sicher, dort weitere vier Vorgemerkte rekrutieren zu können. Was danach noch fehlte, würde durch die im In- und Ausland angeworbenen Freiwilligen gedeckt werden.

Während zur Zeit des Soldatenkönigs nur ein Drittel des Bestandes angeworbene Freiwillige waren, hatte Friedrich das Verhältnis umgekehrt, um der Landwirtschaft weitmöglichst viele Arbeitskräfte zu belassen. Dementsprechend waren 1751 von insgesamt 133.000 Mann rund 83.000 (63 %) Freiwillige. Nach dem Siebenjährigen Krieg wird die Zahl der Geworbenen 90.000 (57 %) und bei Friedrichs Tod etwa 110.000 (58 %) Mann betragen. Die Anwerbungen erfolgten vornehmlich in Mittel- und Süddeutschland, so dass die meisten Ausländer ebenfalls überwiegend deutscher Herkunft waren. Im Infanterieregiment Nr. 10 dienten 1751 unter 552 Nichtpreußen 526 Deutsche, sechs Franzosen, zwei Italiener, zehn Ungarn, vier Polen und vier Engländer.

Weil das Kantonreglement nur die Rekrutierung im Inland regelte, kämpften die Werber im Ausland ungebremst um jeden Mann. Wo Überzeugungskraft nicht reichte, wurden List und Tücke mit schwerwiegenden Folgen für beide Seiten angewendet. Wer die Kapitulation im Alkoholrausch unterschrieben hatte, korrigierte seine Entscheidung am nächsten Tag durch Flucht. Selbst diejenigen, welche den Vertrag freiwillig unterschrieben hatten, desertierten, um sich kurz darauf gegen hohe Prämie erneut anwerben zu lassen. Hessen pflegte zum Tode verurteilte Verbrecher durch Dienst in seinem preußischen Regiment zu begnadigen. Kein Wunder, wenn auch diese Leute bei der ersten sich bietenden Gelegenheit desertierten. Von 1713 bis 1740 wählten 30.216 Soldaten heute oder morgen diesen Weg. Die Führung musste sich deshalb etwas einfallen lassen, um die Geworbenen bei den Fahnen zu halten. Schließlich hatte man für sie enorme Summen aufgewendet! Nach einer Aufstellung des Infanterieregiments Nr. 3 von 1736 waren folgende Handgelder üblich.

Größe	Klasse 1 »schön jung noch im Wachstum«	Klasse 2 »nicht hässlich«	Klasse 3 »mit noch zu erwartender Dienstzeit von mindestens 6–8 Jahren«
	in	Talern	
6 Fuß 2 Zoll (189 cm)	900	800	500
6 Fuß (186 cm)	540	480	300
5 Fuß 8 Zoll (176 cm)	45	35	25

Nachdem die Reduzierung der Mindestgröße auf 1,67 m bei den alten Regimentern zwar das Angebot erweitert, aber nichts an den Methoden der Werber und der Zahl der Desertionen geändert hatte, legte die Armee den Schwerpunkt der Gegenmaßnahmen auf den inneren Dienst. Um die Fahnenflucht zu erschweren, kamen die unzuverlässig Eingestuften mit vertrauenswürdigen Kantonisten auf eine Stube, und die Quartiere wurden regelmäßig visitiert. Darüber hinaus benötigte jeder Soldat, der sich weiter als ¼ Meile vom Standort entfernen wollte, ein Urlaubs- oder Kommandierungsschreiben. Die Bescheinigung musste auf Verlangen jeder Person (!) gezeigt werden. Und nicht zuletzt hatten die Wachen an den Stadttoren Befehl zu strengster Wachsamkeit:

»Wenn Handwerksburschen oder gemeine Brut aus denen Landwehren gehen und ungefähr die Größe oder ungefähr etwas vom Soldatenwesen an sich haben, soll der Gefreite einen solchen examinieren, wo er hin will, was vor Profession er hat und wenn was Verdächtiges gefunden wird, so sollen sie angehalten werden.«[11]

Eine Erfolg versprechende Flucht musste deshalb gut vorbereitet sein und ein Muster haben, das den scharfen Torkontrollen nicht längst bekannt war. Selbst nach Überwindung aller Hindernisse war das Gelingen keineswegs sicher. Insbesondere südlich von Berlin lagen in Köpenick, Teltow, Zossen und Zehlendorf Feldjägerkommandos auf der Lauer, die das Entkommen über die nahe sächsische Grenze erheblich erschwerten. Auf die Unterstützung durch die Bauern konnte sich der Deserteur nicht verlassen. Sie waren durch einen Kanonenschuss, das Sturmläuten der Glocken in den umliegenden Dörfern und die Verteilung eines Steckbriefes informiert und zur Beteiligung an der Jagd verpflichtet. Ein Kopfgeld von 12 Talern sorgte für den notwendigen Eifer. Trotzdem desertierten 1755 bei der Infanterie immer noch monatlich fünf bis 18 Mann, hauptsächlich in Wesel.

Die rigorosen Methoden zur Unterbindung der Fahnenflucht haben der Armee mehr geschadet als genützt. Zwar ging die Zahl der Desertionen zurück. Aber dafür verlor sie in der Bevölkerung die letzten Sympathien. Weil die ständige Suche nach Deserteuren die Nerven eines jeden strapazierte, der die Stadt betreten oder verlassen wollte, und die täglich mehrmaligen Visitationen das durch die lästigen Einquartierungen ohnehin angespannte Verhältnis zwischen den Soldaten und ihren Wirten nahezu unerträglich machten, wuchs die Distanz zur Armee mit jedem Tag. Bald war sie nur noch ein notwendiges Übel. Von der Bevölkerung mit Wohlwollen getragen oder gar geliebt wurde sie nicht.

2. Die Einberufung

Drei Wochen waren ins Land gegangen, als die angekündigten Einberufungsschreiben des Regiments in Stücken eingehen. Da weder die Eltern noch Basedow selbst lesen und schreiben können, verliest der Dorfpfarrer das wichtige Papier. Gefasst, aber doch innerlich angespannt, packt der Junge daraufhin seine wenigen Sachen in einen Jutesack, um in Berlin einen neuen Lebensabschnitt zu beginnen. Bevor er seine Mutter und seinen älteren Bruder für lange Zeit das letzte Mal umarmt, hat ihm der Vater noch zwei Taler aus seinen bescheidenen Ersparnissen zugesteckt. Nichts würde ab jetzt mehr so sein wie zuvor. Wenn er nach einem Jahr als Urlauber nach Stücken zurückkehrte, würde er zeitlebens Soldat sein. Jeder müsste seinen neuen Status respektieren, auch der Gutsherr. Der Graf könnte nicht mehr die Gerichtsbarkeit über ihn ausüben oder ihm gar das Heiraten verwehren. Nur wenn die Armee ihn zur Begründung eines eigenen Hausstandes freigab, wäre der alte Zustand wiederhergestellt.

Für die Reise nach Berlin hätte Basedow die Postkutsche in Wildenbruch nehmen können. Er wählt jedoch Beelitz, weil er bei dieser Gelegenheit auch seinem Onkel, der dort als Postmeister in preußischen Diensten steht, Lebewohl sagen kann. Auf der Landstraße wird er von einem Leiterwagen aus Blankensee überholt. Der Knecht des Grafen Thümen ist mit vier weidegeflochtenen Deckelkörben voller Lebensmittel ebenfalls zur Poststation unterwegs, die von dort in das Palais des Grafen in Berlin expediert werden sollen. Da sie dasselbe Ziel haben, lässt er Basedow bereitwillig aufsitzen. Unterwegs reden beide nicht viel. Nach dem Austausch der wenigen Neuigkeiten ist ihr Gesprächsstoff schnell erschöpft. Die meiste Zeit blicken sie gedankenverloren über die Ohren der gemächlich trottenden Pferde in die vor ihnen liegende Landschaft.

Die Vorstellung, die vertraute Umgebung verlassen zu müssen, und die Ungewissheit über die Rückkehr machen Basedow den Abschied schwer. Einerseits begrüßt er die Gelegenheit, sich selbst in ungewohntem Umfeld erproben zu können. Ohne Militär wäre er nie aus Stücken herausgekommen. Außerdem geht er davon aus, dass er die Landarbeit in der märkischen Abgeschiedenheit nach seiner Rückkehr mit größerer Gelassenheit und innerer Zufriedenheit verrichten wird, wenn er sich sagen kann, etwas von der Welt gesehen zu haben. Andererseits war er bisher noch nie allein auf sich gestellt gewesen. Auch weiß er noch nicht, welche Anforderungen die Armee an ihn richten wird. Er vermutet, dass vor allem Ausdauer beim Marschieren unter allen Wetterbedingungen und starke Schultern für das Tragen der Ausrüstung verlangt sind. Für beides fühlt er sich gut gerüstet. Die Landarbeit bei jeder Witterung hat ihn abgehärtet. Er war nie krank gewesen. Durch seine überdurchschnittliche Größe hat er einen ausgreifenden Schritt, und sein durch vielfältige Arbeit muskulöser Körper mit kräftigen Armen ist jede Anstrengung gewöhnt. In den Raufereien mit der Dorfjugend hat er gelernt, sich durchzusetzen. Er weiß, was er sich zutrauen kann. Mit einem tiefen Atemholen wischt er alle Zweifel beiseite und schaut selbstsicher in die Zukunft.

Vor der Post mit dem preußischen Adler über der Tür macht der Wagen halt. Während Basedow vom Bock springt, steigt der Knecht auf die Ladefläche und öffnet einen der Körbe.

Poststation Beelitz im Jahre 2005
Quelle: Archiv des Verfassers

Nach kurzem Suchen zieht er einen Schinken hervor und drückt ihn Basedow mit den Worten in die Hand: »Du hast eine schwere Zeit vor dir, Junge, und der Graf wird es nicht merken.«

In der Amtsstube links des Flures, dem Warteraum der Fahrgäste gegenüber, kassiert der Postmeister vom Knecht die Transportgebühren, bevor er sich freudig überrascht seinem Neffen zuwendet. Während beide über die Familie plaudern, stellt der Postdiener auf dem Hof den neuen Vorspann aus dem Pferdebestand zusammen, den die Bauern der Umgebung wie überall in Preußen für die Post vorhalten. Die Tiere, welche den Wagen von Treuenbrietzen nach Beelitz gezogen hatten, würden nach kurzer Erholung in den nächsten Tagen mit der Gegenpost dorthin zurückgehen.

Nach einer guten halben Stunde sind die Pferde angeschirrt und bereit, ihre Fracht auf sandigem Weg durch die zunächst flache, später leicht hügelige Moränenlandschaft der Zauche am Seddiner See entlang nach Kähnsdorf und Wildenbruch zu ziehen. Bei Saarmund würden sie wie immer schon die Nuthe überqueren, um anschließend den Weg nach Berlin einzuschlagen. Nur der Rückweg läuft über Potsdam.

Der Wagen ist mit vier Personen nur schwach besetzt. Während Basedow aus dem offenen Fenster in die ihm vertraute Landschaft schauend seinen Gedanken nachhängt, hört er die Mitreisenden über das ihnen ungewohnte Preußen klagen. Die penible Kontrolle an der Grenze in Treuenbrietzen sei bereits eine einzige Zumutung gewesen. Und jetzt noch diese ausgesprochen langweilige, sandige Gegend mit den tristen Dörfern. Welch ein Unterschied zu dem benachbarten Sachsen! Der Gegensatz könne nicht größer sein! Wir wissen nicht, ob Mozart und Goethe, die einige Jahre später dieselbe Strecke benutzten, ebenso gedacht haben. Hans Christian Andersen jedenfalls wird mit seinem Bericht voll auf der Linie von Basedows Begleitern liegen: »*Eine Stadt folgte der anderen, und allmählich ging die ganze Gegend, die zuvor eine üppige, vor Gesundheit strotzende Natur gewesen war, in die personifizierte Schwindsucht über.«[12]*

Für Basedow hat das Land, das dem Fremden seine Schönheit erst auf den zweiten Blick offenbart, nichts Abweisendes. Er liebt die im Abendlicht rot leuchtenden Kiefernstämme vor dunklem Grün, die blumigen Feldraine, die stille Würde der einzeln stehenden Eichen und den über allem liegenden tiefen Frieden. Er hat die karge Landschaft ohne Vorbehalt von Jugend an in sich aufgenommen und fühlt sich eins mit ihr. So wie sie sich zurücknimmt, hat er von ihr gelernt, sich zu bescheiden. Er vermisst nichts.

Irgendwo auf dem Weg nach Berlin ist er schließlich eingeschlafen. Er wacht auf, als er sich kräftig an der Schulter gerüttelt fühlt. Ein Gefreiter der Wache vom Potsdamer Tor schaut ihm ins Gesicht und verlangt seinen Pass. »Wie heißt Er? Was will Er in Berlin, wie lange wird Er bleiben und wo wird Er Quartier nehmen?«, hört er ihn fragen. Basedow präsentiert seinen Einberufungsbescheid, den der Soldat an den Torschreiber weiterreicht. Dieser überfliegt das Dokument, wobei er

Alte Poststraße bei Wildenbruch
Quelle: Archiv des Verfassers

auf den Eintrag in das Meldebuch verzichtet, in das er die übrigen Reisenden bereits vermerkt hat. Anschließend wird der Offizier der Wache alle Informationen zu einem Rapport für den Gouverneur der Stadt zusammenfassen und dieser wiederum den König über die tagsüber Eingetroffenen unterrichten. Parallel dazu werden die Wirte ihre Quartierkommissare – die Stadt ist seit 1742 in Quartierbezirke aufgeteilt – noch vor Beginn der Nacht über ihre neuen Gäste informieren. Von dort läuft die Nachricht an das Polizeidirektorium, so dass auch die zivilen Stellen über jeden Fremden genaueste Kenntnis haben.

Entgegen den Erwartungen der Reisenden wird ihr Gepäck am Tor noch nicht nach akzisepflichtigen Waren kontrolliert, sondern erst auf der Poststation. Dazu gibt die Wache der Kutsche einen Posten zur Begleitung mit. Während die übrigen Reisenden den Wagen wieder besteigen, hält der Gefreite Basedow zurück. Er empfiehlt ihm, die Wache seines Regiments wegen der Kürze des Weges zu Fuß anzulaufen. Die zweite Straße links, gleich hinter der Kirche, würde er sie finden. Als sich Basedow mit geschultertem Sack entfernt, kann sich der Soldat nicht verkneifen, ihm ein ironisches »Und übrigens, viel Spaß!« nachzurufen.

Die Wache in der Mauer, Ecke Taubenstraße hebt sich durch die davor aufgestellten Gewehrgerüste und den Posten deutlich von den übrigen Gebäuden ab. Zwei Unteroffiziere sitzen vor dem einstöckigen Haus auf in die Sonne gestellten Stühlen und rauchen Pfeife. Als Basedow sie anspricht, steht einer gemächlich auf und begibt sich mit den Worten »Na dann komm mal mit, mein Junge« in das Gebäude. Dort schaut er in eine Liste, vergleicht die Namen und ruft nach einem Gefreiten, dem er befiehlt, den neuen Rekruten zur Kleiderkammer zu begleiten.

Gemeinsam machen sich beide unverzüglich auf den Weg. Auf dem Dachboden einer nahe gelegenen Kirche empfängt Basedow Rock, Kamisol, Hosen, Schuhe, Stiefelletten, Leinwandsocken und den Hut. In ein Rechnungsbuch trägt der Kammerbulle die ausgegebenen Stücke ein. Eine Perücke ist nicht darunter. Weil das wertvolle Stück bei einer nie ganz auszuschließenden Desertion verloren ging und der Kompaniechef für den Verlust aufkommen musste, wird sie nur in absoluten Notfällen verpasst. Basedows dunkelblonde Haare sind nach kurzem prüfendem Blick stark und lang genug, um sie aus eigener Kraft in die vorgeschriebenen drei bzw. zwei Schläfenlocken zu legen. Ungleich musste die Zahl sein, damit der Hut etwas schräg, aber stets gerade auf dem Kopfe saß.

Füsiliermütze des Regiments 37
Quelle: Auktionshaus Hermann Historica, München

Im Zeughaus empfängt Basedow das Gewehr, den Säbel, das geweißte Gehenk und die schwarze lederne Patronentasche an breitem, weißem Bandelier. Bereits das Bekleidungspaket hatte ihm Mühe beim Tragen bereitet. Jetzt fühlt er sich erst recht beladen. Der Gefreite denkt nicht daran, ihm irgendetwas abzunehmen. Wahrscheinlich hatte ihm bei seiner Einkleidung auch niemand geholfen. Bis an die Grenze bepackt marschiert Basedow dem Mann in Richtung auf das ihm noch unbekannte Privatquartier hinterher. »Sei froh, dass du Musketier bist und nicht die unbequeme Mütze der Füsiliere tragen musst«, hört er ihn sagen.

»Ist die Mütze der einzige Unterschied zu uns?«

»Nein, wir sind die größeren und kräftigeren Soldaten. Deshalb stehen wir bei den alten Regimentern und wenn es ins Feld geht im ersten Treffen. Die Füsiliere gehören zu den Regimentern, die nach den Schlesischen Kriegen neu aufgestellt wurden, und im Kriege das zweite Treffen bilden. Sie sind kleiner und nicht so robust wie wir. Deshalb brauchen die Zwerge die Mütze, damit sie für voll genommen werden.

Vorn im ersten Treffen hast du das Auge des Königs und die Chance mit einer braven Aktion vor der Zeit zum Unteroffizier aufzusteigen, wenn dir daran gelegen ist. Die Füsiliere haben diese Möglichkeit kaum, weil sie weiter hinten stehen. Dafür leben sie länger.«

Nach zehn Minuten ist das Haus erreicht, unter dessen Dach Basedow fortan leben wird. Als sie die Stube betreten, sind die künftigen Kameraden gerade beim gemeinsamen Abendessen. Basedow hatte gehofft, wenigstens auf einen Bekannten zu treffen, aber er kennt nach flüchtigem Blick niemanden. Während der Gefreite die Stube wieder verlässt, schieben die Essenden dem verunsichert herumstehenden Neuen einen Laib Brot und einen Krug Bier mit den Worten zu, dass er künftig seinen Anteil an der gemeinsamen Mahlzeit selbst tragen müsse. Den Packen Bekleidung solle er zunächst einmal beiseite legen.

Beim Essen macht sich Basedow bekannt, wobei er erfährt, dass die anderen aus Küstrin, Soldin und Königsberg in der Neumark stammen. Kein Wunder, dass er niemanden kennt. Bis auf zwei Freiwillige sind alle wie er Kantonisten und schon länger dabei. Das dritte Bier ist gerade getrunken, als von der Straße ein Anruf erfolgt. Sofort springt ein Soldat auf, rennt zum Fenster, brüllt »Alles richtig« hinunter und kehrt nach kurzem Wortwechsel auf seinen Platz zurück. Basedow, der ihm neugierig ans Fenster gefolgt ist, kommt zu spät. Alles, was er noch sieht, ist einen durch Litzen und Stock als Unteroffizier ausgewiesenen Soldaten, der sich umdreht und entfernt.

Auf seine Frage nach der Bedeutung des Vorfalles brummt der Fenstergänger, dass der Unteroffizier vom Dienst mit seinem Anruf die Anwesenheit der Stubenkameraden kontrolliert und den Dienstplan für den nächsten Tag bekannt gegeben habe. Auch Basedows Name sei genannt worden. Er solle sich um 11 Uhr zur Vereidigung im Quartier des Kapitäns einfinden. Danach herrscht in der Runde betretenes Schweigen, so dass die ungezwungene Atmosphäre nicht wieder aufkommen will. Basedow fühlt, dass mehr dahinterstecken müsse als die Unlust über das angesetzte Exerzieren, traut sich aber nicht, erneut zu fragen. Erst als die Tür aufgeht und der bis dahin von ihm nicht vermisste achte Stubenkamerad erscheint, wird ihm klar, dass die Meldung »Alles richtig« falsch gewesen ist. Er schließt aus dem Verhalten der Kameraden, dass die Unwahrheit schwere Folgen haben müsse.

Am nächsten Morgen steht Basedow unschlüssig vor seinem Kleiderhaufen, bis sich jemand erbarmt und ihm beim Anlegen hilft. Schließlich sollen die Stücke bei der Vereidigung wenigstens einigermaßen sitzen. Der Mann zeigt ihm zunächst, wie man die Stiefeletten mit der endlosen Knopfreihe schließt und den Hemdkragen mit dem Pappstreifen stärkt. Dann weist er auf den Rock, der im Sommer außer bei starkem Regen stets offen und mit aufgeschlagenen Schößen getragen werde, und erklärt, dass der unterste Knopf der Weste immer zu schließen sei. Die ungewohnten Stücke sitzen selbst in geöffnetem Zustand so eng, dass Basedow kaum zu atmen wagt. Am Schluss setzt er ihm den Hut zurecht, der niemals in den Nacken fallen darf, rückt das über der Weste getragene Koppelzeug mit dem Säbel gerade, kontrolliert das zum Zopf gebundene Haar und schließt die Überprüfung mit den Worten ab, dass dies der vorschriftsmäßige Anzug für die Straße und die Revue sei. Basedow solle die Uniform und sich selbst stets peinlich sauber halten, wenn er Ärger vermeiden wolle. An der Tür ruft er ihm nach, das Kommende am besten mit stoischer Ruhe zu ertragen. Sie hätten alle so begonnen, und am Ende würden sich die Dinge schon irgendwie richten. Das sei immer so gewesen.

3. Die Vereidigung

Punkt 11 Uhr steht Basedow in der Wohnung des Kapitäns. In der von drei Fenstern erhellten Stube trifft er auf vier Soldaten, von denen zwei Offiziersuniformen tragen. In der Mitte des Raumes hat sich sein künftiger Chef postiert. Der Feldwebel der Kompanie steht neben ihm. Etwas abgesetzt kann Basedow den die Fahne tragenden Freikorporal und den vierten Mann erkennen, bei dem es sich um den Auditeur des Regiments handeln muss.

Fast hätte er den Rechtsberater mit dem Kapitän verwechselt, weil er eine ähnliche Uniform trägt. Allerdings fehlt das Portepee. Während der Kapitän mit musterndem Blick fast teilnahmslos auf seinem Platz verharrt, tritt der Regimentsauditeur einen Schritt vor. In dienstlichem Ton verliest er die Kriegsartikel, wobei sich in Basedows Fall eine Übersetzung erübrigt. Durch sie erfährt Basedow mit eindeutiger Klarheit nicht nur, was die preußische Armee von ihm erwartet, sondern auch was ihm dräut, wenn er den Verhaltenskodex nicht einhält:

1.   *Ein jeder Soldat, und wer sich sonsten bey denen Regimenten, Bataillons und Compagnien aufhält, muß sich eines Christlichen und Gottesfürchtigen Wandels befleißigen, alles üppigen und ärgerlichen Lebens sich enthalten, bey den Predigten und Gottes-Diensten zu gehöriger Zeit sich fleißig einfinden, und solche ohne Ursach nicht versäumen, sich auch des Mißbrauchs des allerheiligsten Nahmens Gottes, und seiner Sacramenter durch Fluchen und Schweren bey Straffe des Stockhaus, Phahls, Spißruthen oder anderer arbitrairen Straffe gäntzlich enthalten.*

Fahnenspitze um 1740
Vergoldete Bronze, 24 cm hoch
Quelle: MGM Rastatt

6. So sollen auch alle und jeder Unter-Officirer und Soldat denen Ober-Officirern vom ersten bis zum letzten, sie seyn von demselben oder einem anderen Regiment, mit allen gebührenden Respect und Gehorsam begegnen.

7. Welcher Soldat aber der Ober-, auch nach Gelegenheit der Unter-Officirer Ambts-Commandos sich entgegen setzet, es sey auch nur mit Worten, oder raisonniret, derselbe soll, nach Condition des Beleydigten und der beschaffenen Umstände mit dreyßig-mahligem Gassenlaufen belegt werden; Wer aber zu dem Ende seinen Degen entblößet, oder ander Gewehr ziehet, arquebusiret werden.

8. Alle Schlägereyen und unnöthigen Händel werden bey Straffen der Spißruthen verbothen, und soll jeder Soldat sein Gewehr nicht anders als zu Noth- und Gegenwehr brauchen; Wer aber darwider handeln und vorsetzlich, es sey Unter-Officirer oder Gemeiner, seinen Cameraden damit verletzen und beschädigen oder gar entleiben sollte, derselbe wird nach befundenen Umständen und Erkäntniß des Kriegs-Rechts an Leib und Leben gestraffet.

10. Das Spielen, es geschehe mit Karten oder Würffeln, wird bey Straffe der Spißruthen verbothen.

11. Welcher Soldat nach dem Zapffen-Schlag sich in seinem Quartier nicht finden lässet, soll mit Gassen-Lauffen gestraffet werden.

14. Wer die Wache versäumet, oder truncken darauf kommt, daß er sie nicht bestellen kann, soll mit Gassen-Lauffen bestraffet werden.

15. Wer auf der Schildwache schläft, oder gehet vor der Ablösung weg, der trincket sich so voll, daß er die Wache nicht versehen kann, soll, wann es im Felde und bey Belagerungen, da man gegen den Feind stehet, geschiehet, arquebusiret, außer dem aber, so dergleichen Gefahr nicht ist, mit dreyßig-mahligem Gassen-Lauffen gestraffet werden.

17. Zum Marsche und zum Commando auf die gewöhnlichen Sammelplätze, muß sich jedweder Soldat, so bald dazu angeschlagen wird, einfinden, die Zug-Ordnung richtig halten, von seiner Fahne sich nicht absentiren und dahinter bleiben, bey Straffe der Spißruthen; Derjenige Soldat, der im Lager, in der Vestung, in Quartieren und Garnison, es sey in kleinen oder großen Städten, eine Viertel-Stunde ab- und seitwärts, absonderlich auf Marsche, dergestalt betroffen würde, daß er mit dem Gesichte sich zurück kehrete, und dazu keinen Urlaub hat, noch andere redliche Ursachen anzeigen und erweisen kann, soll als ein Deserteur an Leib und Leben gestraffet werden.

18. Welcher Soldat auch, es sey in Schlachten, Scharmützeln, Stürmen oder bey was Gelegenheit es immer wolle, vor dem Feind zuerst die Flucht nimmt, und seinen Posten, Schildwache, oder andere Herren-Dienste verlässet, ehe er seine Pflicht und Schuldigkeit rechtschaffen erwiesen, soll, wofern man seiner wieder habhaft werden kann, sonder alle Gnade am Leben gestraffet werden.

19. Welcher Soldat gar meyneidiger Weise davon läuft, es sey auf Marschen, im Felde, Lager oder Garnisonen, derselbe soll, wann er wieder ertappet wird, ohne alle Gnade mit dem Strang vom Leben zum Tode gebracht werden. Wofern auch Soldaten wegen Desertion ein Complott machen, soll derjenige, so davon Wissenschaft erlangt, es sofort bei seinem kommandirenden Officier anmelden, oder wenn es solches nicht thut und die Desertion geschieht, er aber dessen, daß er davon gewußt, überführt wird, soll er gleich einem Deserteur, als wenn er selbst desertirt oder desertiren wollen, gestraffet werden.

20. Kein Soldat soll mit dem Feinde mündlich oder schriftlich correspondiren oder demselben die Losung offenbaren bei Lebensstrafe.

21. Alle verdächtige Rottirungen, Zusammenkünfte und Berathschlagungen sollen am Leibe oder Leben gestraffet , auch die Urheber nach Befinden ohne Gnade zum Tode verurtheilt und es alsofort exequiret werden. Diejenigen auch, so von solchen Rottirungen, verdächtigen Zusammenkünften und Berathschlagungen über leichtfertiges Vorhaben etwas erfahren und solches bei ihrem kommandirenden Officirer nicht anzeigen, sollen ebenfalls am Leib und nach Befinden am Leben gestraffet werden.

22. Ein jeder Soldat soll sich der Hurerei und Ehebruchs bei harter Strafe enthalten, wer aber eine Weibsperson mit Gewalt schändet oder das Laster der zwiefachen Ehe begeht, soll nach Befinden an Leib oder Leben, die Sodomiterei aber mit dem Feuer bestraft werden.

23. Welcher ohne Vorwissen und Einwilligung seines bei der Compagnie kommandirenden Ober-Officirers sich mit einer Weibsperson ehlich versprechen sollte, derselbe soll in einem Tage funzehn Mal durch 200 Mann die Gassen laufen, die Weibsperson aber ein Jahr ins Spinn-haus gebracht und solche Zusagen, wenn sie gleich eidlich geschehn oder das Frauenmensch geschwängert worden, vom Kriegs-Consistorio nach Befinden null und nichtig erklärt, im Fall aber, daß die priesterliche Copulation wirklich vor sich gegangen, die Strafe verdoppelt werden.

24. Ein jeder Soldat soll sich mit dem Quartier, wie es ihm nach allergnädigster Verordnunge angewiesen, begnügen lassen, auch nicht vor sich selbst Quartier nehmen, wer sich aber dawider setzt, als ein Meutemacher an Leib und Leben gestraffet werden.

25. Wer seinen Wirth, Wirthin, Kinder oder Gesinde ungebührlich tractiret, soll aufs Schärfste nach Erkenntniß des Kriegsrechts bestraft werden.

26. Welcher Soldat sein Gewehr, Waffen oder Kleidung auch alles Andre, was zur Herren-Montur gehört, wegwirft, muthwillig verdirbt, verkauft, versetzt oder verspielt, soll das erste und zweite Mal mit Gassenlaufen und Verlust seiner Capitulation, das dritte Mal aber am Leben bestraft werden.

27. Welcher Soldat unnöthige Schulden ohne Vorwissen seiner Offiziere machet und nicht be-zahlen kann, soll am Leibe bestraft werden, und da er Capitulation hat, derselben verlustig sein.

28. Alle Diebereien sollen mit willkührlicher Strafe und Verlust der Capitulation, über dieses aber noch mit härterer Leibes- und nach Befinden Lebensstrafe, alle gewaltsamen Einbrüche und Beraubungen, es sei auf freier Straße, im Marschiren, oder auch in Festungen, Städten, Dörfern und Lager bestraft werden.

29. Bei der Musterung soll jeder Soldat sein eigenes, keinesweges aber gelehntes fremdes Gewehr oder Montur haben, bei Strafe der Spießruthen.

30. Diejenigen, so sich zur Musterung bei einer anderen Compagnie oder Regiment vermiethen, sollen des Lebens verlustig sein.

31. Welcher Soldat öffentlich bei versammeltem Kriegsvolk um Geld ruft, soll als ein Meutemacher ohne Gnade an Leib und Leben gestraffet werden.

32. Da auch der Sold oder das Brod wider Vermuthen nicht allemal richtig zu rechter Zeit folgen könnte, sollen jedoch Sr. Königl. Majestät Soldaten ihre Dienste willig thun und gewärtig sein, daß ihnen alles, so nach gehaltener Abrechnung sich finden wird, gut gethan werden soll.

33. Würde ein Soldat in Trunkenheit ein Verbrechen begehn, so soll ihn die Trunkenheit nicht entschuldigen, sondern er nach Befinden doppelt gestraffet werden.

34. *Letztlich und überhaupt ist jeder Soldat verbunden, seines Kommandirenden Geboten nachzuleben und allen öffentlich unter Trommel, Pauken und Trompeten angekündigten Geboten und Verboten bei der darin alsdann gesetzten Strafe nachzukommen und Folge zu leisten und sich also als einen ehrliebenden Soldaten gebühret, zu bezeigen; sollte er aber dennoch auf eine andere Art sündigen, liederliche Streiche machen und Excesse begehen, sie seien in obigen Articuln begriffen, oder nicht, so hat derselbe nebst der harten Strafe auch zu gewärtigen, daß er nach Befinden seiner Capitulation verlustig erkannt werde«.*[13]

Nach der Verlesung macht der Auditeur eine Pause, um die Worte nachwirken zu lassen. Der kurzen Besinnung schließt sich die Belehrung über die richtige Angabe des Namens und die Folgen des Meineids an. Sobald Basedow versichert hat, die Bedeutung seiner Aussage in allen Teilen verstanden zu haben und seine Identität bestätigt hat, senkt der Freikorporal die Fahne. Zugleich fordert der Feldwebel ihn auf, entweder beide Hände darauf zu legen oder mit der linken Hand das Tuch zu berühren und die rechte zum Schwur zu erheben. Basedow entscheidet sich zu Letzterem. In dieser Haltung leistet er folgenden feierlichen Eid:

»*Ich, Joachim Basedow. Mousquetier des Markgraf Karlschen Regiments, gelobe und schwöre zu GOTT dem Allmächtigen einen körperlichen Eyd, daß dem Allerdurchlauchtigsten, Groß-mächtig-Könige, und Herrn, FRIEDRICH, König in Preussen; Marggraffen zu Brandenburg, des Heiligen Römischen Reichs Ertz-Cämmerern und Churfürsten, Unserem allergnädigsten Könige und Krieges-Herren, wie auch Dero Königreich und Landen, ich getreu, gehorsam, willig und redlich dienen, was die mir vorgelesene Krieges-Articul in sich begreiffen, nach äusserster Möglichkeit thun und lassen, allen Sr. Königl. Maj. Und Dero Landes-Feinden mit Leib und Blut, so lange ich in Dero Diensten bin, tapfern und männlichen Wiederstand thun, auch mich nach meinem äusser-sten Vermögen dahin befleißigen will, damit allerhöchstgedachter Sr. Königl. Majestät und Dero Landen, Schaden, Verderb und Nachtheil abgewendet, dagegen aber deren Nutz und Wohlfahrt gesuchet, geschaffet, und befördert, auch alles nachtheilige und schädliche angezeiget werden möge; ich will auch meinen Befehlshabern in dem, was zu Sr. Königl. Maj. Und Dero Armée, Nutzen und Besten, in Wachten, Arbeiten und andern fürfallenden Nothwendigkeiten mir anbefolen und verordnet wird, und Gehorsam leisten, von der Compagnie, und Fahne, worunter ich gehöre, es sey im Felde, Besatzung, Schlachten, Scharmützeln zu Wasser oder zu Lande, und bey anderer Gelegenheit nicht weichen, oder nicht heimlich verbergen, sondern demselben, so oft es mir ange-saget wird, auch so lange es mein Leben, und Gesundheit zulässet, willig und gerne folgen, und mich sonsten nach denen Kriegs-Articuln also erzeigen, wie einem fleißigen, und getreuen, auch gehorsamen, ehrlichen, und unverzagten Soldaten, und Kriegs-Mann gebühret, und wohl anstehet, auch mein Amt erfordert.*

So wahr mir GOTT helffe, und sein heiliges Wort durch Jesum Christium, Amen.«[14]

Mit den gerade gesprochenen Worten im Ohr wird ihm zum ersten Mal der Ernst seiner neuen Situation bewusst. Soldat war er bereits mit dem Aufruf geworden, ohne zu ahnen, was das bedeutete.[15] Jetzt kennt er alle Konsequenzen. Wehe ihm, wenn er jemals in die Fänge der Militärjustiz geraten sollte. Nur schemenhaft nimmt er wahr, wie der Freikorporal die Fahne hebt und mit kurzem Schwenken über dem Kopf des Rekruten die Zeremonie beendet.

Auf dem Weg ins Quartier lässt Basedow das soeben Geschehene nicht los. Vor seinem inneren Auge erscheint noch einmal der etwas übergewichtige, aber straffe Kapitän, der ihn sorgfältig beobachtet und fortan mit Namen, Herkunft und Religion im Gedächtnis behalten wird. Er sieht den untersetzten Feldwebel, dessen Gesicht die starken Augenbrauen und der mächtige Walroßbart grimmiger wirken lassen, als es tatsächlich ist. Erneut spürt er seinen abschätzenden Blick, der ihn irgendwie einzuordnen scheint. Basedow weiß, dass dieser Mann künftig seine Anlaufstelle für alle Sorgen sein wird, und er ahnt, dass er das im Umgang mit Männern gewohnte Urgestein gewiss nicht mit Kleinigkeiten behelligen darf. Und er erinnert sich an den ebenfalls bärtigen Freikorporal, der als adliger Unteroffizier weit über ihm steht, und sich in Vorbereitung auf seine Offizierslaufbahn kaum jemals für ihn interessieren wird. Er kommt zu dem Schluss, dass er sich ziemlich einsam fühlen wird.

4. Die Verpflegung

Basedow ist froh, dass er im Quartier wieder auf Leute trifft, die er bereits zu kennen meint. Sie haben Suppe und Brot als Mittagessen auf den Tisch gestellt. Mehr kann er nicht entdecken. Als Bauernsohn ist er gewiss nicht verwöhnt. Aber wenn er das, was er hier sieht, mit dem von zu Hause Gewohnten vergleicht, hat er bisher fast fürstlich gelebt. Ein Stubenkamerad bemerkt seinen skeptischen Blick:

»Das ist nicht der Speck, den du von zu Hause gewohnt bist, nicht wahr? Auch wir hätten gerne mehr, aber mehr ist nicht drin. Wenn du demnächst durch die Stadt gehst, wirst du sehen, was der Fraß hier kostet:

1 Pfund Butter 4 Groschen
1 Pfund Schweinefleisch 1 Groschen, 6 Pfennige
1 Pfund Brot 6 Pfennige
1 Pfund Zucker 5 Groschen
1 Quart Cottbuser Bier 1 Groschen 6 Pfennige.
1 Pfund Mettwurst 10 Groschen
1 Pfund westfälischer Schinken 3 Groschen
1 Mittagessen mit Vor- und Nachspeise in einem Gasthaus 6 Pfennige.[16]

Hältst du dagegen, dass ein unverheirateter Mann 16 Pfennige pro Tag verfuttert,[17] wird dir schnell klar, dass wir mit zwei Talern[18] Sold im Monat keine großen Sprünge machen können.«

Ein anderer am Ende des Tisches ergänzt: »Des Morgens um einen Dreier Fusel und ein Stück Kommissbrot. Mittags holen wir in der Garküche um einen Dreier Suppe und nehmen wieder ein Stück Kommiss. Des Abends um zwei Pfennig Kovent oder Dünnbier und abermals Kommiss. Ja, so kommt man aus und anders nicht.«[19]

Wenn Basedow in die Nachbarhäuser hätte schauen können, würde er feststellen, dass es bei den einfachen Zivilisten kaum besser aussah. Morgens gab es üblicherweise einen Hirsebrei oder eine Suppe aus Magermilch oder billigem Dünnbier. Zum Mittag stand erneut Suppe aus Grütze, Erbsen oder Linsen auf dem Tisch. Sonntags wurden Klöße aus Gerstenmehl oder der noch ungewohnten Kartoffel gekocht. Fleisch gab es nur einmal die Woche, und zwar donnerstags. Rind- und Schweinefleisch an allen Tagen (stets gekocht) konnten sich nur die Wohlhabenden leisten. Abends aßen die Bewohner Brot mit Butter oder an guten Tagen Pellkartoffeln mit Butter und Salz. Brot war als wichtigster Bestandteil grundsätzlich bei allen Mahlzeiten dabei. Es wurde in großen Mengen verzehrt, zwei bis drei Pfund am Tag. Wasser, Milch, Dünnbier und Kaffee, aus Kaffeeersatz oder Zichoriewurzeln gebraut, bildeten die Standardgetränke. Auch die Kinder tranken Bier, das damals noch nicht die Stärke von heute hatte. Tee und Schokolade gehörten als absoluter Luxus in das Reich der Träume. Der Brei wurde gern heiß gegessen, das Bier und die Milch dagegen recht kalt getrunken. Zum Abschluss der Mahlzeit gönnte man sich eine Pfeife Tabak.

Um der Bevölkerung die Versorgung mit Grundnahrungsmitteln zu garantieren, blieben Schweinefleisch und das Getreide zur Herstellung von Brot und Bier steuerfrei. Der Brotpreis war taxiert. Hierauf Bezug nehmend, setzt der erste am Mittagstisch die Unterhaltung fort: »Einen Vorteil haben wir Soldaten immerhin. Wenn der Brotpreis steigt, bekommen die Bäcker das Mehl aus den Magazinen und wir das Brot zum alten Preis. In Potsdam hat sogar die Feldbäckerei einmal das Backen übernommen. Wenn es nach mir ginge, würde ich das für uns Soldaten grundsätzlich so machen. Aber die Bäcker sind stark, und weil sie eine Konsumptionsakzise zahlen, ist auch die königliche Akzisenverwaltung an deren Verdienst interessiert. Gegen die vereinte Macht dieses Lumpenpacks ist wohl nichts zu machen.«

Basedow weiß, dass er seinen Kameraden nicht ewig auf der Tasche liegen kann. Schließlich hatten sie ihm bereits am Vortag gesagt, dass sie seine Beteiligung an der gemeinsamen Menage erwarteten. Er beschließt deshalb, noch am Nachmittag während eines Spaziergangs durch die Stadt die entsprechenden Einkäufe zu machen.

5. Die Garnison

Wo soll er in Berlin mit dem Rundgang beginnen? Die Stadt mit der Marienkirche und der Insel Cölln als Zentrum und der eingemeindeten Dorotheen- und Friedrichstadt sowie der Werderschen, Spandauer, Stralauer und Köpenicker Vorstadt scheint ihm riesig. Zum Schutz vor Desertionen ist sie von einer Palisade mit 15 Stadttoren umgeben. Am Tag seiner Ankunft war ihm die Stadt recht ansprechend erschienen. Umso mehr wundert er sich jetzt, dass sie in ihrem Inneren noch mit vielen unattraktiven landwirtschaftlichen Nutzflächen durchsetzt ist. Der französische Botschafter, der einmal von den stolzen Berlinern um einen Vergleich ihrer Stadt mit dem prächtigen Paris gebeten worden war, soll die Absonderlichkeit trocken mit den Worten kommentiert haben, beide Städte seien in der Tat vergleichbar, nur säe und ernte man in Paris nicht.

Basedow entscheidet sich für das Karree diesseits des Brandenburger Tors. In den jenseits gelegenen Tiergarten, den Knobeldorff vor einigen Jahren durch breite Alleen von einem Jagdrevier zu einem für jedermann zugänglichen Park verwandelt hatte, will er sich nicht wagen. Denn dafür hätte er die Wache passieren müssen. Den Blick nach Osten gewandt, öffnet sich vor ihm die mit sechs Reihen Bäumen gesäumte Prachtstraße »Unter den Linden«, in deren Mitte eine ungepflasterte Allee verläuft. Linker Hand, in der Nr. 74, sind das Holzlager und das Laboratorium der Artillerie untergebracht. In der Nr. 7 gegenüber, dort, wo sich heute die russische Botschaft befindet, residiert die Prinzessin Amalie, eine der Schwestern des Königs. Wie man hört, ist die Dame wegen ihrer Exzentrik weder bei den Geschwistern noch im Hofkreise besonders beliebt. Am nächsten steht ihr noch der königliche Bruder, der während des Karnevals regelmäßig bei ihr zu speisen pflegt. Amalie wird in diesem Palais bis zu ihrem Tode leben, jedoch nur im Winter.

Vor dem Hotel »Zur Sonne« im Hause Nr. 23 macht Basedow Halt. Das Haus ist, wie er durch die Fenster sehen kann, gut besucht. Im Restaurant mit den in die Wand eingelassenen Spiegeln servieren die Kellner alles, was der Markt für Wohlhabende zu bieten hat: Rind- oder Schweinefleisch mit »Erdäpfeln« und eingemachten Champignons aus der Mark, frische Austern aus Hamburg, Räucherlachs aus Russland, Artischocken, Oliven und Feigen aus Spanien sowie feines Gebäck aus Nürnberg zu Kaffee und Schokolade. Im Nebenzimmer sitzen die Herren bei einem Glas Wein aus Burgund oder Portugal. Einige blasen aus langstieligen Pfeifen Rauch in die Luft, denn hier in den geschlossenen Räumen ist der Tabakgenuss erlaubt. Auf der Straße wagen nur die resoluten Marktfrauen, das Rauchverbot zu missachten. Basedow will für eine Erfrischung einkehren, muss seine Pläne jedoch schnell wieder begraben. Der Griff in die Tasche belehrt ihn, dass er sich keine Tasse Kaffee leisten kann. Die wenigen Groschen reichen nicht einmal aus, um einem nahebei stehenden Veteranen in schäbiger Montur einen Almosen zuzuwerfen.

Die Ausgemusterten bilden, was Basedow noch nicht weiß, vier Gruppen. Zur ersten gehören diejenigen, welche sich in Anknüpfung an die vor dem Kriegsdienst abgeleistete Gesellenzeit mit viel Mut eine neue Existenz als selbstständiger Handwerker geschaffen haben. Zur zweiten zählen solche, die »noch zu kleinen Bedienungen gebraucht werden können« und dementsprechend als Akziseinspektor, Dorfschullehrer, Torschreiber oder Bote angestellt worden sind. Die dritte Gruppe sind die im 1747 in Berlin gegründeten und nach militärischen Prinzipien geführten Invalidenhaus Untergebrachten, dessen Kapazität mit zwölf Offizieren, 30 Unteroffizieren, sechs Tambours und 564 Gemeinen jedoch so gering bemessen ist, dass sich Friedrichs Hoffnung, dieses Bataillon als einziges von der ganzen Armee stets unkomplett halten zu können, nie erfüllte. Wer folglich nicht untergekommen ist, streift als Heimatloser mit lediglich einem Taler pro Monat aus der Invalidenkasse in der Tasche durch die Stadt und bettelt in hartem Wettbewerb mit den zivilen Bedürftigen um Pfennige. Noch ist die Konkurrenz überschaubar. Aber nach dem Siebenjährigen Krieg werden landflüchtige Bauern, die in der Stadt wegen des Gesindezwanges nicht arbeiten dürfen, und Manufakturarbeiter, welche die exorbitant gestiegenen Preise mit ihren Hungerlöhnen nicht mehr bezahlen können, die Zahl der Bedürftigen in eine schwindelnde Höhe treiben.

Basedow fragt sich, ob er dermaleinst ebenso auf der Straße enden könnte. Auf seine Stärken vertrauend, wischt er die trüben Gedanken beiseite und wendet sich wieder dem Tagesgeschehen zu. Mehrspännige Kaleschen rauschen an ihm vorüber. Frachtwagen hinter klobigen Pferden transportieren schwere Last. Nur wenige Schritte entfernt verhandelt ein mit Kupfertöpfen beladener Hausierer mit einer Bürgersfrau. Marktfrauen mit prallgefüllten Körben streben schwatzend zum Gendarmenmarkt. Die Lebhaftigkeit der Stadt fasziniert ihn.

Vor der Akademie der Wissenschaften und Künste verweilt er für einen Augenblick. Es ist ein geschäftiger Ort, als der Name vermuten lässt, denn der Flügel zur Stallstraße beherbergt die Wache und Ställe des Kürassierregiments Gens d'Armes (Nr. 10). Außerdem ist auf der Rückseite die Kaderschmiede aller angehenden preußischen Militärärzte, das Medizinische Chirurgische Kollegium, untergebracht. An ihren roten Unterkleidern kenntliche Feldschere gehen dort beständig ein und aus.

Auf der Hauptstraße gegenüber liegt das Markgräflich Schwedtsche Palais, das Kaiser Wilhelm I. 100 Jahre später nach erheblichen Umbauten zu seinem ständigen Wohnsitz machen wird. Noch steht die Bibliothek am Opernplatz nicht, und auch das Palais des Prinzen Heinrich, das nach den Plänen des Königs den nördlichen Abschluss eines großzügigen Forums bilden soll und später einmal die Universität beherbergen wird, ist nur eine Baustelle. An den fleißig hämmernden Handwerkern vorbei überschreitet Basedow die heute nicht mehr vorhandene Neustädter Brücke, passiert die Hauptwache der Artillerie und erreicht nach wenigen Schritten die Spree. Dabei schenkt er dem Zeughaus keine Beachtung, weil er es bereits kennt. Seine Aufmerksamkeit gilt vielmehr dem geschäftigen Treiben um eine Kutsche, die vor dem gegenüberliegenden Palais vorgefahren ist. Das ansehnliche Gebäude mit dem wuchtigen Walmdach war 1734 dem Kronprinzen zum Geschenk gemacht worden, der es nach der Thronbesteigung seinem Bruder August Wilhelm überlassen hatte. Kann es deshalb sein, dass sich hinter den hin und her eilenden Pagen irgendwo der Prinz von Preußen verbirgt? Basedow will nicht zu neugierig sein. Er beschließt, auf Distanz zu bleiben, und überschreitet die Hundebrücke in Richtung auf den Lustgarten. Würde er vormittags gekommen sein, hätte er dort den Regimentern Meyerinck und Itzenplitz (Nr. 26 und Nr. 13) beim Exerzieren zuschauen können. Jetzt ist der Platz nahezu leer. Im Osten begrenzt der 1747 errichtete Dom und im Süden das Schloss die Fläche, wo der König regelmäßig vom 24. Dezember bis zum 18. Januar mit Blick auf den Lustgarten zu wohnen pflegt. Im Flügel gegenüber am Schlossplatz ist das Generaldirektorium untergebracht. Eine Schwadron Garde du Corps bewacht die Gemächer, während die Schlosswache selbst von den Regimentern Itzenplitz und Meyerinck gestellt wird.

Angezogen von dem Lärm und der Geschäftigkeit wendet sich Basedow nach links über die Pomeranzenbrücke dem Packhof zu. Schwer beladene Leiterwagen rumpeln an ihm vorbei über den Lagerplatz auf die in der Spree vertäuten Kähne zu, während andere Fahrzeuge an den Schiffen auf Beladung warten. Kaufleute mit Rechnungsbüchern unter dem Arm verhandeln die letzten Preise. Knechte weisen den Trägerkolonnen den Weg. Basedow entdeckt unter ihnen viele Soldaten.

»Du siehst kräftig aus. Suchst du Arbeit? Ich könnte dir welche geben«, spricht ihn unerwartet einer der Knechte an. Basedow schüttelt ablehnend den Kopf, aber er wird sich den Platz merken. Wenn er einmal zusätzliches Geld verdienen müsste, was abzusehen ist, würde er wissen, wohin er sich zu wenden hätte. Die harte Arbeit schreckt ihn nicht. Das Tragen schwerer Lasten ist er gewohnt.

Interessiert musterte er die Kähne. Von einem Schiffer erfährt er, dass die Fahrt nach Hamburg unter guten Bedingungen acht Tage dauert. Allerdings könnten daraus schnell 16 bis 27 Tage werden, wenn sich die alle vier Meilen (28 km) stationierten Zöllner Zeit bei ihren Kontrollen ließen. Für die umgekehrte Strecke würden die Kaufleute sechs Wochen veranschlagen, weil das in Preußen übliche Treideln mit Menschenkraft an Stelle der andernorts bereits eingesetzten Ochsen und Pferde viel Zeit beanspruchte.

Über die Neue Packhofbrücke ist es nur ein kurzer Weg bis zur Garnisonskirche, zu deren Gemeinde Basedow jetzt gehört. Generationen von Generalen ruhen hier. Mitte

Leichnam des Generalfeldmarschalls Keith
Quelle: Zeichnung von Adolf Menzel

des 19. Jahrhunderts wird Adolf Menzel die Gruft besuchen, das Drunter und Drüber der wahllos gestapelten Särge mit seinem Zeichenstift festhalten und sich zum Studium der friderizianischen Uniformen den einen oder anderen öffnen lassen. Er wird die Leiche des bei Hochkirch gefallenen Feldmarschalls Keith noch bestens erhalten vorfinden, bekleidet mit der Uniform seines Regiments und geschmückt mit dem Orden vom schwarzen Adler, genauso wie ihn der König zu tragen pflegte.

Mehrmals abgebrannt und wieder aufgebaut, wird die Kirche in den Bombennächten des Zweiten Weltkriegs endgültig vernichtet werden. Man wird die 820 Särge teils auf den Garnisonsfriedhof in der Müllerstraße (Wedding), teils auf den Friedhof in Stansdorf überführen und den Rest respektlos mit Straßenbeton zudecken.

Über die Neue Friedrichstraße, vorbei an der Kaserne des Infanterieregiments Hacke, begibt sich Basedow über die Alexanderstraße in die südöstlich angrenzende Stralauer Vorstadt, wo das Infanterieregiment Forcade Nr. 23 seine Quartiere hat und die Öfen der zentralen Brotbäckerei für alle in Berlin stationierten Regimenter stehen. Für die Kavallerie wird Hafer, Heu und Stroh in dem königlichen Fouragemagazin in der gegenüber der Bäckerei beginnenden – heute noch so genannten – Magazinstraße zentral eingelagert. An der Alexanderstraße, Ecke Voltairestraße, hat das Hackesche Regiment weitere Unterkünfte.

Am Ende der Alexanderstraße unmittelbar vor der Spree in die eigentliche Stadt umkehrend, trifft Basedow rechter Hand am Ende der Neuen Friedrich Straße (heute Littenstraße) auf das 1709 von Friedrich I. errichtete große königliche Provianthaus und nach dem Passieren der Quartiere des Meyerinckschen Regiments (Nr. 26) und der Kadettenanstalt auf die Rückseite des Lagerhauses, dessen Manufakturen die Armee mit Stoffen versorgen. Rund 70 Jahre später wird der Bildhauer Rauch hier sein Atelier errichten und das Reiterstandbild Friedrich des Großen schaffen, das heute, sechs Meter von seinem ursprünglichen Platz versetzt, Unter den Linden zu sehen ist.

Von fern grüßt der Turm der Marienkirche, an deren Fuß, Rosenstraße Ecke Papestraße sich die Hauptwache der Stadt mit dem Generalauditoriat im ersten Stock befindet.

Bereits ziemlich müde biegt Basedow links in die Königstraße ab und trifft an der Ecke Jüdenstraße zunächst auf die Residenz des Gouverneurs, dann an der Ecke Poststraße auf die Geheime Kriegskanzlei und nach Überquerung der Spree über die Lange Brücke mit Schlüters beeindruckendem Denkmal des Großen Kurfürsten auf den dreigeschossigen Marstall, in dem die königlichen Karossen, ein Montierungsmagazin und die königliche Oberrechenkammer untergebracht sind.

Durch die Breitestraße erreicht er den geschäftigen Fischmarkt, wo die Marktfrauen in Holzständen oder vor wahllos aufgestellten Bottichen ihre frische Ware anbieten. Der Platz wird dominiert vom Palais des kurfürstlichen Reitergenerals Derfflinger und dem Rathaus mit der Cöllnischen Hauptwache. Wehe, wenn sie nicht heraustritt, sobald ein hoher Offizier das Gebäude passiert. Sie formiert sich wie überall vor jedem General. Nur in Potsdam präsentiert die Wache des I. Bataillons Leibgarde ausschließlich vor dem König, Mitgliedern seiner Familie und Stabsoffizieren des eigenen Regiments.

Mit dem Eintritt in die Friedrichstadt beginnt die letzte Etappe der Besichtigung. Basedow erkennt sofort den Unterschied. Hier sind die Straßen seit 1738 gepflastert, so dass kein Besucher befürchten muss, an heißen Sommertagen entweder am Staub zu ersticken oder bei Regen im Schlamm zu versinken. Die Häuserzeilen sind zwar auch hier durch die ein- bis zweistöckigen Gebäude der einfachen Bürger geprägt, aber mehr als anderswo mit größeren stuckverzierten Häusern des gehobenen Bürgertums durchsetzt. Den südlichen Stadtteil mit dem Halleschen Tor, wo sich die Hauptwache der fünf Schwadronen Zietenhusaren und die Quartiere des Regiments Kalckstein (Nr. 25) befinden, lässt er ermüdet aus. Er beschließt, seinen Rundgang auf dem Wilhelmplatz zu beenden, auf dem er in den nächsten Tagen seine Grundausbildung erhalten wird.

Nach seinen Eindrücken befragt, würde Basedow antworten, eine Stadt gesehen zu haben, in der bedrückende Armut und Wohlstand dicht beieinander liegen. Er würde die schmalen Häuser schildern, in denen fahlgesichtige Weber in feuchten, stickigen Räumen an ratternden Stühlen ihrem Broterwerb nachgehen, während sich nebenan die Damen des gehobenen Bürgertums zu einer Tasse Tee aus chinesischem Porzellan zusammenfinden. Er würde das Heraustreten der Wachen und die Präzision ihrer Handgriffe beschreiben, ohne darüber den bettelnden Invaliden an der Straßenecke zu vergessen. Auf die unübersehbare militärische Präsenz angesprochen, würde er das Bonmot, dass Preußen bzw. Berlin eine Kaserne sei, für ziemlich zutreffend halten. Aber keiner seiner Kameraden befragt ihn danach, als er am Abend mit ihnen zusammensitzt.

Nach drei Tagen, die er weitgehend dazu benutzt, um sich auf der Stube die Handhabung und Pflege des Gewehrs zeigen zu lassen, und sich im Frisieren und der Pflege der Montur zu üben, erhält er durch den visitierenden Unteroffizier den Befehl, sich am folgenden Morgen auf dem Wilhelmplatz zum Dienst zu melden.

6. Einzelausbildung

Pünktlich um 7.00 Uhr steht Basedow vor dem Mann, der für die nächsten Wochen sein Schicksal in der Hand halten würde. Die entschlossene Miene und die herausfordernde Körperhaltung des Korporals lassen keinen Zweifel darüber aufkommen, was er mit dem Neuen vorhat,

»den Kerl zu dressieren und ihm das Air von einem Soldaten beizubringen, dass der Bauer herauskommt. Wozu gehöret: wie er den Kopf halten soll, nemlich denselben nicht hangen lasse, die Augen nicht niederschlage, daß ein Kerl den Leib gerade in die Höhe halte, nicht hinterwärts überhange und den Bauch vorausstrecke, daß ein Kerl steif auf den Füßen und nicht mit gebogenen Knieen marschiere.«[20]

Basedow ist fest entschlossen, sich von dem Vorgesetzten nicht einschüchtern zu lassen. Eine Sache mutig anzugehen und mehr noch mit Erfolg abzuschließen, hat er von seinem Vater gelernt. Die Bereitschaft zur vollen Hingabe ist, ohne dass er sich dessen bewusst ist, die Frucht seiner calvinistischen Erziehung. Ihr zufolge hat Gott die Menschen in zwei Gruppen eingeteilt, nämlich die für seine ewige Gnade Auserwählten und die zu ewiger Verdammnis Verurteilten. Die Vorherbestimmung beweist sich in den täglichen Werken. Wenn Basedow Erfolg hat, gehört er zu den Auserwählten, wenn nicht, zu den Verdammten. Um sich seinen

Platz zu sichern, muss er sich ständig bemühen. Die größtmögliche Hinwendung zum Dienst in jeglicher Form ist deshalb für ihn keine rein weltliche Sache, sondern zugleich ein Gottesdienst. Ein Höchstmaß an Leistung gepaart mit Selbstbescheidenheit ist das, worauf es nach Basedows Überzeugung im Diesseits ankommt, damit er am Jenseits teilhat. Sein Vater hat ihm dieses Verständnis vorgelebt, und so will auch er es halten.

Die Vorgesetzten dürfen von ihm höchste Einsatzbereitschaft und Selbstdisziplin auch deshalb erwarten, weil er Soldat bleiben möchte. Die Rückkehr nach Stücken als Bauer schließt er aus. Den Hof kann er ohnehin nicht erben, weil seinem Vater als Lassbauer kein Grundbesitz gehört. Im Todesfall würde das Gehöft an den Grafen Thümen zurückfallen und von ihm aller Voraussicht nach an den älteren Bruder gehen. Selbst wenn er das Glück hätte, dass der Graf ihm dermaleinst eine andere Bauernstelle übertrüge, wäre er zeitlebens wieder der Gerichtsbarkeit seines Gutsherrn mit allen Nachteilen der Untertänigkeit unterworfen. Im Status eines Soldaten des Königs muss der Graf ihn respektieren.

Trotz guter Motivation spürt Basedow ein gewisses Unbehagen. Die ungewohnte Montur macht ihn nervös. Er fühlt sich eingezwängt und bepackt wie ein Esel, obwohl die weitaus hinderlichere Feldausrüstung noch fehlt. An der linken Hüfte baumelt der leicht gekrümmte Säbel mit dem draufgesetzten Bajonett in brauner Lederscheide. Um den Griff ist ein Faustriemen mit Troddel geschlagen, dessen Farbe die Kompanie ausweist. Vom IR 3 sind folgende Farben übermittelt:

Leibkompanie: durchgehend weiß
2. Kompanie: schwarz
3. Kompanie: grün
4. Kompanie: aschfarben
5. Kompanie: rot
6. Kompanie: hellblau

Infanteriesäbel M 1715 mit vorschriftsmäßig geschlungenem Faustriemen
Quelle: MGM Rastatt

7. Kompanie: braun
8. Kompanie: hellgelb
9. Kompanie: orange
10. Kompanie: dunkelblau
11. Kompanie: rot/weiß
12. Kompanie: gelb/weiß
13. Kompanie: blau/weiß
14. Kompanie: schwarz/weiß
15. Kompanie: grün/weiß

1. Grenadierkompanie: weiß
2. Grenadierkompanie: rot/weiß
3. Grenadierkompanie: grün/weiß

Bei Basedow ist der Troddel durchgehend schwarz. An der rechten Hüfte spürt er die seit 1730 glänzend schwarz lackierte Patronentasche, deren weißer sämischlederne Riemen auf seiner linken Schulter von einem »Dragoner« gehalten wird. Auf dem 24 x 17 cm großen Deckel befinden sich in der Mitte die Insignien des Königs. Die Tasche enthält eine Innentasche (sog. Cartouche) mit 30 Patronen in vorbereiteten Rahmen und darunter weitere 30 Patronen. Die Munition wird in den unter der Regie der Artillerie stehenden Pulvermühlen hergestellt und vor scharfen Übungen von dem für die Waffen verantwortlichen Unteroffizier (capitain d'armes) an die Soldaten ausgegeben. Basedows Tasche ist deshalb noch leer.

Patronentasche der verkleinerten Form ca. 1770, vermutlich IR Nr. 18
Quelle: Auktionshaus Hermann Historica, München

Das gut fünf Kilogramm schwere Gewehr mit einem Kaliber von 18 mm und einer Länge ohne Bajonett von 155 cm (mit Bajonett 196 cm) hat Basedow vorsorglich rechts bei Fuß abgestellt. Noch weiß er nicht, dass seine wichtigste Waffe zu den schlechtesten Europas gehört. Der Abzug liegt zu weit vorn, und die Schaftnase reicht zu weit nach oben. Die Treffgenauigkeit ist gering, weil das Gewicht des langen Laufs mit Bajonett und eisernem Ladestock den Soldaten zum tiefen Anhalten verführt. Außerdem bricht der schmale Hals des Schafts beim harten Exerzieren zu oft ab. Und schließlich wird durch das ständige Polieren von außen und die Schmirgelwirkung des schweren Ladestocks im Innern der Lauf schnell beängstigend dünn. Als Farbe für die Schäfte wird sich erst nach dem Siebenjährigen Krieg schwarz durchsetzen, während zuvor eine breite Farbskala von zinnoberrot beim Regiment Nr. 12 bis zu dunklen Brauntönen üblich ist.

Im Lärm der auf dem Wilhelmplatz hin und her marschierenden Züge und der an allen Ecken durchgeführten Einzelausbildungen erhält Basedow zunächst Befehl, das Bajonett aufzupflanzen. Dabei erfährt er vom Korporal, dass das Gewehr auch im Feld grundsätzlich mit aufgepflanztem Bajonett getragen und im Lager ebenso unter die Gewehrmäntel gestellt wird. Nur bei Regen oder Frost habe er es abzunehmen, um sich und seine Kameraden im Falle eines plötzlichen Sturzes nicht zu gefährden.

Umständlich haspelt Basedow an dem Bajonett herum, während der Korporal ungeduldig auf seinen Zehen wippt. Als er es schließlich aufgepflanzt hat, wird ihm bewusst, dass er noch viel zu lernen hat. Bei der Vielzahl der Handgriffe, die er zunächst stockend, dann immer flüssiger ausführt, merkt er schnell, dass es weniger auf die Kraft als auf die Ausdauer ankommt. Auf seine Körperkräfte kann er bauen. Dafür ist er mit seiner Durchhaltefähigkeit weniger vertraut. Je länger er jedoch exerziert, desto mehr spürt er, dass er auch hierfür gut gerüstet ist.

Natürlich ist der Ausbilder mit den Ergebnissen des ersten Tages überhaupt nicht zufrieden, aber er erkennt Basedows guten Willen. Deshalb verzichtet er auf den Einsatz seines Stockes und belässt es bei mündlichen, allerdings mehr als deutlichen Ermahnungen. Im Gegensatz zu den anderen Korporalen, die ihre Untergebenen bis zur Erschöpfung quälen, hält er sich strikt an das Exerzierreglement, wonach dem Rekruten unmöglich alles auf einmal zugemutet werden darf:

»Damit ein neuer Kerl nicht gleich am Anfang verdrießlich und furchtsam gemacht werde, sondern Lust und Liebe zum Dienst bekommen möge, alles durch gütige Vorstellungen, ohne Schelte und Schmähungen gelernet werden soll. Auch muß der neue Kerl mit Exerzieren nicht auf einmal so stark angegriffen, viel weniger mit Schlägen traktiret werden.«[21]

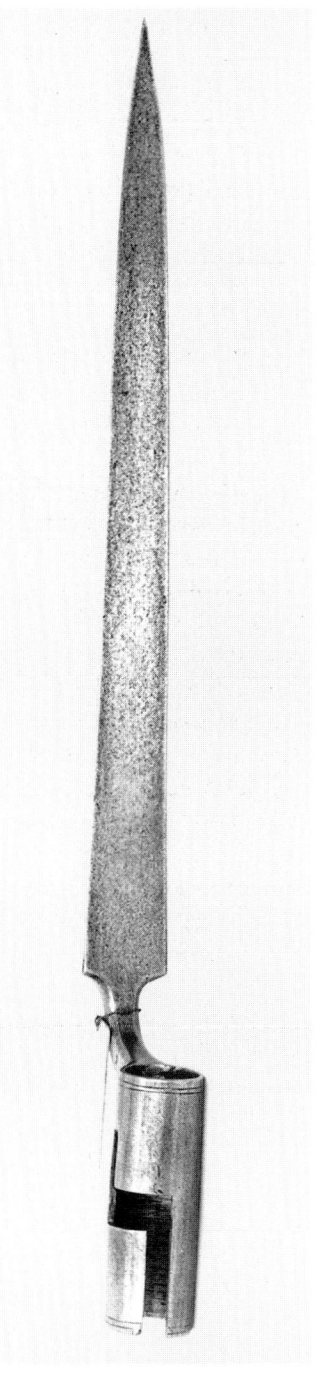

Tüllenbajonett für das Infanteriegewehr
Quelle: WTS Koblenz

Zur Auflockerung lässt er Basedow abschließend einige Bewegungsübungen machen. Unter den wachen Augen des Vorgesetzten tritt Basedow mit dem linken Fuß an und marschiert mit durchgedrückten Knien kreuz und quer über den Platz, bis die Muskeln schmerzen. Danach übt er den Ausfallschritt mit dem linken Fuß für den Bajonettangriff, weil der rechte das natürliche Standbein ist. Im Kapitel Formalausbildung lernt er, beim Strammstehen den Bauch einzuziehen und die Hacken auf 90 Grad zusammenzunehmen. Er erfährt, dass er den Vorgesetzten stets mutig ins Gesicht schauen müsse und sowohl sie als auch sämtliche Generale überall zu grüßen habe. Und der Unteroffizier zeigt ihm, wie man das macht. Da es in der preußischen Armee innerhalb der einzelnen Klassen keine Rangabzeichen gibt, unterscheiden sich die Generale nicht von den übrigen Offizieren. Nur die Generale ab dem Rang eines Generalleutnants sind am Straußenfederbesatz ihres Hutes schon von Weitem als solche auszumachen. Deshalb kommt es sehr auf das Studium der Gesichter an. Je älter, desto wahrscheinlicher die Grußpflicht. Gegen 9.00 Uhr beendet der Korporal schließlich die Übung und entlässt seinen Schüler auf den nächsten Tag.

Müde und mit schmerzenden Knochen begibt sich Basedow in das Quartier. Unterwegs trifft er auf seinen Kapitän, der in umgekehrter Richtung auf dem Wege zum Exerzierplatz ist. Fast hätte er ihn übersehen. Wie er es gerade gelernt hat, grüßt Basedow, indem er den Hut mit der linken Hand abnimmt und anschließend am ausgestreckten Arm leicht hinter dem Säbel hält. Der Kapitän erwidert den Gruß durch kurzes Nicken. Zufrieden stellt Basedow fest, dass er seine erste praktische Prüfung gut bestanden hat, denn er hört keinen giftigen Kommentar.

Zurück auf der Stube widmet er sich den Tätigkeiten, die Bräker vom Nachbarregiment Itzenplitz (Nr. 13) in seinen Memoiren wie folgt beschrieben hat:

»Kamen wir todmüde ins Quartier, so gings schon wieder über Hals und Kopf unsere Wäsche zurechtzumachen und jedes Fleckchen auszumustern, denn bis auf den blauen Rock war unsere Uniform weiß. Gewehr, Patronentasche, Koppel, jeder Knopf an der Montur, alles mußte spiegelblank geputzt sein. Zeigte sich an einem dieser Stücke die geringste Untat, oder stand ein Haar der Frisur nicht recht, so war, wenn er auf den Platz kam, die erste Begrüßung eine Tracht Prügel.«[22]

Auch die nächsten Tage auf dem Wilhelmplatz verlaufen genau so, wie sie der Memoirenschreiber wiedergegeben hat. Basedow übt in ständigen Wiederholungen *»oft ganze 5 Stunden lang in der Montur eingeschnürt wie geschraubt stehen, in die Kreuz und Quere phalgerade marschieren und ununterbrochen blitzschnelle Handgriffe machen, und das alles auf Geheiß eines Offiziers, der mit einem furiosen Gesicht und aufgehobenem Stock vor uns stand und alle Augenblicke wie unter Kabisköpfe (Kohlkopf) dreinzuhauen drohte.«[23]*

Am fünften Tag murmelt der Korporal zwar etwas wie »Immer noch schlampig«, aber er beginnt mit einem neuen Ausbildungsabschnitt. Hatte Basedow bisher gelernt, das Gewehr auf der Schulter zu tragen, bei Fuß zu nehmen, zu strecken und zu präsentieren, geht es jetzt um die Herstellung der Feuerbereitschaft. Die Kommandos der 13 Griffe und entsprechenden Takte »Mit der rechten Hand ans Gewehr – 10 Sekunden Pause – Das Gewehr hoch – 10 Sekunden Pause – Spannt den Hahn – 10 Sekunden Pause – Schlagt an – 10 Sekunden Pause – Feuer!« hämmern so oft auf ihn ein, dass sie ihn bis in den Schlaf verfolgen. Als Redewendungen »kein Pulver auf der Pfanne« oder »das dicke Ende (des Ladestocks) kommt noch« sind sie in unserer Umgangssprache selbst heute noch zu entdecken.

Während Basedow den Korporal im ersten Ausbildungsabschnitt noch relativ nachsichtig erlebt hatte, zeigt er jetzt keine Gnade. Bereits dreimal hatte er mit seinem Stock kräftig nachgeholfen, weil Basedow den Takt nicht einhielt. Stockschläge erlebte der schwitzende Rekrut nicht nur beim Exerzieren. Der Unteroffizier durfte sie bei jeder beliebigen Unbotmäßigkeit oder Unkorrektheit austeilen, bei einer Generalrevue oder größeren Übung jedoch nicht sofort, sondern stets danach. Drei Hiebe bildeten die Norm. Entdeckte der Vorgesetzte gleich mehrere Nachlässigkeiten, erhöhte sich die Zahl, drei Schläge für schlechten Anzug, drei für Rostflecke am Gewehr. Der Unteroffizier selbst und die Fähnriche wurden von den Offizieren durch Schläge mit der flachen Degenklinge, dem Fuchteln, diszipliniert.

Der Franzose Thiébault, der als aufmerksamer Beobachter durch die Berliner Straßen ging, berichtet:

»Ich fragte einmal einige von diesen Soldaten (gemeint sind angeworbene Ausländer), wie sie, um ein paar Tagen Arrest zu entgehen, sich in ein Land hätten flüchten können, wo sie täglich mit dem Rohrstock geprügelt würden. Sie antworteten lachend: ›Oh, hier in Preußen ist es keine Schande, Prügel zu bekommen!‹ Und an anderer Stelle: Ich sprach oftmals mit preußischen Offizieren über diese unmenschliche Prügelei: ›Sie haben Unrecht, sich darüber zu beklagen‹, antwortete man mir! ›Wenn wir nicht so streng wären, würde man Sie in Ihrem eigenen Hause ermorden. Ein Drittel unserer Armee besteht aus Taugenichtsen, die man nur mit der Fuchtel im Zaum halten kann. Die geborenen Preußen brauchen wir nicht so scharf anzufassen, weil sie im allgemeinen gutmütig sind. Aber das andere Pack muß man entweder verprügeln oder aus dem Lande jagen!‹«

Man kann keine fünfzig Schritte weit gehen, ohne auf verschiedene Stellen den Rohrstock niedersausen zu sehen. Ich sah einmal einen fünfzehnjährigen Junker, der wegen eines geringen Vergehens einen mehr als fünfzig Jahre alten Grenadier vortreten ließ und ihm mit dem Stock aus Leibes Kräften, ich weiß nicht wie viele Schläge auf Arme und Schenkel verabreichte. Dem armen Kerl liefen die Tränen über das Gesicht, aber er durfte nicht wagen auch nur ein Wort zu sagen. Ich konnte den Anblick nicht ertragen und entfernte mich schleunigst.«[24]

Wenn bereits ein unbeteiligter Beobachter die Ausbildung als menschenunwürdig ansah, hätten sich die unmittelbar Betroffenen erst recht gegen die rigiden Methoden auflehnen müssen. Was den bereits im Geiste der Aufklärung denkenden Thiébault abstieß und uns heute erst recht schockiert, war damals jedoch in allen Armeen Europas seit Jahrhunderten Tradition und selbst unter Zivilisten alltäglich.[25] Viele Soldaten hatten bereits als Lehrjungen oder Knechte saftige Ohrfeigen einstecken müssen, so dass sie die Prügel nicht als entehrend empfanden. Außerdem unterschied die preußische Armee, wenn auch nicht aus Humanität, so doch wenigstens aus praktischen Erwägungen sehr genau das »Brutalisieren« von den gerechtfertigten Hieben. Wer einen Mann »ungesund« schlug, wurde selbst hart bestraft. Schließlich hatte der Staat in den Rekruten viel Geld und Ausbildung investiert. Deshalb konnte der Klosterschüler, Regimentstambour und spätere Freischarführer Dreyer in seinen Erinnerungen kein schlechtes Wort über seine Ausbildung finden:

»Gehorchen, Hungern, Schmerzen leiden, das alles lernte man bey den Jesuiten, und dies alles brauchte man unter Friedrich Wilhelm I. und Friedrich II. als Soldat. Damals war die erste Bedingung für den Soldaten Gehorsam und ein wahrer Köhlerglauben an die Unfehlbarkeit seiner Vorgesetzten. Das Raisonieren, critisieren und besser wissen wollen führt im Kriege nicht zum Siege,

sondern zur Auflösung. Einer muß oben befehlen, und jeder Untergebene muß ohne Murren die Befehle seines Vorgesetzten ausführen.

Wahr ist es, daß es unter Friedrich Wilhelm I. scharf herging, das geschah aber nicht bloß im Militär, sondern in allen Ständen. Der hochseelige Herr regierte mit Furcht und Schrecken, das ist wahr, schlug auch oft selbst mit dem Stock darein. Sein Feldherr, der Alte Dessauer, fackelte auch nicht, wenn es nicht nach ordre ging. Gerechtigkeit wurde aber auch gehandhabt, ich hätte keinem Offizier rathen wollen, einen anderen Weg zu betreten, er würde übel angekommen seyn.«[26]

Selbst Bräker, der bei Lobositz desertierte und gern als Zeuge für die unmenschliche Behandlung preußischer Soldaten zitiert wird, hat Jahre später seine abfällige Meinung geändert.[27] Nicht wenige Soldaten waren auf die in Preußen durchlaufene harte Schulung geradezu stolz. Von einem in fremde Dienste übergetretenen Soldaten heißt es in einer zeitgenössischen Quelle:

»Auf der Parade einer bischöflichen Residenz hörte ich, wie ein Offizier einen Korporal anhunzte. Der Korporal antwortete mit unbeschreiblichem kalten Stolze nichts weiter als: Herr Offizier, ich habe dem König von Preußen gedient – und der Offizier schwieg.«[28]

Basedow ist von diesem Gefühl noch weit entfernt. Für ihn bedeutet jeder Tag eine Qual. Nach vierzehn Tagen Einzelausbildung ist der Korporal endlich zufrieden. Weil er glaubt, dass der Rekrut nunmehr die Grundlagen des militärischen Dienstes beherrscht und das Manual im Blut hat, gibt er ihn für die Kompanie frei. Basedow wird daraufhin nochmals vermessen und wegen seiner stattlichen Größe von 1,83 m in die Rangierrolle des ersten Zuges der zweiten Kompanie als dritter Mann des ersten Gliedes eingetragen. Solange er zur Kompanie gehört, wird er diesen Platz nicht mehr verlassen und stets dieselben Neben- und Hintermänner haben. Zur besseren Orientierung erläutert ihm der Korporal zum Abschluss der Einzelausbildung in jovialem halbdienstlichem Ton die Organisationsstruktur:

»In unserer Armee hat alles seine Ordnung. Weil ich nicht Schuld daran sein will, dass du den ganzen Haufen irrlichtelierend durcheinander bringst, musst du wissen, wo du hingehörst. Also höre zu! Die traditionelle Grundeinheit des Heeres bildet das Regiment. Dieses wurde ursprünglich nach seinem Chef benannt und nach dessen Dienstalter im Heer gereiht. Schied der Chef durch Tod oder Versetzung aus und trat ein Dienstjüngerer an seine Stelle, verlor es seinen vorderen Platz und rückte entsprechend nach hinten. Erst vor fünf Jahren ist an die Stelle der namentlichen Bezeichnung eine Nummer getreten, und der Zeitpunkt der Errichtung bestimmt die Reihung. Noch ist die Nummer nicht ständige Übung. Wenn Du nach Deiner Einheit gefragt werden solltest, sagst du entweder Markgraf Karl oder Nummer 19.

In Friedenzeiten sind die Chefs, die Generalsrang haben, selten bei den Regimentern. Sie ziehen das Leben auf ihren Rittergütern oder in ihren Stadtpalais vor und überlassen die Führung den Kommandeuren. Bis auf die Regimenter Nr. 3 und 15 besteht jedes Regiment aus zehn Musketier- und zwei Grenadierkompanien. Die Sollstärke beträgt:

50	Offiziere
118	Unteroffiziere
252	Grenadiere
1.140	Musketiere
37	Tamboure

Zum Stab gehören der Kommandeur in Range eines Oberst, ein oder zwei Oberstleutnante sowie zwei Majore. Der Unterstab besteht aus

dem Regimentstambour,
sechs Hautboisten,
sechs Pfeifer,
dem Regimentsfeldscher,
zwölf Kompaniefeldscheren,
dem Feldprediger,
dem Auditeur,
einem Profos,
einem Büchsenmacher,
einem Büchsenschäfter und
dem Regimentsquartiermeister.

Die Leibkompanie des Chefs und die des Kommandeurs führen Stabskapitäne, die restlichen zehn Kompanien die sechs Stabsoffiziere und vier Kapitäne.

Deine Kompanie hat 131 Mann, davon vier Offiziere, zehn Unteroffiziere, drei Tamboure und 114 Musketiere wie du. Bei der Leibkompanie kommen ein weiterer Tambour und sechs Hautboisten hinzu. Bei der ältesten Kompanie steht außerdem ein Pfeifer, aber das brauchst du nicht zu wissen. Sollte einer von euch krank werden oder schlappmachen, füllen wir die Reihen mit einem der acht Überkompletten auf, die in jeder Kompanie ohne Gewehr mitmarschieren. Als Ersatz für die Überkompletten hat jede Kompanie ein bis zwei Überüberkomplette, die sog. Krümper, zur Verfügung.

Deine Kompanie stellt sich in drei Gliedern zu vier Zügen auf. Der 1. und 4. Zug haben zehn, der 2. und 3. neun Rotten. Die größten Soldaten stehen im ersten Glied, die nächstgroßen im dritten und die kleinsten im zweiten. Der Abstand der einzelnen Glieder beträgt zwei Schritte (1,30 m), der Seitenabstand eine Armlänge. Darauf musst du beim Ausrichten achten.

Musketierkompanie in Revueaufstellung

```
        U                 U                 U                 U
MMMMMMMMMM  MMMMMMMMM  MMMMMMMMM  MMMMMMMMMM
MMMMMMMMMM  MMMMMMMMM  MMMMMMMMM  MMMMMMMMMM
TUMMMMMMMMMMUMMMMMMMMMUMMMMMMMMMUMMMMMMMMMMUT
                           P T
                            F
        O                 O                 O                 O
```

Front

O = Offizier, F = Freikorporal, M = Musketier, O = Offizier, P = Pfeifer, T = Tambour, U = Unteroffizier

---

Wir Unteroffiziere rücken auf dem rechten Flügel unserer Züge in das erste Glied ein, wobei der Feldwebel seine Position beim 4. Zug hat. Der Rest steht im Abstand von vier Schritten mittig hinter den Zügen. Ein Unteroffizier stellt sich auf den linken Flügel der Kompanie ins erste Glied.

Der Freikorporal mit der Fahne sowie der Pfeifer und ein Tambour nehmen vor dem 3. Zug Aufstellung. Unser Kapitän steht auf dem rechten Flügel vor dem 1. Zug, der Fähnrich vor dem zweiten und je ein Leutnant vor dem dritten und vierten.

Erinnere dich stets daran, wo du hingehörst, und verlasse unter keinen Umständen, was immer auch geschehen mag, deinen Platz.«

7. Kompanieweises Exerzieren

In der beschriebenen Aufstellung exerziert Basedow fortan auf dem Wilhelmplatz in wiederkehrendem Rhythmus mit seinen Kameraden. An zwei Tagen übt sein Zug das Peletonfeuer ohne Munition, wobei das erste Glied niederkniet und das zweite und dritte versetzt stehen bleiben. Jeden dritten Tag marschiert die Kompanie nach dem Antreten vor dem Quartier des Kapitäns geschlossen auf die Reste der Memhardschen Festungsmauer, um für drei Stunden mit scharfen Patronen zu üben. Der Befehl, den der visitierende Unteroffizier dazu am jeweiligen Vorabend übermittelt, ist so stereotyp, dass er ihn bald auswendig hersagen kann:

»Morgen exerziert das Regiment und stehen die Kompagnien um 6 Uhr auf der Contreescarpe. Der Mann hat zehn Patronen. Die Kompagnien sollen nicht zugeben, daß sich die Leute heute lange in die Wirtshäuser aufhalten, damit morgen keiner besoffen kommt.«[29]

Mit zunehmender Erfahrung fallen ihm die Übungen immer leichter. Bald braucht er die Reihenfolge der Griffe nicht mehr gedanklich durchzuspielen. Auch die Zeittakte haben sich so tief in sein Unterbewusstsein eingeprägt, dass sich jedes Mitzählen erübrigt. Der Gleichklang mit den Nebenmännern zieht ihn mit und gibt ihm zusätzliche Sicherheit.

Basedow erkennt, wie vorteilhaft seine langen Arme bei der Handhabung des Gewehrs sind. Wenn die Salven dreimal in der Minute nach dem synchronen Laden über das Gelände donnern, empfindet er sogar eine gewisse Begeisterung. Er fragt sich, ob es eine Armee gibt, die es besser machen könne.

Um sich eine Vorstellung von der Leistung machen zu können, bedarf es der Vergegenwärtigung der zum Abfeuern eines einzigen Schusses notwendigen Schritte. Zunächst nahm der Mann mit der rechten Hand die Patrone aus der Patronentasche und biss das Papier ab, das Kugel und Pulver umhüllte (mutwilliges Ziehen der Vorderzähne galt deshalb als Selbstverstümmelung!). Aus der angebissenen Patrone goss er eine Prise Pulver auf die geöffnete Pfanne und schloss den Pfannendeckel. Danach nahm der Soldat das Gewehr auf die linke Seite, schüttete das restliche Pulver in den Lauf und schob Kugel und Papier als Pfropf nach. Anschließend wurde der Ladestock herausgezogen, die Ladung mit dem dicken Ende im Lauf festgestoßen und anschließend wieder an die alte Stelle gebracht. Mit dem Schultern des Gewehrs war der Schütze feuerbereit. Auf die Kommandos »Das Gewehr

Musketierkompanie beim Appell
Quelle: Zeichnung von Adolf Menzel

hoch« und »Spannt den Hahn!« holte er das Gewehr von der Schulter mit dem Schloss in Gesichtshöhe vor sich und spannte den Hahn. Auf das Kommando: »Schlagt an« brachte er es in Anschlag und löste bei »Feuer« den Schuss.

Während Basedow seine Griffe macht, wird ihm der Sinn des verhassten Drills bewusst. Bereits bei den ersten scharfen Schüssen hatte er festgestellt, dass die Wirkung im Ziel relativ gering ist. Später wird er zur Bestätigung erfahren, daß Winterfeldt im Oktober 1755 zwei Grenadierzüge auf ein Ziel von 6,60 m Breite und 2,64 m Höhe hatte schießen lassen, wobei auf 300 Schritte (198 m) lediglich 13 %, bei 200 schon 16 % und bei 150 Schritten (99 m) 46 % Treffer erzielt worden sind. Eine Verringerung des Gewehrkalibers zur Erhöhung der Präzision verbot sich, weil die Kugel zur Erleichterung des Ladens im Gewehrlauf Spiel haben musste. Deshalb konnte der Nachteil der zwangsläufig großen Streuung nur dadurch ausgeglichen werden, dass durch höchstmögliche Feuergeschwindigkeit so viel Blei wie möglich auf den Gegner niederging. Weil aber die Soldaten sich im Lärm und Rauch der Schlacht bei der Vielzahl der Handgriffe leicht verhaspeln, müssen sie in der Ausbildung so weit gebracht werden, dass sie die Abläufe automatisch vollziehen. Er versteht plötzlich auch, dass die Männer zur besseren Wirkung ihres Feuers möglichst nah an den Feind herangebracht und dazu ihre natürlichen Hemmungen überwunden werden müssen. Die volle

Konzentration auf die eingeübten Schritte hindert sie daran, ihren Instinkten zu folgen. Die plötzliche Erkenntnis der Sinnhaftigkeit der immer wiederkehrenden Übungen hilft ihm, die Schinderei leichter zu ertragen.

8. Exerzieren im Bataillon

Mitte Juni erreicht Basedows Ausbildung mit der vom Regimentschef angesetzten und vom Gouverneur gebilligten Bataillonsübung auf dem Exerzierplatz im Tiergarten (wo heute der Reichstag steht) ihren Höhepunkt. Dazu war das komplette Regiment mit mehr als 1.200 Mann durch das Brandenburger Tor marschiert. Auf dem Platz hatten die 48 Züge in einer Linie Aufstellung genommen, wobei sich die 40 Musketierzüge in zwei Blöcken jeweils links neben die beiden Grenadierkompanien gesetzt hatten. Sobald der erste Zug der ersten Musketierkompanie im Abstand von fünf Schritt (3,30 m) neben dem vierten Grenadierzug eingerückt war, hatte sich der auf dem linken Flügel marschierende Unteroffizier hinter seine Leute begeben, um dem rechts marschierenden Unteroffizier des zweiten Zuges Platz zu machen. Der Unteroffizier auf dem linken Flügel des letzten Zuges der fünften Kompanie war an seinem Ort stehen geblieben. Davon etwas abgesetzt standen neben der zweiten Grenadierkompanie die restlichen fünf Musketierkompanien.

Um die bereits erkennbaren zwei Bataillone zu strukturieren, treten nunmehr in der Phase 1 sämtliche Offiziere und Unteroffiziere aus und formieren vor ihren Soldaten nach dem Dienstalter ein eigenes Glied, wobei die vier Grenadieroffiziere auf derselben Höhe vor ihrer Kompanie zum Stehen kommen. Die Unteroffiziere befinden sich im Abstand von vier Schritten (2,60 m) in zwei Gliedern zu je 22 Mann dahinter, wobei das zweite acht Schritte vor der Front der Musketiere steht. Die Unteroffiziere der Grenadiere bilden auf derselben Linie zwei Glieder zu fünf bzw. vier Mann. Die Musketiere schließen die Lücken der vorgetretenen Unteroffiziere, und die zehn Freikorporale marschieren mit ihren Fahnen vor die künftige erste Division des ersten Bataillons.

Während der Adjutant die Rotten der Grenadiere und Musketiere richtet, beide Bataillone in zwei Grenadierzüge zu je 20 Rotten und acht Musketierzüge gliedert, wobei auf den jeweils sechsten und siebenten 23 und die übrigen 24 Rotten kommen, und die Flügelmänner darauf vorbereitet, vor dem Wiedereintreten der Unteroffiziere die Hand an den Hut zu legen, damit sie ihren alten Platz schneller finden, teilt der Kommandeur die Offiziere den Divisionen (jeweils zwei Züge) zu:

für die jeweils erste Musketierdivision vier Offiziere, davon ein Kapitän,
für die jeweils zweite Musketierdivision vier Offiziere, davon zwei Premierleutnante,
für die jeweils dritte Musketierdivision fünf Offiziere, davon ein Kapitän,
für die jeweils vierte Musketierdivision vier Offiziere, davon ein Kapitän sowie den ältesten Kapitän mit einem Subalternen für den Abmarsch.

Von den Musketierunteroffizieren werden die neun Größten für die Flügel der neu gebildeten Züge bestimmt. Der Längste ist für den ersten Zug vorgesehen, der zweitgrößte für den achten Zug und der drittgrößte für den zweiten Zug, so dass sich das Maß der Unteroffiziere nach innen verjüngt. Vier Unteroffiziere werden für die Flügel des zweiten und dritten Gliedes eingeteilt. Die übrigen 31 Unteroffiziere werden mit jeweils vier Mann und 2,60 m Abstand mittig hinter den Zügen zu stehen kommen. Beim sechsten Zug werden es nur drei sein.

In der Phase 2 begeben sich die Unteroffiziere auf ihre Posten, wobei die 31 Unteroffiziere auf ihrem Weg hinter das Bataillon die durch die Neuformierung entstandenen Lücken nutzen, die anschließend von den neun größten Unteroffizieren geschlossen werden. Die Freikorporale marschieren mit jeweils fünf Fahnen vor die Mitte ihres Bataillons, wobei die Offiziere eine Kehrtwendung machen und die Fahnen beim Durchgang mit abgenommenem Hut grüßen. Basedow hat dazu mit den Musketieren das Gewehr präsentiert.

In der Phase 3 räumen die auf den Flügeln der Züge aufgestellten Unteroffiziere sowie die Freikorporale und Offiziere ihre Positionen. Die Unteroffiziere und Freikorporale rücken in das Glied der hinter dem Bataillon aufgestellten Unteroffiziere ein. Die Offiziere folgen durch die geöffneten Lücken und bilden im Abstand von 1,30 m zu den Unteroffizieren ein eigenes Glied. Ein Oberstleutnant und der Adjutant schließen mittig.

Sobald das Manöver beendet und die Front frei ist, setzt das divisionsweise Exerzieren mit jeweils zwei Zügen ein. Routiniert klopft Basedow über zwanzig Minuten seine aus der Einzelausbildung bestens bekannten Griffe. Wie er später erfährt, ist das vereinfachte Verfahren erst 1748 eingeführt worden. Zuvor hatte das ganze Bataillon die Handgriffe nach dem Beispiel des vorgreifenden Flügelmanns geübt, der dazu 15,60 m vorgerückt war.

Bataillon in Aufstellung für die Handgriffe (Phase 3) ohne Grenadiere

T					O					T
T					O					T
T	2 O	2 O	2 O	2 O		3 O	2 O	2 O	2 O	T
					6 H					
	7U	5U	5U	6U	5Fk	5 F	3U	4U	7U	
	24 x 1	24 x 1	24 x 1	24 x 1		24 x 1	23 x 1	23 x 1	24 x 1	
	24 x 1	24 x 1	24 x 1	24 x 1		24 x 1	23 x 1	23 x 1	24 x 1	
	24 x 1	24 x 1	24 x 1	24 x 1		24 x 1	23 x 1	23 x 1	24 x 1	

Front

F = Feldwebel Fk = Freikorporal H = Hautboist O = Offizier
T = Tambour U = Unteroffizier (Korporal oder Sergeant)

Für das danach anstehende gefechtsmäßige Exerzieren in der Phase 4 (Chargierung) rücken von den hinten stehenden Offizieren neun in die Lücken des ersten Gliedes ein, darunter drei Kapitäne für die Flügel und als Führer des fünften Zuges, und die übrigen Offiziere schließen zwei Schritte auf die Linie der Unteroffiziere auf. Danach marschiert Basedow mit den ersten vier Zügen etwas vor, um den Eintritt der Fahnen in der Mitte der acht Züge zu erlauben. Für ihn nicht sichtbar, schieben sich davon zwei in das erste, eine in das zweite und zwei in das dritte Glied. Jeweils zwei Feldwebel, die vorher hinter dem fünften Zug gestanden hatten, treten neben die Fahnen des ersten und dritten Gliedes. Ganz außen werden die Fahnen in allen drei Gliedern von Zimmerleuten der Grenadiere flankiert. Danach werden für das Fahnenpeleton, das beim Chargieren nicht mitfeuert, unter Zwischenschiebung eines Unteroffiziers vom vierten Zug drei Rotten abgespalten. Beim fünften Zug schieben sich der Kapitän und der verbliebene letzte Feldwebel zwischen die dritte und vierte Rotte, um dort das Peleton zu komplettieren. Die sechs Hautboisten stehen hinter dem Fahnenpeleton, die Tamboure drei Mann hoch auf den Flügeln des Bataillons.

Bataillon in Gefechtsaufstellung (Phase 4) ohne Grenadiere

```
                                   0
                                   0
      0      0      0      0              0      0      0      0
     5U     4U     4U     2U      U 6 H           3 U     4U     5U
T U24x1U 24x1U  24x1U 21x1U 3x1  ZFFkFkFZ 3x1 F21x1U 23x1U 23x1U 24x1U T
T  24x1   24x1   24x1  21x1 3x1   Z Fk  Z  3x1  21x1   23x1  23x1  24x1U T
T O24x1O 24x1O  24x1O 21x1 U3x1  ZFFkFkFZ 3x1 O21x1O 23x1O 23x1O 24x1O T

                                 Front
```

Basedow kann verstehen, dass die Kompanien für den Kampf aufgelöst und zu größeren, effektiveren Einheiten formiert werden. Aber er sieht auch, dass die Hälfte der Soldaten dadurch Führer bekommt, die sie nicht kennt. Er hält das für einen Nachteil, bis er bemerkt, dass der Kommandeur die Auswahl nicht willkürlich trifft. Zugewiesen werden nach Dienstgrad und Dienstalter stets dieselben Offiziere, so dass die Züge im Ernstfall zwar von anderen, aber durch das wiederholte Exerzieren ebenfalls vertraute Führer kommandiert werden. Dass die Offiziere ihre Soldaten nicht so genau kennen wie der Zugführer des Friedensdienstes, würde ihre Aufgabe nicht erschweren, weil die Stärken und Schwächen des Einzelnen bei dem strengen Regeln folgenden Gefechtsablauf keine Rolle spielen. Eine präzise Einschätzung wäre nur für Sonderaktionen von Belang, die bei den Linientruppen selten sind.

Das Bataillon feuert auf der Stelle und in der Bewegung mit Peletons oder Divisionen von den Flügeln zur Mitte hin. Beim Kommando »mit Peletons im Avancieren chargiert« fällt Basedow beim dritten Schritt auf das rechte Knie und stellt das Gewehr ab, das zweite Glied rückt mit einem halben Schritt (0,33 m) nach rechts auf die Lücke, und das dritte folgt in dieselbe Richtung mit einem ganzen Schritt. Nach dem Abfeuern springt er sofort auf, gleichzeitig gehen seine Hintermänner auf »halbe Distanz« zurück, um Platz für das Laden zu schaffen. Der Pulververbrauch ist hoch. Basedows Regiment verschießt in einer einzigen Exerziersaison 33 ½ Zentner.

Die Marschgeschwindigkeit soll gemäß Ordre vom 2. Mai 1747 in der ersten Minute des Avancierens 90 bis 95, danach 70 bis 75 Schritte betragen. Die Soldaten müssen bei allen

Bewegungen »wohl aligniert« sein. Vor allem dürfen keine Lücken entstehen, auf die der Feind besonders achtet. Der Offizier, der hier auch nur die geringste Nachlässigkeit duldet, wird regelmäßig mit Arrest bestraft.

Grundsätzlich exerziert jedes Regiment für sich. Nur bei den Revuen, wo sich der König persönlich vom Ausbildungsstand seiner Armee überzeugt, kommen sie zusammen. Die in der Mark Brandenburg stehenden Regimenter treffen sich bei Berlin, die magdeburgischen in Körbelitz und die pommerschen bei Stettin, und zwar stets in kompletter Stärke. Das bedeutet für jede Kompanie 38 und für das Bataillon 190 volle Rotten. Steht ein solches Großereignis bevor, bei dem den scharfen Augen des Königs nichts entgeht, herrscht unter allen Soldaten, egal ob in Berlin, Körbelitz oder Stettin, höchste Anspannung:

»Es war gewiß ein hinreißender und zu mancher Betrachtung führender Anblick, wenn man ein Korps von 18.–20.000 Mann sah, das in der heiligsten Stille und in der tiefsten Ehrfurcht sein Schicksal von einem einzigen Menschen erwartete. Eine Revue zu Friedrichs Zeiten war ein für das ganze Land beinahe wichtiger Augenblick. Das Schicksal ganzer Familien hing oft davon ab, die äußersten Wünsche stiegen von Frauen, Müttern, Kindern und Freunden in diesen drei fürchterlichen Tagen mit Inbrunst zum Himmel: daß ihre Männer, Väter, Söhne und Freunde nicht, wie es nur zu oft der Fall war, während denselben unglücklichen werden möchten. Hier wog der König gleichsam die Verdienste seiner Offiziere und teilte, nachdem er sie leicht oder schwer befand, Lob oder Tadel, Verweise oder Gnadenbezeugungen aus.

An dem Tag, da der König ankam, mußte das ganze zur Revue versammelte Korps früh, ungefähr zwischen 6 und 8 Uhr, bei dem König en parade vorbeimarschieren. Hier sah jedes Regiment, gleichsam wie in einem Zauberspiegel, sein Schicksal ganz untrüglich vorher. Grüßte der König den es anführenden Chef freundlich, redete ihn an, befahl ihm näher zu ihm zu kommen: So war man einer guten Revue versichert. Wenn er aber dem Chef kaum oder gar nicht dankte, als wenn er ihn und das ganze Regiment gar nicht bemerkte, sondern schon immer mit dem Fernglas, welches er bei der gleichen Gelegenheit beständig brauchte, das folgende suchte: Dann war gewiß alles verloren, und wäre der Reiter ein Seydlitz und jeder Musketier ein Saldern gewesen. Gleich nach der Einrückung ins Lager besah er die Rekruten und die Junkers des Regiments, dann wurden die Feld- und Lagerwachen ausgesetzt, die Parole ausgegeben: Und für den Tag war das Schauspiel geschlossen.

Den zweiten Tag rückte die Kavallerie um 5 Uhr aus und die Infanterie um 7 Uhr, so, daß sich beide begegneten, wenn jene wieder zurück kam. Es wurde an dem Tag nie etwas anderes gemacht als das in der preußischen Kriegskunstsprache sogenannte Schulmanöver. D. h., die Kavallerie trabte, mit Zügen rechts abmarschiert, ins Point de Vue und formierte ein oder zwei Linien durch links einschwenken, machte regimentsweise eine Attacke; marschierte wieder in Zügen rechts ab, formierte dicht vor dem König Escadrons, wo als dann dieser die Remonte-Pferde besah. Und so war das Kavalleriemanöver beendigt.

Kaum war der letzte Zug Kavallerie abmarschiert, so stand die Tete der Infanterie in Kolonnen parat. Es wurde in das Point de Vue marschiert, links eingeschwenkt, und die Linien in den gegebenen Point de Vue gerichtet. Eine Linie Kavallerie oder Infanterie zu richten war gewiß etwas, worin der König nicht übertroffen werden konnte. Kaum ließ der König dem Brigadier Zeit an der Linie der Brigade herunter zu reiten, so kam er selbst galoppiert, richtete, und eine Front von 10 bis 12 Bataillonen oder 4.000 bis 5.000 Pferden stand in wenigen Minuten wie ein Lineal. Gleich darauf wurde mit Peletons auf der Stelle, vor- und rückwärts chargiert: mit allen Treffen zugleich avanciert; dabei wieder mit Peletons und Bataillonen im Avancieren chargiert, gehalten, wieder gerichtet; rechts um kehrt gemacht reteriert, durchgezogen; mit Peletons im Reterieren chargiert, Front gemacht; die Glieder geöffnet, das Gewehr visitiert, der Pfanndeckel aufgemacht und wieder vor dem König vorbei en parade ab und in das Lager marschiert. Auf diese Art war spätestens um 9 Uhr schon alles wieder an seinem Ort. Gleich darauf mußten alle Chefs der Regimenter, die Kommandeurs jedes Bataillons, die Majors de jour, alle Adjutanten und von jedem Bataillon ein Offizier ins Hauptquartier kommen. Man konnte nicht schöner und lehrreicher sprechen, als es der König bei der Gelegenheit tat, wenn er nicht üble Laune hatte. Da war es Wonne ihn gleichsam ein solches militärisches Kollegium lesen zu hören. Er wußte genau, wer gefehlt hatte, woran der Fehler gelegen, wie er hätte können und sollen verbessert werden. Seine Stimme war sanft und hinreißend. Er sah freundlich aus, und schien eher einen guten Rat als Befehl erteilen zu wollen.

War er aber unzufrieden, dann konnte er auch äußerst unhöflich sein. Doch muß ich seinem Herzen zum Ruhme nachsagen, man sah ihm an, daß es ihn Überwindung kostete. Die Folgen seines Mißfallens über ein Regiment waren sehr verschieden. Zuweilen blieb es bei einem derben Verweis, der sich denn mehrenteils mit den Worten endigte: Hört er Monsieur; wenn er mir über das Jahr sein Regiment nicht besser zeigt, so werden wir uns garstig verzürnen. Das Wort Monsieur war überhaupt bei ihm, wenn er sich dessen deutschsprechend bediente, ein sicheres Zeichen seiner Ungnade. Leute von niedrigem Rang wurden bei einer ähnlichen Stimmung mit dem Wort »Schlingel« beehrt. Zuweilen kamen noch über diese Ermahnungen einige Stabsoffiziere in Arrest.

An den zwei anderen Revuetagen war großes Manöver, und da war der König fast immer guter Laune. Er schien gleichsam froh zu sein, das Unangenehme, was er zu sagen gehabt hatte, vom Herzen zu haben. Der König manövrierte mit ungemein viel Leichtigkeit. Er quälte die Leute nicht mit bogenlangen Dispositionen, man konnte sie fast jederzeit auf ein Kartenblatt schreiben. Er sah bei solchen Gelegenheiten nie wie andere seiner jämmerlichen Nachahmer auf Kleinigkeiten. Er war zufrieden, wenn nur die Hauptsache gut ausgeführt wurde. Sein Hauptaugenmerk war, Ruhe und Stille zu halten. Er konnte daher nicht leiden, daß viel beim Manövrieren gesprochen wurde. Er selbst sagte fast kein Wort.«[30]

Basedow ist froh, dass die jährlich auf Anfang bzw. Mitte Mai für die Berliner Garnison angesetzten Revuen bereits abgeschlossen sind. Er bezweifelt, dass er als frischer Rekrut einer solchen Anstrengung gewachsen gewesen wäre. Im nächsten Jahr wird er wegen der dann vorhandenen Routine viel weniger Probleme damit haben.

9. Auf Wache

Mit dem Abschluss der Bataillonsübung und dem offiziellen Ende der Übungsmonate beginnt für die Garnison die ruhige Zeit. Die meisten Kantonisten sind für zehn Monate in ihre Heimatorte beurlaubt. Es bleiben nur diejenigen zurück, die für den Wachtdienst benötigt werden. Bei einer Wachtstärke von 20 Mann pro Kompanie und einem zweitägigen Rhythmus sind es 40 Mann. Weil die Geworbenen der Wirtschaft nichts nützen oder während des Urlaubs mit hoher Wahrscheinlichkeit desertieren, bevorzugen die Kapitäne bei den 74 möglichen Beurlaubungen die Kantonisten. Höchst eigennützig zeigen sie sich dabei entgegen den sonstigen Gepflogenheiten ausgesprochen großzügig, weil der Wehrsold der Soldaten für die Zeit der Abwesenheit in ihre eigene Tasche fließt. Auch Basedows Kompaniechef hat das Kontingent voll ausgeschöpft und die disponiblen Kantonisten bis auf die in diesem Jahr neu eingetretenen in ihre Heimatorte entlassen. Von den Unteroffizieren sind zwei nach Hause gefahren. Die Freikorporale, Tamboure und Pfeifer, die überhaupt keinen Urlaubsanspruch haben, befinden sich vollzählig in der Garnison.

Wenn Basedow zur Wache eingeteilt ist, was sechs Wochen nach seinem Eintritt erstmalig geschieht, begibt er sich morgens um 10.30 Uhr vor das Haus des Kapitäns, wo dieser selbst oder ein Offizier die in drei Gliedern angetretenen 18 Männer auf korrekten Anzug überprüft und sie anschließend einige Handgriffe mit dem Gewehr machen lässt. Bei den ersten beiden Malen hatte er die Neuen darüber hinaus noch streng zur Einhaltung der Wachtvorschriften ermahnt: absolutes Rauchverbot, kein Hinsetzen oder gar Einschlafen, kein Entfernen vom Posten weiter als zehn Schritt, unbedingtes Abwarten der Ablösung, Betreten des Schilderhauses nur bei starkem Regen oder Schnee sowie höchste Wachsamkeit gegenüber Deserteuren:

»Die Unteroffiziere auf den Wachten, nebst den Gefreiten und Schildergästen müssen genau Acht haben auf die großen Frauenzimmer, damit sich kein Soldat verkleidet herausschleicht.«[31]

»Die Wachen an den Landwehren geben wohl Acht auf denen Bauernwagens, das sich auf selbigen kein Soldat herausschleicht, der keinen Paß hat.«[32]

Nach dem Appell formiert der Unteroffizier seine Leute jedes Mal in zwei Glieder um, setzt sich selbst vor ihre Mitte und einen weiteren Unteroffizier als Schlussmann dahinter, und marschiert mit ihnen so zeitig zum Haus des Kommandeurs, dass er mit den Detachements der übrigen Kompanien pünktlich um 11 Uhr zusammentrifft. Dort ordnet der Adjutant die Abordnungen nach ihrer üblichen Position im Bataillon und lässt die Gewehre laden. Sobald der Trommelschlag der Vergatterung verklungen ist, rückt die Regimentswache in der durch den Adjutanten hergestellten Ordnung zum Paradeplatz ab, wo sie auf die Kontingente der übrigen in Berlin stationierten Regimenter stößt. Täglich versammeln sich dort gut 900 Mann, denn die Garnison stellt neben den 15 Posten an den Stadttoren 16 Wachen und zwei Hauptwachen innerhalb der Stadt. Nachdem der Platzmajor die Torwachen und die Besetzung der Hauptwachen in Berlin und Cölln bestimmt hat, wobei Letztere immer jeweils von einem einzigen Regiment besetzt werden, begeben sich die Soldaten unter den strengen Augen der Offiziere in mustergültigem Marsch auf ihre Posten. Da die neuen Rekruten zur besseren Überwachung möglichst nahe an den Wachen eingesetzt werden sollen, steht Basedow fast immer als Einzelposten mit Gewehr bei Fuß vor dem Wachlokal des Potsdamer Tores.

Zunächst empfindet er den Wachtdienst als große Abwechslung, denn es gibt viel zu sehen. Nicht nur Bauern und Handwerker passieren täglich in Scharen die Schranke. Auch hochgestellte Persönlichkeiten zieht es aus den verschiedensten Gründen in die Stadt. Während die Gefreite die Spitze der Gesellschaft in Friedenszeiten unkontrolliert bis zum Wachgebäude vorfahren lässt, wo der Offizier vom Dienst mit dem Torschreiber die Überprüfung und Registrierung übernimmt, werden die rangniederen Fremden vom Tor bis zum Wachlokal begleitet. Unteroffiziere und Gemeine dürfen ohne Passierschein die Stadt ebenso wenig verlassen wie Offiziere, die sich nicht vorher beim wachhabenden Offizier gemeldet haben.

Mit zunehmender Zeit wird der Postendienst für Basedow jedoch zur langweiligen Routine. Er bedauert, nicht für die interessantere Regimentswache in der Mauerstraße eingeteilt worden zu sein, die ihm aus der Sicht des Potsdamer Tores wie ein Bienennest erscheint. Dort laufen die Patrouillen ein, die täglich auf den Straßen ihres Bezirks so lange für Ordnung sorgen, bis die zivilen Nachwächter den Dienst übernehmen. Welche Vielfalt an Neuigkeiten bringen sie jeweils mit! Dazu halten sie sich noch in Bereitschaft, falls die Nachtwächter ein Problem nicht allein lösen können. Insbesondere bei Feuer ist schnelle Hilfe gefragt. Durch lautes Pfeifen der Wächter alarmiert, setzen sich die Streifen sofort in Marsch und kehren mit noch interessanteren Nachrichten zurück. Nicht zuletzt befindet sich auf der Wache das Arrestlokal, wo es immer etwas zu erfahren gibt. Die Geschäftigkeit des Ortes und der Polizeidienst auf den Straßen ziehen Basedow förmlich an. Wie gerne würde er an der Jagd auf Diebe, Glücksspieler und Deserteure teilnehmen, aber als Neuer hat er keine Wahl. Er muss warten, bis man auch ihm derartige Einsätze zutraut.

Dabei weiß Basedow noch nicht einmal, dass es auf der Hauptwache nahe der Marienkirche noch lebhafter zugeht. Dort ist die Arrestzelle, der »Weiße Saal«, ständig mit Offizieren besetzt. Wie bei den Mannschaften die Prügel, ist der Arrest für die Offiziere etwas so Gewöhnliches, dass der König eine Erschlaffung des Dienstes befürchtete, wenn der Gouverneur einer Garnison nicht täglich davon Gebrauch machte. Entsprechend locker gehen die Betroffenen damit um. Der ständige Aufruf an die Wachen, die fröhlichen Saufereien zu unterbinden, lässt nicht nur auf eine lebhafte Stimmung schließen. Er belegt auch, dass wegen der Häufigkeit der verhängten Strafen, die heute diesen und morgen jenen treffen konnte, ein breites solidarisches Verständnis gegeben war. Der lockere Umgang wird durch den Leutnant von Lemcke des Regiments Nr. 3 bestätigt, der aus der vom österreichischen General Hadik bedrohten Stadt Leipzig berichtet:

»Ich hatte noch kein Quartier, als mir der Doktor Küntzel begegnete und mich bat, ich möchte doch bei ihm Quartier nehmen, er sehe mich vor einen stillen Offizier an. Ich dankte ihm für dieses Lob und zog bei ihm ein. Kaum aber war das Haddik'sche Korps wieder weg, als mich auch mein Wirt, der Doktor, wieder aus dem Quartier haben wollte. Er sagte, er wäre mit dem General sehr gut befreundet und würde dafür sorgen, daß ich ausziehen müßte; er brauche keine Einquartierung zu halten. Ich entgegnete: ›Ja, wo Sie das beim General bewirken, so soll Ihnen kein Fenster im Hause ganz bleiben.‹

Kaum zwei Stunden darauf kam des Generals Adjutant selbst und sagte, der General wolle, daß ich mein Quartier räume und brachte mir zugleich ein Billet, bei dem Dr. Schadert einzuziehen. Denselben Abend aber geriet ich in den ›Italiener Keller‹ bei Malivernow und genoß etwas zu viel, wobei mir einfiel, daß ich dem Doktor Küntzel versprochen, ihm die Fenster einzuschmeißen. Ich gehe also hin und sehe bei dessen Haus auch Steine, welche ich aber – da der Kopf schwer war – nicht finden konnte. Der Schildwachhaber, welcher nicht weit davon bei der Thomaspforte stand, kam und frug: ›Was suchen Sie, Herr Leutnant?‹ Ich sage: ›Steine, ich will dem Kerl die Fenster einschmeißen.‹ ›Oh, die wollen wir schon kriegen,‹ sagte er, setzte sein Gewehr weg und brachte mehr Steine als ich brauchte. Er half auch fleißig schmeißen, so daß unten und in der ersten Etage kein Fenster ganz blieb.

Unterdessen war der Doktor zur Hintertüre heraus zum General klagen gelaufen, welcher sogleich dem Hauptmann der Wache befohlen, mich zu arretieren. Dieser Hauptmann schickte aber erst geschwind seinen Bedienten an mich und ließ sagen, ich solle mich wegbegeben, die

Wache werde bald da sein. Ich nahm dieses an und ging ganz beruhigt nach Hause und schlief aus. Des morgens war ich kaum aufgestanden, als der Adjutant vom General kam und mich in Arrest bringen sollte. Ich sagte, daß ich sogleich mitgehen und meinen Degen auf der Hauptwache selbst abliefern würde, er dürfe sich damit nicht inkommodieren und nur dem General sagen, ich wäre sogleich seinem Befehl gehorsam gewesen. Gegen Mittag ging ich aus. Der Hauptmann von Krasshoff hatte die Wache. Ich ging zu ihm und er sagte, der General hätte ihm sagen lassen, ich sei Arrestant. Indessen könnte ich doch nur erst nach dem ›Blauen Engel‹ zum speisen gehen und alsdann hinkommen. Er würde dem General Rapport abstatten als wenn ich in der Wache wäre.«[33]

Strafarreste waren allerdings nicht so leicht zu nehmen, wenn sie höherrangige Offiziere betrafen. Generalmajor v. Erlach hat den gegen ihn wegen einer verpatzten Revue verhängten Arrest mit Sicherheit gravierender empfunden als der kleine Leutnant von Lemke. Mit ebenso gemischten Gefühlen werden sich die Generalmajore Ploetz, Sobeck und Billerbeck befehlsgemäß beim gefürchteten Generalleutnant v. Ramin in Berlin gemeldet haben, um sich von ihm wieder auf Linie bringen zu lassen. Diese Sorgen hat Basedow als einfacher Soldat nicht. Aber er weiß, dass er als Rekrut im Falle eines Verstoßes viel härter angefasst würde. Sein Instinkt warnt ihn, auch nur das geringste Risiko einzugehen.

10. Kirchgang

Außer den turnusmäßigen Wachen wird Basedows Dienstwoche nur von den sonntäglichen Gottesdiensten unterbrochen. Sie sind für alle Soldaten Pflicht. Neben den evangelischen Militärpfarrern kümmern sich katholische Priester um das Seelenheil der Armee. Zur Zeit des Soldatenkönigs hatte es sogar einen russischen Popen gegeben. Das brüderliche Nebeneinander der verschiedenen Glaubensrichtungen ist in Preußen Tradition. Bereits Kurfürst Johann Sigismund hatte mit der Erklärung »*Auch wollen Seine Kurfürstlichen Gnaden zu diesem Bekenntnis keine Untertanen öffentlich oder heimlich zwingen, sondern den Kurs und Lauf der Wahrheit Gott allein befehlen.«*[34] auf die Ausübung seines im Augsburger Religionsfrieden verbürgten fürstlichen Rechts verzichtet, den Untertanen seine Religion zu oktroyieren. War der Glaube für ihn als Gewissensfrage eine höchst private Angelegenheit, sollte er es auch für seine Untertanen sein. Was des Staates ist, sollte dem Staat zukommen, was aber Privatsache ist, ohne Ansehen der Person Privatsache bleiben. Mit dem Recht auf persönliche Entscheidung über den Weg zur göttlichen Wahrheit hat er als erster Landesherr in Europa die angeborene Würde des Einzelnen respektiert.

Der Große Kurfürst Friedrich Wilhelm ist dieser Linie allein schon deshalb gefolgt, weil er die praktischen Vorteile sah:

»*Katholiken, Lutheraner Reformierte, Juden und zahlreiche andere christliche Sekten wohnen in Preußen und leben friedlich beieinander. Wenn der Herrscher aus falschem Eifer auf den Einfall käme, eine dieser Religionen zu bevorzugen, so würden sich sofort Parteien bilden. Allmählich würden Verfolgungen beginnen, und schließlich würden die Anhänger der verfolgten Religionen ihr*

Vaterland verlassen. Tausende von Untertanen würden unsere Nachbarn mit ihrem Gewerbefleiß bereichern und deren Volkszahl vermehren.«[35]

Aus denselben Motiven hat Friedrich der Große pragmatisch verfügt:

»Alle Religionen seindt gleich und guht wann nuhr die Leute so sie profesiren Ehrliche Leute seindt, und wen Türken und Heiden Kähmen und Wolten das Landt Pöpliren, so wollen wier Sie Mosqueen und Kirchen bauen.«[36]

An der Spitze der Militärkirche standen das Kriegskonsistorium und der Feldprobst. Der Feldprobst, der seit 1742 seinen ständigen Wohnsitz in Potsdam hatte und dort zugleich Garnisonsprediger war, prüfte und ordinierte die von den Regimentschefs empfohlenen Prediger, die erfolgreich an den Universitäten Frankfurt, Halle oder Königsberg studiert haben mussten. Er übte die Fachaufsicht über sie aus und schlug dem König verdiente Feldprediger für die Übernahme ziviler Pfarren vor. Der Feldprobst war damit zum Ärger der zivilen Kirche der eigentliche Mann, der das gesamte Kirchenpersonal in der Hand hatte. Ihre verständlichen Bemühungen zur Wiedergewinnung der Personalhoheit fanden jedoch beim König kein Gehör. Das Einzige, was die zivile Kirche erreichte, war die Erhöhung der für die Übernahme einer zivilen Pfarre notwendigenVordienstzeit von sechs auf acht Jahre.

Die eigentliche Seelsorge oblag knapp 120 Geistlichen, die als Feldprediger, Garnison-prediger und Institutsprediger beim Kadetten- und Invalidenkorps oder im Waisenhaus ihren Dienst verrichteten. Über die Gestaltung der Gottesdienste gab es bindende Vorschriften:

»Den öffentlichen Gottesdienst muß der Feld-Prediger gehörig abhalten, und zwar so, daß er des Sonn- und Fest-Tages, zumahlen im Felde, nur eine Stunde daure, die tägliche Morgen- und Abend-Betstunde aber, in einer Viertelstunde geendigt werden. Zu welchem Ende er in Guarnison sich zur gewöhnlichen Zeit in die Kirche, oder wo sich seine Gemeinde versammlet, begeben, im Felde aber, nach geendigter Wacht-Parade, und Nachmittags, nach ausgegebener Parole, vor der Fronte des Regiments, oder bey dem Gezelte des Commandeurs einfinden muß.

Die Predigten und Betstunden muß er gründlich, deutlich und erbaulich einrichten, wie es besonders einem rechtschaffenen Feld-Prediger gebühret ...«[37]

Zur Kontrolle durch den Feldprobst musste jeder Militärpfarrer seinem jährlichen Leistungsbericht über die vollzogenen Taufen, Konfirmationen und Eheschließungen eine schriftliche Musterpredigt zur Begutachtung beifügen. Die Qualität kennen wir nicht, doch vieles spricht dafür, dass nur wenige Seelsorger mit zündenden Predigten zu überzeugen vermochten. Viel häufiger als aufmerksame Spannung wird sich bohrende Langeweile in den Kirchenschiffen ausgebreitet haben, zumal sich der Verfasser des Infanteriereglements von 1743 genötigt sah, folgende Passage in sein Werk aufzunehmen:

»Alle Officiers sollen mit in die Kirche und nebst den Soldaten nicht eher aus der Kirche gehen, bevor Vormittag der Priester von der Cantzel und Nachmittag die Kirche gantz aus ist; Dieserhalb, damit nemlich kein Unterofficier oder Gemeiner aus der Kirche gehen kan, vor jeder Kirchenthüre ein Unteroffizier mit dem Kurtzgewehr gesetzt werden soll ...

Wann Soldaten in der Kirche lärmen, Possen treiben oder dergleichen Scandale geben, sollen sie nach der Predigt in Arrest geschicket und davor bestraffet werden.«[38]

Ob die Predigten im Kriege packender gewesen sind, ist ebenfalls nicht bekannt. Der Wille der Gottesmänner, unter dem Druck besonderer Bewährung zumindest quantitativ zuzulegen, muss jedoch groß gewesen sein. Um die Wortgewalt der Sprüche machenden Pastoren zu bremsen, ordnete der König an:

»Es soll keine Bethstunde mit Singen und Bethen länger als eine viertel Stunde dauern; dem Priester, welcher darüber schreitet, soll vor ein jedesmahl 1 Reichsthaler zu der Invalidencasse abgezogen werden.«[39]

Dem wortfaulen, aber gewieften Rest schrieb Friedrich ins Brevier:

»Der öffentliche Gottesdienst wird zwar wie gewöhnlich mit Gesang angefangen, doch muß nicht zu lange gesungen werden, damit die Zeit zu der Predigt nicht verkürtzt werde.«[40]

Garnisonskirche in Berlin
Quelle: Aufriss des Architekten Martin Grüneberg

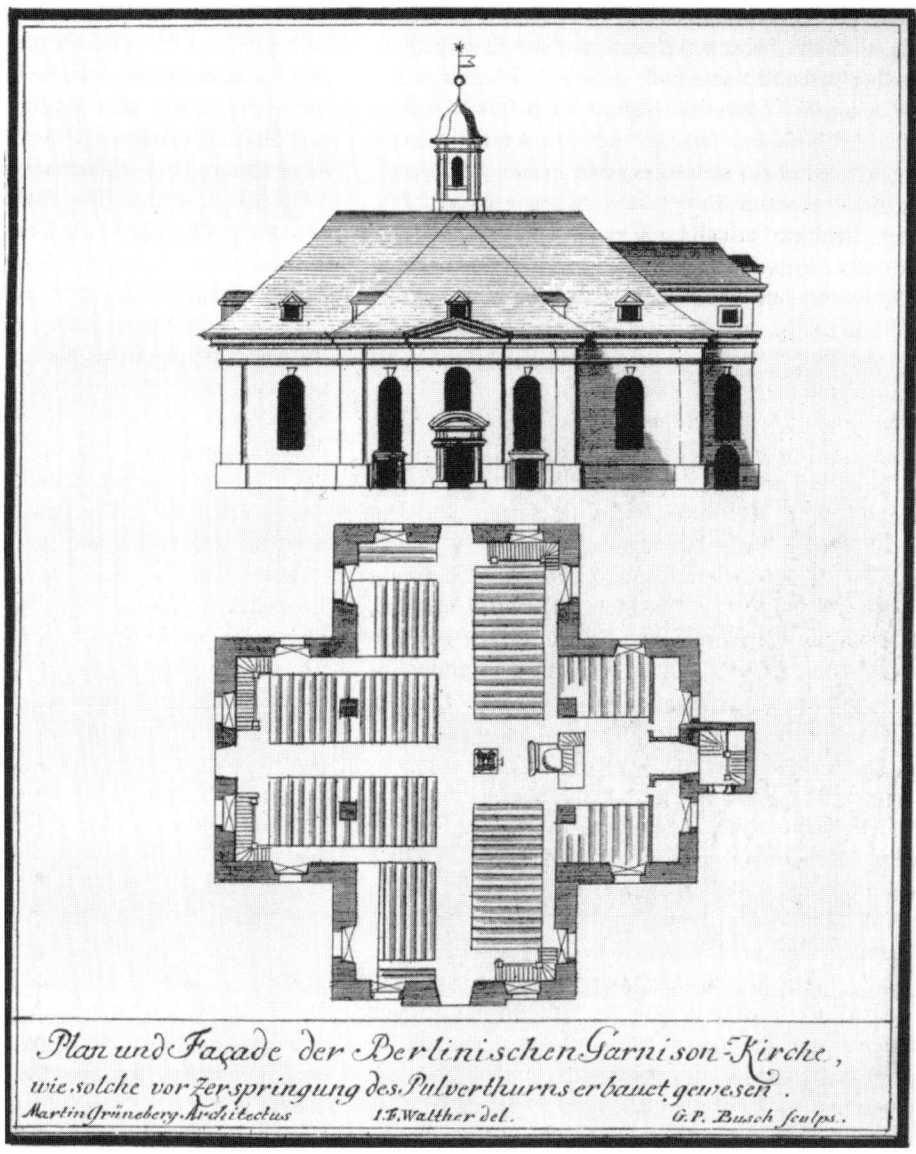

Die daraus abgeleitete Vermutung, dass dem einfachen Soldaten die Dinge des Glaubens gleichgültig gewesen seien, wäre falsch. Nach dem Vorbild des Soldatenkönigs wurden vielmehr alle Schichten der Armee von einem schlichten, aber starken Gefühl der Gottergebenheit getragen. Das handfeste, von theologischen Spitzfindigkeiten freie Gottvertrauen findet sich nicht nur in den auf den Schlachtfeldern gefundenen Briefen, von denen kaum einer ohne Bitte um Gottes Trost und Hilfe endet. Noch überzeugender zeigt es sich in dem intuitiven, von keinem Offizier befohlenen Anstimmen des Chorals von Leuthen sowie in dem wenige Stunden zuvor verklungenen Soldatenlied des Pastors Herrmann:

»Gib, daß ich tu' mit Fleiß, war mir zu tun gebühret,
Wozu mich Dein Befehl in meinem Stande führet,
Gib, dass ich's tue bald, zu der Zeit, da ich's soll,
Und wenn ich's tu, so gib, dass es gerate wohl.«[41]

Die Strophe umfasst in wenigen Worten alles, was den einfachen Soldaten damals innerlich bewegte und auch Basedows Empfindung vollkommen entspricht. Er hat das Glück in der Berliner Garnisonskirche auf einen Pfarrer zu treffen, der keine königlichen Ermahnungen braucht. Seine Predigten sind kurz, klar und eingängig, so dass die Zahl derer, die den Gottesdienst lediglich als angenehme Unterbrechung des nicht gerade ereignisreichen Alltags betrachten, gering ist. Zumindest Basedow hört aufmerksam und mit innerem Gewinn zu. Nur einmal schweifen seine Gedanken ab. Als der Pfarrer wieder die Bibel verliest, spielt er mit dem Gedanken, den des Lesens und Schreibens kundigen Mann bei passender Gelegenheit darum zu bitten, für ihn einen Brief an die Eltern zu schreiben. Seit er sein Dorf verlassen hat, sind Monate ohne Nachricht vergangen. Ein kleines Lebenszeichen an den Pfarrer in Stücken zur Weiterleitung an die Familie würde den Eltern die Sorge nehmen.

An einem der darauf folgenden Sonntage spricht er den Prediger nach dem Gottesdienst an. Dabei erweist sich die leise Befürchtung, dass er das Ansinnen zurückweisen könnte, als völlig unbegründet. Als der Pfarrer die Anschrift hört, ruft er überrascht: »Stücken in der Mark? Die Gegend ist mir wohl bekannt. Mein Vetter hat die Pfarrstelle in Beelitz.« Spontan fügt er die Frage an, ob Basedow nicht selbst Lesen und Schreiben lernen wolle. Wenn das zuträfe, würde er ihn gern an zwei Nachmittagen in der Woche unterrichten. Basedow zögert für einen Augenblick. Das unerwartete Angebot stört seine Pläne, weil er die gute Jahreszeit nutzen möchte, um auf dem Packhof etwas Geld hinzuzuverdienen. Aber für die beschäftigungslose Winterzeit kann er sich keine nützlichere Tätigkeit vorstellen. Deshalb schlägt er die freundliche Offerte nicht aus, sondern bittet darum, den Beginn der Lehrstunden bis zur Einstellung des Schiffsverkehrs zu verschieben. Mit der Einwilligung des Pastors ist die Sache abgemacht.

11. Freizeit

Während die einsetzenden Lese- und Schreibübungen im Hause des Pfarrers für Basedow eine angenehme und zugleich überaus nützliche Unterbrechung der langen Wintermonate bedeuten, bringt für die Kameraden das Eintreffen des Königs aus Potsdam kurz vor Weihnachten die entscheidende Zäsur. Denn damit beginnt die durch eine Reihe von Veranstaltungen gekennzeichnete Karnevalszeit. Die Montage und Freitage sind für Aufführungen in der Oper reserviert, zu denen auch die Garnison eingeladen wird. Basedow war die Durchfahrt des Königs durch das Potsdamer Tor entgangen, weil er an diesem Tage keinen Dienst hatte. Durch puren Zufall wird ihm jedoch eine der für das Militär reservierten Opernkarten zugeteilt, so dass er mit etwas Glück den König dort zu sehen hofft.

Bereits weit vor der Vorstellung um 18 Uhr begibt er sich zu dem von Knobelsdorff errichteten Gebäude, um sich das Meisterwerk des Architekten in Ruhe von innen anzusehen. Großzügige Treppen führen von den sieben Aufgängen bis in den vierten Rang hinauf. Die Logen, die von allen Seiten einen freien Blick auf die Bühne erlauben, scheinen ihm groß wie Zimmer zu sein. Ein prächtiger Saal über die ganze Front ermöglicht festliche Empfänge. Das Parkett hat bis auf zwei hineingestellte Reihen, die für die königliche Suite bestimmt sind, keine Stühle. Ein livrierter Logenschließer erklärt ihm, dass der Boden bei Bedarf angehoben und das Theater selbst in einen korinthischen Saal mit Wasserkaskaden verwandelt werden kann, die aus großen Behältern im Dach des Gebäudes gespeist werden.

Nach ausgiebigem Rundgang betritt Basedow das für die Garnison reservierte Parkett, um die Vorführung stehend zu erleben. Hinter den Stühlen herrscht bereits ein ziemliches Getümmel, denn viele Soldaten haben ihre Familien mitgebracht und lassen die Kinder zum großen Ärger der niederen Logenreihen zur besseren Sicht auf ihren Schultern sitzen. Wie auf dem Marktplatz redet jeder unbefangen mit jedem, während die Kinder dazwischenplärren. Die Ränge sind mit Diplomaten und fremden Gästen der Stadt besetzt, die durch den Hof über die jeweiligen Hotels regelmäßig eingeladen werden. Während sich die einen höflich von Loge zu Loge grüßen, werfen die anderen verstohlene Blicke auf die königliche Mittelloge, wo die Königin und Prinzessinnen Platz genommen haben, ohne dass der Lärm wesentlich abebbt. Erst mit den einsetzenden Pauken und Trompeten der Kürassiere aus den Ecklogen erstirbt das Gemurmel. Die Zuschauer in den Rängen erheben sich von den Plätzen, als der König durch die Parterretür links neben dem Orchester den Saal betritt. Er grüßt kurz das Publikum und nimmt nach wenigen Schritten sofort auf seinem Armsessel Platz. Fast gleichzeitig gibt der hinter dem Stuhl stehende Intendant Graf Gotter an den Kapellmeister Graun das Zeichen zum Beginn. Dieser sitzt im Zentrum des Orchesters am Spinett, umgeben von zwei Lauten, zwei Violoncelli und der Harfe, welche die Rezitative spielen werden. Mit seiner bereits aus der Mode gekommenen weißen Allongeperücke und dem auffälligen roten Mantel wirkt er auf Basedow sehr gekünstelt. Das gleiche befremdliche Stück trägt der Konzertmeister Benda. Sich etwas hochreckend gibt Graun den kreisförmig angeordneten Musikern den Einsatz für die Ouvertüre seines Werkes »Cäsar und Cleopatra«. Während die meisten Besucher etwas völlig Neues hören, kennt der König das Stück bereits. Denn mit derselben Oper war das Haus am 7. Dezember 1742 eröffnet worden. Basedow ist von der Klangfülle zutiefst überrascht. Noch nie hat er das gemeinsame Spiel so vieler Instrumente gehört. Fast noch mehr bewundert er die Fertigkeit der Musiker. Dass sie Musik vom Blatt ablesen können und sich harmonisch zu einer Melodie zusammenfinden, erscheint ihm wie ein Wunder. Mit geöffneten Mündern hören die Soldaten neben ihm den ungewohnten Klang. Mit noch größerem Staunen verfolgen sie die anschließenden Ballettszenen, wobei sie die magisch von unten angestrahlten Solotänzer besonders faszinieren. Keiner der Soldaten ahnt, dass der Chor aus Berliner

Schülern zusammengestellt ist und die Figuranten des Balletts hübsche Bürgertöchter der Stadt sind, weil der König dem Ballettmeister die Verpflichtung eines kompletten Corps aus Paris wegen der enormen Kosten untersagt hat. Während den Erfahrenen die Unzulänglichkeiten nicht entgehen, erscheint die Darbietung den Unkundigen von Anfang bis Ende absolut perfekt. Als er die Vorstellung verlässt, ist Basedow überzeugt, etwas ganz Besonderes erlebt zu haben. Er weiß, dass sich für ihn als einfachen Bauernsohn ein solches Ereignis kaum wiederholen wird.

Überhaupt hat Basedow nach dem ersten halben Jahr guten Grund, zufrieden zu sein. Die Grundausbildung liegt hinter ihm. Die Vorgesetzten scheinen ihn als Soldaten zu akzeptieren. Zumindest haben sie seine Gutwilligkeit erkannt und sehen ihn auf dem Weg dorthin. In der Stubengemeinschaft hat er zwar keine Freunde gewonnen, aber er kommt mit allen gut aus. Das Leben in Gemeinschaft über die vollen 24 Stunden eines Tages hat ihn dazu erzogen, sich anzupassen ohne dabei seine Linie aufzugeben, die ihn für die anderen kalkulierbar macht. Er hat gelernt, die Eigenarten des Einzelnen zu akzeptieren, weil er selbst welche hat, und dass es klüger ist, die Qualitäten des anderen zu nutzen, als dessen Schwächen zu missbrauchen. Er ist bereit zu helfen, weil auch er Unterstützung braucht. Und wenn er sich durchsetzen muss, dominiert er nicht, sondern versucht zu überzeugen, weil er selbst überzeugt werden möchte. Schon längst ist er weit davon entfernt, die Armee engstirnig als ein Gefängnis zu sehen. Für ihn ist der Dienst nicht nur ein in strenge Formen gepresstes Waffenhandwerk, sondern auch eine Gelegenheit zur Selbstentwicklung, die sich ihm in der engen Welt von Stücken nie geboten hätte. Er hat erkannt, dass die Lehren, die er aus dem Leben in der Stubengemeinschaft zieht, Voraussetzung für ein gedeihliches Zusammenleben schlechthin sind, und er ist dankbar dafür.

In seiner Zwischenbilanz ist der Blick in die leeren Taschen das Einzige, was ihn betrübt. Er macht ihm unmissverständlich klar, dass derjenige, der in Preußen zu Geld kommen will, auf keinen Fall den Beruf eines Beamten und schon gar nicht den eines Soldaten wählen sollte. Mit zwei Talern im Monat – bei den Regimentern Nr. 6 und 15 einen Taler mehr – lässt sich selbst bei größter Anstrengung kein Kapital gewinnen.

Wie alle Soldaten empfängt er seinen Sold in sechs Raten zu acht Groschen morgens eine Stunde vor der Wachtparade und an Sonn- und Feiertagen nachmittags nach der Predigt. Die Stückelung soll verhindern, dass der Sold auf einen Schlag verjubelt wird und für die Selbstverpflegung nichts mehr übrig ist. Basedows monatliche Bezüge setzen sich wie folgt zusammen:

2,5 Taler Traktament
0,5 Taler Zulage (ab 1717)
4   Groschen für »Sauer und Süß« (Essig, Salz, Pfeffer)
3,0 Taler 4 Groschen

Davon behält der Regimentsquartiermeister einige Beträge ein, und zwar
   5   Groschen für Regimentsunkosten,[42]
   4   Groschen für Kompanieunkosten,[43]
  11   Groschen Kleidergeld für die große Montur und
   8   Groschen Kleidergeld für kleine Montur[44],
   so dass ihm glatte zwei Taler bleiben. Zieht er 480 Pfennige für die Verpflegung ab,

Preußischer Taler 1786
Quelle: Sammlung des Verfassers

hat er monatlich ganze 96 Pfennige zur freien Verfügung. Selbst ein durchschnittlicher Baumwollweber, der alles andere als üppig lebt, verdient fünfmal mehr. Nur die Ärmsten der Armen, die sich mit einem Taler aus der Armenkasse als Existenzminimum zufrieden geben müssen, stehen sich noch schlechter. Dass der Staat für den Soldaten die durch die Umlage nicht gedeckten Mehrkosten der Bekleidung, die medizinische Versorgung sowie die Kosten der Unterkunft übernimmt, macht Basedow nicht reicher.

Wenn er seine kümmerlichen 8 Groschen mit den Preisen in Berlin vergleicht, kann ihm schon Bange werden. Denn es kostete damals:

ein Paar Schuhe	1 Taler 2 Groschen
ein Hemd	12 Groschen
ein Paar Leinwandhosen	7 Groschen
ein Paar gute Stiefel	6 Taler
ein Pfund Soldatentabak	5 Groschen
ein Mittagessen	2 Groschen

und ein mittelmäßiges Reitpferd 12 Taler.[45]

Vor welchen Problemen müssen erst seine verheirateten Kameraden mit oft zahlreichen Kindern stehen! Um sich und ihre Familien zu versorgen, sind diese geradezu gezwungen, in ihrer Freizeit als Maurer, Zimmerleute und ungelernte Handlanger zu arbeiten oder als selbstständige Kleinunternehmer auf ihren Stuben zusätzliches Geld zu verdienen. Natürlich lassen sich die Innungen die lästige Konkurrenz nicht gefallen. Statt jedoch die Soldaten durch höhere Bezahlung an sich zu binden, halten die Meister an den Hungerlöhnen von monatlich 32 Groschen fest, so dass die an Zucht und Ordnung gewohnten und deshalb grundsätzlich hoch willkommenen Soldaten es vorziehen, selbstständig zu bleiben. Auf den Stuben spannen sie sogar die Ehefrauen und Kinder mit ein, sofern diese nicht bereits selbst in einer der aufkommenden Manufakturen Arbeit gefunden haben. Dort sind Frauen und Kinder sogar noch begehrter als die Soldaten, weil sie die schäbigen Bedingungen eher akzeptieren und ihre Arbeit nicht durch den Militärdienst unterbrochen wird.

Die heute undenkbare Kinderarbeit war nicht nur ein Gebot der Not, sondern als Bestandteil einer guten Erziehung sogar ausdrücklich gewollt. Weil die Gesellschaft damals die Ursachen von Armut ausschließlich in der Faulheit sah, wurde den Kleinen so früh wie möglich eingeschärft, dass sie nur durch Fleiß künftiges Glück erwarten können. Um sie dazu anzuhalten, ließen die Eltern sie im Alter von sieben bis zwölf Jahren eine Lehre beginnen oder ungelernt arbeiten. Das ging so lange gut, wie sich das Gewerbe in geordneten Bahnen bewegte. Mit zunehmendem Profitdenken wurde jedoch der Abstand zwischen Ausbildung und Ausbeutung immer geringer, bis er sich auf reinen Missbrauch reduzierte. Die preußischen Unternehmer gaben dafür nicht einmal das schlimmste Beispiel. In England und Holland, damals die aufstrebenden Industrieländer, wurden Kinder bereits im Alter von vier bis sechs Jahren beschäftigt.

Weil das Taschengeld, das ihm der Vater beim Abschied zugesteckt hatte, als hochwillkommenes Zubrot längst verbraucht ist, muss auch Basedow sich nach einer zusätzlichen Geldquelle umsehen. Zweimal war er bereits mit seinen Stubenkameraden organisieren gegangen und mit drei Enten aus dem Garten eines Nachbarn heimgekehrt. Zwar waren sie dabei unentdeckt geblieben. Auch hatten sie jedes Mal beim Appell, als die Vorfälle angesprochen wurden, mit unbeteiligten Gesichtern eisern geschwiegen. Aber zur Gewohnheit möchte er die Ausflüge bei der Wachsamkeit der Nachtwächter nicht werden lassen, zumal er aus einem Parolebefehl des Nachbarregiments Nr. 23 ersehen kann, dass sie bei ihren nächtlichen Aktionen keineswegs allein gewesen sind:

Es sind dem Hofrath v. Simon die vergangene Nacht etliche 60 Stück Hühner und Endten gestohlen worden, in der Gegend vom Stralauer Thor, und sollen deshalb die Quartiers und Reviers fleißig visitiert und morgen früh an Herrn General rapportiert werden.[46]

Die unter seinen Kameraden sehr verbreitete Variante, Hunde reicher Leute »zu stehlen« und beim Zurückbringen eine ansehnliche Belohnung zu fordern, will er ebenfalls nicht übernehmen, selbst wenn sie sichere Einnahmen verspricht. Denn Schoßhunde, Möpse und Bolognese-Hündchen standen damals als Statussymbol und Modeattribut hoch im Kurs. Auch Friedrich der Große, dessen Hunde von den Bediensteten mit »Sie« angeredet werden mussten und in der sechsspännigen Kutsche stets bevorzugte Plätze erhielten, war in die Vierbeiner vernarrt. Allerdings erstreckte sich seine Zuneigung nicht auf alle Hunde. Herrenlose Tiere ließ der Ordnung liebende Souverän sofort erschießen.[47]

Erst recht verwirft er den Gedanken, Gewinne durch das Riemchenstechen oder Scheffelspiel zu erzielen, weil Glücksspiel jeder Art nach den Militärgesetzen streng verboten ist. Beim damals sehr beliebten Riemchenstechen knüllte der Bankhalter einen drei Ellen langen Riemen zusammen, wobei er die Enden in den Händen behielt. Der Spieler trieb einen Nagel oder Stock durch das Knäuel, ohne den Riemen dabei zu durchstoßen. Zog der Bankhalter an den beiden Enden und löste sich das Knäuel auf, hatte er gewonnen. Blieb der Riemen hängen, war der Spieler Sieger. Beim Scheffelspiel wurde eine Kugel in eine Schale geworfen, in deren Boden Löcher mit verschiedenen Zahlen angebracht waren. Gewonnen hatte der Spieler, der die höchste Zahl erreichte. Basedow hatte beiden Versuchungen stets widerstanden. Er beabsichtigt nicht, von seiner Linie abzuweichen.

Den Weg zum Packhof, um dort wie ursprünglich geplant als Träger zu arbeiten, kann er sich sparen, weil es wegen der fortgeschrittenen Jahreszeit kaum noch etwas zu tun gibt. Die wenigen Restarbeiten sind längst unter den Kameraden aufgeteilt. Deshalb kommt für ihn nur eine Tätigkeit als ungelernter Arbeiter in Betracht. Bevor er sich bei einem Handwerker oder in einer Manufaktur zum Hungerlohn eines einfachen Arbeiters verdingt, zieht er es vor, zunächst sein Glück als selbstständiger Unternehmer zu versuchen. Auf dem Cöllner Fischmarkt hatte er gesehen, dass die Marktfrauen Körbe und Bottiche für das Feilbieten ihrer Ware benötigten. Körbe wurden überall gebraucht. Ohne sie konnte keine Ware angeboten oder heimgetragen werden. Hier könnte er ansetzen, denn das Körbeflechten hatte er in Stücken gelernt. Zwar würde die Herstellung eines einzelnen Korbes kaum etwas einbringen, zumal die Konkurrenz nicht schlief. Wenn er aber den Produktionsprozess aufteilte, ließen sich in derselben Zeit mehr Körbe herstellen und folglich höhere Einnahmen erzielen. Dazu müsste er allerdings seine Stubenkameraden gewinnen. Am Abend trägt er seine Pläne vor, kann damit jedoch keine Begeisterung wecken. Die einen reagieren völlig lustlos, während die anderen ein Bedenken an das andere reihen. Mit der Zunahme der »aber« stirbt schließlich auch sein Enthusiasmus. Enttäuscht sieht er keinen anderen Ausweg, als die ungeliebte Tätigkeit eines abhängigen ungelernten Arbeiters doch noch aufzunehmen. Morgen wird er den benachbarten Goldschmied um eine Stelle bitten. Große Hoffnungen macht er sich jedoch nicht.

Wider Erwarten zeigt sich der Mann über Basedows Nachfrage sehr erfreut. Er hatte vor kurzem seine beiden Gesellen verloren und kann eine helfende Hand gut gebrauchen. Wie die meisten Handwerker wohnt er sehr beschränkt. Sein Haus hat kaum mehr als 50 qm Wohnfläche. Im Erdgeschoss zur Straße befindet sich wie üblich die Werkstatt, die zugleich als Verkaufsraum dient. In der Nebenstube ohne Fenster wohnen die Eltern. Die Küche ist klein und muffig. Neben dem Herd steht weiteres Gerät, das der Meister zur Herstellung seiner Ware benötigt. Das erste Stockwerk ist an einen anderen Handwerker vermietet. Die Stubenböden sind entweder aus Stein oder mit Holzdielen belegt, die mit Streusand sauber gehalten werden. Sie haben ein Loch, damit im Winter die Heizung des unteren Raums auch die darüber liegende Stube wärmt. Die knapp 1,90 m hohen Wände und Decken bestehen aus Lehm, durch die im Frühjahr das Schmelzwasser tropft. Waschgelegenheiten oder Toiletten fehlen. Der Unrat wird bedenkenlos aus dem Fenster gekippt. Wie überall wohnt die Familie in der Werkstube, so dass sich tagsüber sechs bis acht Personen in einem Raum aufhalten. Die Frau sitzt mit den Kindern am Tisch, das Kleinste liegt daneben in der Wiege. Für die Nacht wird die Werkstatt zur Schlafstube, sofern es keine Kammer auf dem zugigen Dachboden gibt. Alle, die arbeiten können, sind eingespannt. Am Fenster hämmert der Meister. Nebenan beim Weber klappert der Webstuhl unter noch schlechteren Bedingungen. Weil die Luft wegen der Wolle feucht gehalten werden muss, leiden dort fast alle unter Rheuma.

Während der Meister in der Stube die Steine in kleine Ringe fasst, steht Basedow neben der Frau in der engen Küche und hält das Feuer für die Goldschmelze in Gang. Er mag die einfachen fleißigen Leute, und weil er sich gut einfügt, gelehrig und willig ist, wächst er schnell in die neue Umgebung hinein. Gelegentlich ruft ihn der Meister an die Werkbank und zeigt ihm seine Kunst. Weil er Basedows großes Interesse bemerkt, zieht er ihn bald zu der einen oder anderen Vorarbeit heran. Basedow gefallen die filigrane Arbeit und der Umgang mit dem glänzenden Metall, und weil er viel Geschick zeigt, geht ihm die Arbeit gut von der Hand. Der Meister scheint mit ihm sehr zufrieden zu sein, denn er macht ihm das erste unter Aufsicht selbst gefertigte Stück zum Geschenk.

»Dieses Stück soll Anerkennung und Lohn für deine Arbeit sein. Mehr als die wenigen Groschen kann ich dir nicht zahlen. Ich wünschte es wäre anders, aber meine Lage lässt es nicht zu. Wie du siehst, lebe ich nicht mehr in den besten Verhältnissen, und ich fürchte, dass die Lebensbedingungen für uns Zunftmeister künftig noch schlechter werden. Früher hatte ich zwölf Gesellen und vier Lehrlinge beschäftigt, wie es die Regeln mir vorschrieben. Die Zunft sorgte für die Aufträge und eine gerechte Verteilung unter den Mitgliedern, so dass jeder sein sicheres Einkommen hatte. Konkurrenz anderer Zünfte gab es nicht, weil kein Zünfter dem anderen ins Handwerk pfuschen durfte. Außerdem war die berufliche Zukunft jedes Standesmitglieds gesichert. Nach drei Jahren wurde der Lehrling Geselle, nach 16 Jahren Meister und blieb es 30 Jahre lang. Heute ist das ganze System in Gefahr. Den ersten Einbruch hat es gegeben, als die Hugenotten und Salzburger vom Zunftzwang befreit wurden. Dann kamen die freien Handwerker, deren Zahl durch die Bevölkerungspolitik des Königs immer größer wird. Und heute sind es die aufkommenden Manufakturen, die uns in den Städten, wo allein Gewerbe betrieben werden darf, eine tödliche Konkurrenz machen. Der Mangel an Aufträgen hat bereits dazu geführt, dass die Zünfte sich nicht mehr an die alte Ordnung halten und die Gesellen wegen fehlender Arbeit in die Manufakturen abwandern. Deshalb und weil niemand sich mehr an das System hält, habe ich dich eingestellt. Wäre alles nach den alten Zunftregeln gegangen, hätte ich weder den ersten Stock meines Hauses an einen freien Handwerker als unseren Konkurrenten vermieten noch dich als Tagelöhner beschäftigen dürfen.«

»Heute hat jeder Handwerker eine Chance. Ist das ein Nachteil?«

»Ich fürchte ja. Der Handwerker hat keine Sicherheit. Sollten die Aufträge noch knapper werden, wird er seinen Konkurrenten bis zum eigenen Ruin unterbieten und letztlich eine Arbeit in den Manufakturen annehmen müssen. Dort sind alle ersetzbar, weil aufgrund der Arbeitsteilung eine Vollausbildung nicht mehr verlangt ist. Die Unternehmer werden die Löhne drücken und jeden, der zu viel Lohn verlangt, rücksichtslos austauschen. Bei der sozialen Not findet sich immer einer, der die Arbeit übernimmt. Die guten Zeiten mit gesicherter Arbeit scheinen mir deshalb vorbei. Mich kümmert das nicht mehr, weil ich alt bin. Doch du sei froh, dass du als Soldat und später als Bauer diese Probleme nicht hast. Dafür wirst du andere haben. Nichts im Leben ist einfach, nichts fällt dir zu.«

Durch die anregende Arbeit beim Goldschmied und die wöchentlichen Lese- und Schreibübungen beim Pastor vergehen der schneereiche Januar und die ersten Monate des Frühjahrs wie im Fluge. Die Wachen sind inzwischen reine Routine geworden. Nichts stört Basedows bescheidene Idylle, bis er am 15. März durch den visitierenden Unteroffizier erfährt, dass der Kommandeur in Vertretung des Regimentschefs das Standgericht über einen Musketier der vierten Kompanie angeordnet habe und ihm befehle, auf der Gerichtsbank die Gruppe der gemeinen Soldaten zu vertreten. Ohne Vorwarnung ist Basedow dadurch von einer Sekunde zur anderen zum Organ einer Institution geworden, die er zwar dem Namen nach kennt und fürchtet, aber über deren Struktur und Arbeitsweise er überhaupt keine Ahnung hat.

12. Militärgerichtsbarkeit

Im preußischen Ständestaat hat jede Klasse ihren besonderen Gerichtsstand, ja sogar ihr eigenes Untersuchungsgefängnis. Für die Soldaten und deren Angehörige sowie alle, die der Armee im Kriege folgen, sind die Militärgerichte zuständig. Dazu zählen die Volontäre ebenso wie die zehn bis zwölf Soldatenweiber einer Kompanie, die den Soldaten im Felde als Marketenderinnen oder Wäscherinnen zur Hand gehen.

Die Militärgerichte ahnden Dienstvergehen und Straftaten, wenn das Strafmaß die Kompetenz des Regimentschefs übersteigt. Darüber hinaus befassen sie sich mit zivilrechtlichen Klagen von Soldaten gegen Soldaten. Wollen Zivilisten gegen Soldaten klagen, müssen sie sich an die ordentlichen Gerichte wenden.

An der Spitze der Militärgerichtsorganisation steht das General- oder Obergericht. Es entscheidet über Fälle besonderer Bedeutung sowie über Urteile der Regimentsgerichte als zweite Instanz. Es ist mit einem Generalfeldmarschall oder General als Vorsitzenden und mehreren Beisitzern besetzt.

Dem General- oder Obergericht folgen die Regimentsgerichte. Ihre Zusammensetzung richtet sich nach dem Rang des Angeklagten und der Höhe der zu erwartenden Strafe.

Das Regimentsgericht konstituiert sich entweder als Stand- oder als Kriegsgericht. Als Standgericht urteilt es in einem förmlichen Verfahren über Vergehen, die mit Stockhaus, Pfahl, Spießruten unter 18-mal oder ganz allgemein mit »geringer willkürlicher Strafe« geahndet werden.[48] Als Kriegsgericht tritt es zusammen, wenn schwere Verbrechen, die mit Tod, Festungshaft, Arbeitshaft (Karre) oder mit Spießrutenlaufen über 18mal bedroht sind, abgeurteilt werden müssen.

Wichtigstes Organ der Militärrechtspflege ist der Regimentsauditeur. Als juristischer Fachmann bereitet er den Strafprozess vor, vernimmt den Angeschuldigten, hört Zeugen, berät das Gericht und führt das Protokoll. Als »iustitiarius« entscheidet er mit Vollmacht des Regimentschefs zivile Streitigkeiten unter den Soldaten in eigener Verantwortung. Als »cancelarius« führt er den gesamten Schriftverkehr des Regiments. Auditeure haben den Rang von Stabsoffizieren ohne Portepée. Über ihnen stehen die Oberauditeure als Rechtsberater selbstständig operierender Korps. Die Spitze bildet der Generalauditeur mit Dienstsitz in Berlin.

Ein Soldat, der sich strafbar gemacht hat, wird entweder auf frischer Tat oder auf Anzeige dingfest gemacht. Das Recht zur Festnahme haben auch die zivilen Behörden, sofern

Besetzung der Regimentsgerichte			
Angeklagter	Voruntersuchung durch Auditeur, ferner:	Als Kriegsgericht:	Als Standgericht:
Kapitän	1 Stabsoffizier 1 Kapitän	1 Oberst 2 Oberstleutnante 2 Majore 3 Kapitäne 3 Leutnante 3 Fähnriche	1 Oberstleutnant 2 Majore 2 Kapitäne 2 Leutnante 2 Fähnriche
Leutnant	1 Kapitän 1 Subalternoffizier	1 Oberstleutnant 2 Majore 3 Leutnante 3 Fähnriche	1 Stabsoffizier 2 Kapitäne 2 Leutnante 2 Fähnriche
Unteroffizier	1 Leutnant 1 Fähnrich	1 Stabsoffizier 3 Kapitäne 3 Leutnante 3 Fähnriche 3 Sergeanten 3 Korporale	1 Kapitän 2 Leutnante 2 Fähnriche 2 Sergeanten 2 Korporale
Gemeiner	Premierleutnant	1 Stabsoffizier 3 Kapitäne 3 Leutnante 3 Fähnriche 3 Sergeanten 3 Korporale 3 Gefreite 3 Gemeine	1 Kapitän 2 Leutnante 2 Fähnriche 2 Sergeanten 2 Korporale 2 Gefreite 2 Gemeine

sie die Verhaftung dem Regimentskommandeur oder der nächsten Garnison sofort melden. Ein Verhör des Beschuldigten steht ihnen nicht zu.

Flüchtige werden durch dreimaligen Trommelschlag in Abständen von 14 Tagen auf den Plätzen der Garnison aufgefordert, sich innerhalb von sechs Wochen dem Gericht zu stellen. Der Befehl ergeht als Citation, die das Regimentssiegel und die Unterschrift des Regimentschefs trägt. Folgt der Beschuldigte der Ladung nicht, wird er in Abwesenheit verurteilt.

In der Voruntersuchung verhört der Auditeur den Angeschuldigten in Anwesenheit mehrerer Offiziere. Ein Fragerecht haben die Beisitzer nicht, jedoch machen sie und nicht der Auditeur dem Regimentschef über das Ergebnis Meldung.

Der eigentliche Prozess beginnt bei schweren Vergehen mit der Vereidigung des Gerichts, bei leichteren ist eine Vereidigung nicht vorgeschrieben. An die Vereidigung, die in Anwesenheit des Angeklagten erfolgt, schließt sich die Verlesung des Ermittlungsergebnisses aus der Voruntersuchung durch den Auditeur an. Danach befragt das Gericht den Angeklagten. Dieser antwortet bei geringfügigen Vergehen ohne Rechtsbeistand. Nur bei schweren Vergehen darf er sich durch den hinzugezogenen Auditeur eines anderen Regiments verteidigen lassen. Nach der Vernehmung lässt das Gericht den Angeklagten aus dem Gerichtssaal abführen. Der Auditeur trägt alsdann die Rechtslage vor und berät das Gericht juristisch. Danach stimmen die Ranggruppen getrennt ab, und der Vorsitzende verkündet das Urteil gemäß der Stimmenmehrheit. Der Auditeur protokolliert jeden Schritt und formuliere die Entscheidung.

Das Urteil wird vom Regimentschef bestätigt. Dieser kann es schärfen oder mildern, sofern es sich um eine Entscheidung des Standgerichtes handelt. Dasselbe Recht hat er bei Urteilen eines Kriegsgerichts, wenn sie Spießrutenlauf vorsehen. Bei Entscheidungen gegen Offiziere oder Strafen, die Tod, Festungshaft oder unehrenhafte Entlassung bedeuteten, bestätigt der König das Urteil. Hierzu werden ihm nicht die gesamten Akten, sondern nur eine Zusammenfassung des Regimentschefs übersandt. Die Hauptakten gehen an das Generalauditoriat zur Beantwortung eventueller Rückfragen des Königs.

Das Recht auf Begnadigung liegt bei Verbrechen und den im Felde abgeurteilten Delikten beim König bzw. dem Kommandierenden General. Lautet das Urteil auf Dezimierung, muss es vor der Auslosung ebenfalls dem König zur Bestätigung zugesandt werden, weil die Entscheidung hinsichtlich derer, die das Leben behalten, als Gnadenakt gilt. Die Dezimierung, die durch Würfeln auf der Trommel entschieden wird, ist selbst dann zulässig, wenn die Zahl der Täter nicht durch zehn teilbar ist. Der Begriff ist also nicht wörtlich zu nehmen. Sie kann im Übrigen nur durchgeführt werden, wenn alle Täter derselbe Tat- und Schuldvorwurf trifft. Ist das Gericht zu der Überzeugung gelangt, dass der Tatbeitrag oder die Schuld eines Soldaten geringer ist, nimmt er nicht am Würfeln teil.

Die Rechtsprechung richtet sich in Strafsachen nach den Kriegsartikeln, auch Artikelbriefe genannt. Diese waren 1713 vom Generalauditeur Katsch verfasst und 1749 durch den Generalauditeur Pawlowski überarbeitet worden. Sie gelten nur für die gemeinen Soldaten und Unteroffiziere. Für die Offiziere hatte Friedrich Wilhelm 1726 ein besonderes Dienstreglement in Kraft gesetzt. Da die meisten Soldaten nicht lesen können, werden die Vorschriften bei der Vereidigung vorgelesen und alle zwei Monate durch eine erneute Verlesung in Erinnerung gebracht. Das geschieht allerdings aus Zeitgründen oder Bequemlichkeit meist sehr flüchtig. Auf diese Nachlässigkeit kann sich ein Soldat im Prozess strafmildernd berufen, wenn es sich um ein militärspezifisches Delikt handelt. Bei Delikten, die auch bei Nicht-Soldaten unter Strafe stehen, wird Rechtskenntnis ohne Einschränkung vorausgesetzt. Erweisen sich die Kriegsartikel für die Bearbeitung eines Falles als unzureichend, kommt zunächst das Observanz- und Gewohnheitsrecht und danach das Recht der entsprechenden Provinz zur Anwendung.

Nach den Kriegsartikeln dürfen nur die wirklichen Soldaten bestraft werden, d.h. diejenigen, die auf die Fahne geschworen haben. Für solche, die sich nur dem Regiment gegenüber verpflichtet haben – dazu zählen die Regiments- und Kompaniefeldschere, die Auditeure und der Regimentsquartiermeister –, gelten die allgemeinen Gesetze. Deshalb können Letztere nicht als Meineidige bestraft werden, wenn sie den Dienst durch Flucht quittieren. Hautboisten, Tamboure, Pfeifer und Trompeter gelten dagegen als echte Soldaten, weil sie im Felde in der Front stehen. Ehefrauen von Soldaten werden von den Militärgerichten nach allgemeinem Strafrecht zu den üblichen Strafen verurteilt (zum Beispiel die Fidel).

Die von den Kriegsgerichten verhängten Strafen sind streng. Allerdings wurde in Preußen schon frühzeitig einiges getan, um die schlimmsten Auswüchse der Constitutio Criminalis Carolina von 1532 zu mildern. Die Folter als Mittel der Beweisführung ist für Soldaten bereits 1725, also lange vor dem generellen Verbot Friedrich des Großen, abgeschafft worden.

Die heute nicht mehr verständliche Härte ist nur aus der Geschichte zu begreifen. Bis in das beginnende 18. Jahrhundert hinein ist die geistige Welt der Menschen klar in die Antipoden Himmel und Hölle gegliedert. Verbrechen sind in ihrer Betrachtung Verstöße gegen die göttliche Ordnung. Das gilt nicht nur für die Religionsdelikte, sondern auch für das weltlich gesetzte Recht, denn die Obrigkeit ist eine Obrigkeit »von Gottes Gnaden«. Wenn Gesetzesverstöße geahndet werden, geht es folglich weniger um den Delinquenten selbst, als um die Wiederherstellung des göttlichen Gefüges, dessen Verteidigung auch Voraussetzung für das Seelenheil des Verurteilten ist. Da das Verhältnis zu Gott im Zentrum steht, kann, ja muss die Strafe »unmenschlich« sein. Und weil Gott dem Menschen nach damaligem Verständnis den Schmerz zur Prüfung seines Glaubens auferlegt hat, liegt die Versöhnung umso näher, je grausamer die Strafe ist. Vor diesem Hintergrund wird nicht nur verständlich, dass mancher Missetäter die Gerichte sogar um eine besonders qualvolle Strafe bat, sondern auch, dass der Vollzug unter größter öffentlicher Beteiligung, ja sogar vor Kindern, geschah. Vor den Augen der Öffentlichkeit wird kein Übeltäter hingerichtet, sondern der Sieg des Guten über das Böse demonstriert. Die Strafe ist »Sanktion« im Wortsinne, eine heilige Handlung, an der jeder teilhaben soll.

Wer als Soldat einen Kameraden tötet, stirbt durch das Schwert. Dieselbe Strafe steht auf Hochverrat, Zusammenrottung und die allgemeinen Delikte Notzucht, Bigamie und Ehebruch. Bei Fahnenflucht und Ungehorsam mit Gegenwehr wird auf Hängen oder Erschießen erkannt.

»Heute war Execution im Thiergarten. Ein Grenadier vom Regiment Ramin wurde arquebusiert, weil er beim Exercieren nach dem Lieutenant v. Kottwitz desselben Regiments geschlagen.«[49]

Der Tod durch Erschießen gilt als eine ehrliche Strafe. Wer dazu verurteilt wird, darf sich das sechsköpfige Peleton aus seinen Kameraden selbst zusammenstellen.

Geringere militärische Delikte, wie die Veruntreuung von Ausrüstungsstücken, haben den Spießrutenlauf zur Folge. Spießruten sind eine Strafe für die Mannschaften. Ein Offizier darf niemals geschlagen werden. Literatur und Film verraten tiefste Unkenntnis der Strukturen der altpreußischen Armee, wenn sie einen Offizier Spießruten laufen lassen, und das womöglich noch durch die eigene Kompanie.

Darüber hinaus kann ein Soldat zum Reiten auf einem scharfkantig geformten hölzernen Esel oder Krummschließen verurteilt werden, wobei Arme und Beine überkreuz längere Zeit mit Lederriemen eng aneinander gefesselt sind. Ehrlos entlassene Soldaten riskieren, wie Vieh mit einem »S« gebrandmarkt zu werden. Dermaßen sichtbar zum »Schelm« erklärt, haben sie keine Chance, jemals wieder in die Armee aufgenommen zu werden:

»Wenn die Regimenter Leute wegjagen, so sie ein »S« auf die Hand brennen lassen, so soll solches tief eingeschlagen werden, und dann sollen sie noch einige Tage sitzen bleiben, damit sie es nicht können wieder ausmachen und sich in der Armee wieder anwerben lassen.«[50]

Die Festungshaft wird gegen Gemeine wie Offiziere verhängt, allerdings mit unterschiedlichen Folgen. Während die Haft bei den Mannschaften mit täglicher Züchtigung (Zuchthaus) oder Zwangsarbeit (Karre) oder dumpfer Einschließung verbunden ist, können sich die Offiziere in der Regel frei bewegen. Über die Haftbedingungen in der Hauptfestung Spandau sind wir durch die Beobachtungen von Kammergerichtsräten, die wegen des Müller-Arnold-Prozesses in Ungnade gefallen waren und ebenfalls dort büßten, gut unterrichtet. Sie berichten von einem Gardisten Helleboldt, der wegen Fahnenflucht schon einmal in Spandau gesessen hatte und nach seiner Entlassung in ein Regiment von dort erneut geflohen war. Weil er sich bei seiner Wiederergreifung fälschlicherweise als Sohn eines Abdeckers ausgegeben hatte, was ihn von Anfang an wehrdienstuntauglich gemacht hätte, war er das zweite Mal mit der vollen Härte des Gesetzes zum Staupenschlag[51] und anschließender ewiger Festungshaft verurteilt worden. Bei seiner Wiedereinlieferung in Spandau sei er so besoffen gewesen, *»daß er durch die Schinderknechte nüchtern gepeitscht werden mußte, denn alle zehn Schritte warf er sich in den Schnee. Er kann sich die Kugel und Ketten so künstlich abmachen, daß es niemand herausfinden kann, der nicht etwa zugesehen.«*[52]

Neben Helleboldt erwähnen die Räte einen namenlosen Soldaten des Infanterieregiments von Bornstedt, der wegen Selbstverstümmelung acht Jahre Haft verbüßte. Er hatte sich einen Zeh abgeschlagen, um nicht mehr dienen zu müssen. Ferner berichten sie über Mitglieder von Soldatenbanden, deren Unwesen damals großes Aufsehen erregt hatten:

»Ein Kanonier, welcher den Wulff in der Küstriner Vorstadt erschlagen, sitzt noch hier. (Es handelt sich um den Soldaten Noske, der zu acht Jahren Festung wegen Raubmordes verurteilt worden war.) Der zweite ist in ein Regiment abgegeben. Einer ist angeschmiedet und hat eine große Kugel am Halse. Vor ein paar Jahren ist einer gestorben, welcher dem König in Charlottenburg ins Bette geschissen.«[53] Selbstverständlich werden die Mitglieder der berüchtigten Joachimsthalschen Bande, darunter Soldaten der Regimenter Wunsch, Kowalski, Möllendorf und sogar des III Bataillons Garde, in diesem Zusammenhang nicht vergessen: *»Sie hatten alle Gassen laufen müssen, zwei sogar 36mal.«*[54]

Aus der Gruppe der Offiziere sind von den Chronisten die zu lebenslanger Festungshaft verurteilten Hauptleute Bonneville und Schmitseck benannt. Der eine hatte für den Prinzen Heinrich eine Abschrift aus der streng geheimen Kartenkammer des Königs gefertigt, zu der er als Schlüsselverwalter Zutritt hatte. Dem anderen, zum Zeitpunkt des Berichtes 68 Jahre alt, war eine verbotene Korrespondenz zum Verhängnis geworden. Er starb in der Haft, ohne dass seine Schuld bewiesen war.

Während die Mannschaften in strengem Vollzug ihre Strafen verbüßen, hat die Festungshaft für die Offiziere insbesondere in den höheren Rängen eher den Charakter einer Ehrenhaft, die nicht nur mit Annehmlichkeiten verbunden ist, sondern auch eine anschließende Wiederverwendung keineswegs ausschließt. Die Kammergerichtsräte berichten nicht ohne Neid, dass die Herren sogar ein ausgesprochen angenehmes Leben führen. Sie dürfen nicht nur ihre Zellen mit eigenen Möbeln ausstatten und unbeschränkt Besuch empfangen, sondern sich auch auf eigene Kosten aus der Stadt mit Lebensmitteln aller Art versorgen lassen. Ebenso regelmäßig wie die Gefangenen den Kommandanten zu Tische bitten, lädt dieser sie zu gemeinsamen Mahlzeiten und abendlichen Tabaksrunden ein.

Von alledem weiß oder ahnt Basedow nichts als er am folgenden Tag im Gerichtssaal auf neun Soldaten trifft. Während er den Regimentsauditeur sofort erkennt, sind ihm der Kapitän, die jeweils zwei Leutnante, Sergeanten und Korporale sowie der zweite einfache Soldat unbekannt. Vermutlich stammen sie aus einer Nachbarkompanie. Der Auditeur ruft die etwas hilflos Herumstehenden zusammen, erklärt, dass sie die Richter seien und erläutert in kurzen Worten das Verfahren. Angeklagt sei ein Musketier der vierten Kompanie, welcher sich der Geldannahme während der Torwache und des unerlaubten Glücksspiels schuldig gemacht habe. Das Glücksspiel werde nach dem Gesetz mit achtmaligem Spießrutenlauf durch 200 Mann und die Annahme des Geldes mit Spießrutenlauf in willkürlicher Höhe geahndet. Da sich die Gesamtstrafe auf mehr als zehn Durchgänge summiere, sei der Rahmen einer Disziplinarmaßnahme überschritten und die Zuständigkeit des Standgerichts gegeben. Eine Vereidigung des Gerichts und eine Verteidigung des Angeklagten durch Dritte seien wegen der Geringfügigkeit des Falles nicht vorgesehen. Nach der Eröffnung der Sitzung werde er das Ergebnis der Voruntersuchung verlesen, das Protokoll führen und die jeweiligen Klassen des Gerichts bei der Abfassung des Urteils beraten. Um verurteilt werden zu können, müsse der Angeklagte entweder ein Geständnis abgelegt haben oder die Tat von mindestens zwei Zeugen bestätigt sein. Nachdem der Kapitän die Mehrheitsentscheidung im Plenum verkündet hätte, würde er als Jurist die Entscheidung aufsetzen und dem Kommandeur als Stellvertreter des Regimentschefs zur Billigung vorlegen.

Was zunächst in der Theorie so kompliziert aussieht, verläuft in der Wirklichkeit überraschend reibungslos. Sobald der Soldat hereingeführt ist, eröffnet der Kapitän die Sitzung. Der Auditeur erhebt die Anklage entsprechend seiner Voruntersuchung, und der Angeklagte gesteht nach kurzem Zögern seine Dienstvergehen ein. Bereits nach wenigen Minuten wird er wieder hinausgeführt. Basedow weiß nicht, wie die zwei Leutnante, Fähnriche, Sergeanten und Korporale in ihren Gruppen entscheiden werden. Aber für ihn ist klar, dass die Schuld des Soldaten gering ist. Er weiß, dass die Torwache kaum Befugnisse hat, so dass er die wenigen Pfennige nicht als Bestechung, sondern als ein Trinkgeld ansieht. Für das Glücksspiel hat er ebenfalls ein gewisses Verständnis, weil er die Geldnöte kennt. Hinzu kommt, dass sich der Angeklagte wie ein Mann ohne großes Herumreden zu seiner Tat bekannt hat. Deshalb gelingt es Basedow schnell, sich mit seinem Mannschaftskameraden auf neunmaligen Spießrutenlauf als Gesamtstrafe zu einigen. Da jedoch in der anschließenden Gesamtabstimmung nur die Korporale ebenso votieren, der Rest aber für elf Durchgänge plädiert, wird der Angeklagte zu elf Gängen verurteilt. Der Auditeur setzt das Urteil auf und sendet es an den Kommandeur. Dieser reduziert es im Rahmen seiner Schärfungs- und Milderungskompetenz noch am selben Tag auf neunmaliges Gassenlaufen durch 200 Mann und ordnet die Vollstreckung für den übernächsten Tag an.

Als Basedow zum genannten Termin den Paradeplatz betritt, um als Zuschauer mit gemischten Gefühlen den Vollzug des Urteils zu beobachten, hat sich das Exekutionskommando bereits aus der Wachtparade herausgezogen und rechts neben die Grenadiere gesetzt. Auf das Kommando »Präsentiert das Gewehr! Das Gewehr auf die Schulter! Das dritte Glied rechts vorwärts, doubliert Eure Glieder!« schieben sich die Männer des dritten Gliedes zwischen das erste und zweite, indem sich der Flügelmann links neben den Flügelmann des ersten Gliedes setzt und die übrigen rechts neben ihre Vordermänner treten. Die dahinter stehenden Unteroffiziere rücken mit vier Schritten Distanz auf das zweite Glied auf. Letzteres verkürzt den Abstand zum ersten so weit, dass genügend Raum für den Durchlauf des Delinquenten bleibt, und das erste macht zeitgleich kehrt. Nachdem sich der Kapitän mit einem Offizier auf den rechten und zwei weitere auf den linken Flügel des ersten Gliedes begeben haben und ihnen die Tamboure dorthin gefolgt sind, erschallt das Kommando: »Das Gewehr bei Fuß!« Wie ein Mann greift das Kommando mit der rechten Hand das Gewehr, hebt es mit beiden Händen auf der Höhe der linken Fußspitze so weit an, dass die Mündung mit dem Hutrand eine Linie bildet, setzt es ab und zieht die rechte Hand in die Grundstellung zurück. Basedow ist von der Präzision so beeindruckt, dass er die Heranführung des Delinquenten durch zwei Unteroffiziere nicht bemerkt. Gerade noch hat er die Austeilung der Ruten durch den in grauen Drillich gekleideten Profoss beobachtet, als ihn die Unruhe der Zuschauer zwingt, sich wieder dem Hauptgeschehen zuzuwenden.

Der Verurteilte steht mit bloßem Oberkörper, aber mit Hut, was Basedow etwas lächerlich erscheint, vor der geöffneten Reihe zwischen den Unteroffizieren, die ihre Kurzgewehre mit der Spitze nach unten zeigend unter den Arm geklemmt halten. Mit dem einsetzenden Trommelwirbel setzt sich die Dreiergruppe in Bewegung. Seinem Selbsterhaltungstrieb folgend hätte der Verurteilte die gut 60 m lange Strecke am liebsten möglichst schnell passiert, aber das auf seine Füße zielende umgekehrte Kurzgewehr des mit gemessenem Tempo voranschreitenden Unteroffiziers hindert ihn daran. Wegen des permanenten Trommelwirbels können die Zuschauer die Schmerzensschreie nicht hören, aber sie sehen, wie der Soldat unter den Schlägen zusammenzuckt. Nach dem fünften Durchlauf wenden sich einige Beobachter angewidert ab, während andere die Szene wie hypnotisiert weiterverfolgen.

Auch Basedow fühlt sich bedrückt. Noch vor Beendigung der Exekution verlässt er den Platz. Das Prügeln kennt er. Auch den Vollzug der Strafe durch Soldaten kann er verstehen. Hätte der Henker als Angehöriger eines infamen Berufstandes die Strafe vollzogen, wäre der Soldat durch den Kontakt mit ihm ebenfalls ehrlos und dadurch für den Wehrdienst untauglich geworden. Nur wenn die Vollstrecker »ehrlich« waren, blieb der Soldat der Armee erhalten. Was Basedow jedoch zu schaffen macht, ist der Gedanke an das Höchstmaß des 36-maligen Durchlaufs, der einem Totprügeln gleichkommt. Sein Gewissen sagt ihm, dass der Vollzug einer Todesstrafe, so verdient sie im Einzelfall sein möge, eine gewisse Würde wahren müsse und deshalb an einem Soldaten möglichst durch Erschießen vollstreckt werden sollte. Rückblickend ist er froh, dass er in dem Gerichtsverfahren für die mildeste Strafe plädiert hat.

13. Spezial- und Generalrevue

Anfang Mai treffen die neuen Rekruten ein, so dass sich auch Basedows Situation verändert. Fortan würde man ihn nicht mehr als Neuen mit irgendwelchen nichtigen Aufträgen hin und her jagen. Gleichzeitig ist aber auch der Augenblick gekommen, wo er auf der berüchtigten Spezial- und Generalrevue beweisen muss, dass er der Rolle eines vollwertigen Soldaten ohne Wenn und Aber gewachsen ist. Im letzten Jahr war er um die Prüfung noch herumgekommen, in diesem muss er sich ihr stellen.

Am 6. Mai war das Regiment mit den anderen Infanterieeinheiten der Garnison um 6 Uhr früh auf dem großen Exerzierplatz im Tiergarten angetreten und anschließend zwei Stunden am König vorbeimarschiert. Es steht jetzt in der Frühlingssonne aufgereiht wie eine Eins. Die zehn Fahnen des Regiments wehen leicht im Wind. Die Offiziere haben ihren rechten Arm mit dem Sponton seitwärts ausgestreckt. Der Daumen am Schaft zeigt vorschriftsmäßig nach oben. Basedow ist mit allen im letzten Jahr eingestellten Unteroffizieren und Gemeinen ausgetreten und steht zur individuellen Musterung durch den König vor dem 1. Zug des Bataillons im zweiten Glied hinter den neuen Unteroffizieren.

Der König hatte bei Nr. 13 begonnen, um sich dann, begleitet vom Chef des Regiments und zwei Adjutanten der Inspektion der Grenadiere von Nr. 19 zuzuwenden. Nachdem er deren Front relativ zügig abgeschritten war, kommt er auf die Gruppe der Neuen zu, um sich, bei den Unteroffizieren beginnend, jeden Einzelnen vorstellen zu lassen. Dabei will er von den Freiwilligen immer wieder wissen, ob und wo sie bereits gedient haben.

Von der Begleitung des Königs gerät der Regimentchef als erster in Basedows Blickfeld, weil er etwas seitlich versetzt hinter dem König geht. Basedow sieht seinen General zum ersten Mal. Aufmerksam, aber mit der Gelassenheit eines kriegserfahrenen Soldaten, überwacht der 50-jährige Markgraf Karl aus dem »besseren« Zweig des Hauses Brandenburg-Schwedt das Geschehen. Jeder weiß, dass er bei Mollwitz gut gekämpft und dort seinen Bruder durch Kopfschuss verloren hat. Basedow ist voll konzentriert, als der König plötzlich vor ihm steht.

»Musketier Joachim Basedow aus Stücken in der Mark, 19 Jahre, Größe 6 Fuß, enrolliert letztes Jahr, Majestät«, stellt der Kommandeur den Rekruten vor. Dann fügt er hinzu: »Der Mann macht sich gut und wäre nach meinem bescheidenen Urteil aufgrund seiner Conduite und Statur zu gegebener Zeit für die Garde geeignet.«

Der König, gut einen Kopf kleiner als Basedow, schaut zu ihm hinauf und mustert ihn scharf. Das klare Gesicht mit der kräftigen Nase, die ausgeprägten Nasenfalten und die etwas hervorstehenden hellen höchst ausdrucksvollen Augen wird Basedow niemals vergessen.

»Kann Er lesen und schreiben?«, fragt der König.

»Nein, Majestät, aber ich lerne es.«

»Wie lernt Er es?«

»Ich habe den Garnisonspfarrer gebeten, mich Schreiben und Lesen zu lehren.«

Der König scheint einen kurzen Augenblick zu überlegen. Dann richtet er sich an den Kommandeur: »Der Bursche ist groß und zeigt Ambition, Leute wie ihn soll man fördern. Wenn er sich weiterhin gut macht, überstelle Er ihn im Oktober nach Potsdam.«

Bevor er vor den Nächsten tritt, wendet sich der König halb über die Schulter sprechend noch einmal an Basedow: »Er ist Märker. Die Kantons stellen gute Soldaten. Enttäusche Er mich nicht!«

Basedow verharrt wie erstarrt. Dem König gegenübergestanden zu haben, bedeutet an sich nichts Ungewöhnliches, denn im Dienst kennt der König keine Standesdünkel. Auf den jährlichen Inspektionsreisen spricht er ohne Rücksicht auf den Rang mit jedem, der ihm sachkundige Auskunft geben kann. Selbst der geringste preußische Untertan darf sich mit seinen Sorgen an ihn wenden, und alle bekommen auf ihre Petitionen eine Antwort. Von der Leibkompanie seines I. Bataillons Garde kennt er jeden einzelnen Soldaten, und der Feldwebel Adriani macht bei ihm als einfacher Soldat täglichen Rapport. Trotzdem fühlt Basedow die Besonderheit des Augenblicks. Bei allem notwendigen Respekt ist seinen geschulten Augen jedoch nicht entgangen, dass der König keine vorschriftsmäßige Uniform angelegt hat. Statt der weißen, trägt er eine schwarzsamtene Hose, und die Stiefel haben keine Sporen. Basedow glaubt sogar Tabakreste auf den Revers des Königs bemerkt zu haben. Fast belustigt stellt er fest, dass sein Korporal für diese Nachlässigkeit mit absoluter Gewissheit drei Hiebe ausgeteilt hätte.

Die Spezialrevuen, wie Basedow soeben eine erlebt hat, sind von solchem öffentlichen Interesse, dass die Presse regelmäßig hierüber berichtet. Da jede Übung im Detail der anderen gleicht, hätte die Meldung über Basedows Revue sicherlich ebenso gelautet wie die überlieferte von 1780:

»Am 6. Mai ritt der König mit dem regierenden Fürsten von Anhalt Köthen von Charlottenburg in den Tiergarten, wo auf dem großen Exerzierplatze (Reichstagsgelände) die sämtlichen in Berlin garnisonierenden Infanterieregimenter in Parade standen; der König hielt die Spezialrevue über diese mit Bezeugung der höchsten Zufriedenheit, stattete so dann der Prinzessin Amalie einen Besuch ab und kehrte zu Mittag nach Charlottenburg zurück. Sonntag, den 7. Mai, ritt der König abermals nach dem Tiergarten und musterte dort die in Garnison stehenden Reiterregimenter, ›über welche höchst dieselben nicht weniger ihr Wohlgefallen zu erkennen gaben‹. Nachher kehrte er sofort noch Potsdam zurück.«[55]

»Gestern früh trafen seine Majestät der König zu Spandow (Truppenübungsplatz Döberitz) ein, und ließen das daselbst in Besatzung liegende Infanterieregiment seiner königlichen Hoheit, des Prinzen Heinrichs und das von Ruppin angekommene Infanterieregiment seiner königlichen Hoheit, des Prinzen Ferdinand, mit Bezeugung der gnädigsten Zufriedenheit die Spezialrevue passieren. Des mittags speiseten seine Majestät mit der hohen Generalität zu Charlottenburg, wo selbst höchst dieselben auch übernachteten.

An eben dem Tage langten hier an die Infanterieregimenter von Wunsch, von Möllendorff, und Prinz Leopold von Braunschweig; desgleichen die vier Bataillons des Kowalskyschen Garnisonregiments.

Am 20. Mai ritt der König von Charlottenburg nach dem Tiergarten auf den großen Exerzierplatz, wo er das Kürassierregiment von Weyher, welches vor dem Halleschen Tore sein Lager hat, und die Bataillone vom Garnisonregiment von Kowalsky, mit Bezeigung dero höchsten Zufriedenheit die Spezialrevue passieren ließen, so dann nach hiesiger Residenz in den Lustgarten kamen, und über die drey fremden Regimenter Infanterie von Wunsch, von Möllendorff und Prinz Leopold von Braunschweig ebenfalls mit höchstem Wohlgefallen die Spezialrevue hielten, und sich endlich nach dem königlichen Schlosse begaben.«[56]

Am 20. Mai folgt die Generalrevue unter Teilnahme der Kavallerie auf dem Tempelhofer Feld, über die uns folgender Bericht vorliegt:

»Der König hält gewöhnlich zu Anfange des Monats Mai die Spezialrevue über sämtliche in Garnison liegende Infanterie- und Kavallerieregimenter im Tiergarten. Den 19. und 20. des Monats pflegen noch sechs Regimenter Infanterie, nämlich fünf Feldregimenter und

Stärkenachweis des Infanterieregiments Nr. 1 vom 10. September 1785 für die große Revue
Quelle: GSTA PK Berlin

Compagnien	Stabs	Unterofficier	Spielleute	...	zum Manoeuvre	Summa
Grenadier Capitain von Königsberg	3	9	3		10	108
von Wolszar	4	9	5		10	108
Leib Compagnie	3	10	12		–	100
Obrist Lieutenant von Wachholtz	4	10	4		–	110
Major von der Hagen	3	10	3		–	100
von Schawroy	4	10	3		–	100
Waggerau	4	10	3		–	100
von Zollichow	4	10	3		–	100
Capitain von Wins	4	10	3		–	100
von Waldow	4	10	3		–	100
von Burgsdorf	4	10	3		–	120
von der Marwitz	4	10	3		–	130
Summa des Regiments	51	118	48		20	1216

ein Garnisonregiment, in die Stadt auszurücken, und vor dem Halleschen Tor kampiert ein Kavallerieregiment. Den 21. pflegt der König mit diesen sämtlichen Truppen, die zusammen 30.000 Mann ausmachen, drei Tage nacheinander Große Revue gewöhnlich auf der Ebene bei Tempelhof zu halten. Die Kavallerie macht die zwei ersten Tage zuerst ihre Evolutionen und Manöver, so dass, wenn solche abmarschiert ist, die Infanterie erst aufmarschiert. Den ersten Tag marschiert sowohl die Kavallerie als Infanterie in Parade mit klingendem Spiele, fliegenden Fahnen und ihren Regimentsstücken bei dem König vorbei. Den dritten lässt der König gemeiniglich von der ganzen Armee eine besondere Attacke machen. Den 24. Mai marschieren sodann sowohl die fremden Regimenter als auch die Beurlaubten der Garnison wieder fort.«[57]

Vier Wochen später beginnen wieder die üblichen Bataillonsübungen zur Eingewöhnung der frischen Rekruten, so dass sich für Basedow der Kreis eines Soldatenjahres erstmalig schließt.

II. Soldat im Kriege

Anfang Juli geht in Berlin das Gerücht, dass es bald wieder Krieg mit Österreich geben werde. Sollte es zutreffen, wäre die preußische Armee völlig unvorbereitet. Für Friedrich kam ein neuer Feldzug allenfalls dann in Betracht, wenn die Kräfte Österreichs und Russlands gleichzeitig in Oberitalien bzw. außerhalb Mitteleuropas gebunden gewesen wären. Da diese Konstellation nicht gegeben ist, befinden sich die preußischen Truppen in ihren Garnisonen, hat die Artillerie wie friedensmäßig üblich keine Pferde, und die seit längerem geplante Verstärkung der Armee ist aus Kostengründen unterblieben.

Während Preußen im Frieden verharrt, hatte Österreich den Gedanken an eine Revanche niemals aufgegeben. Bereits ein Jahr nach Friedensschluss wurde mit Rußland ein in seinem Kern auf die Vernichtung Preußens gerichtetes Verteidigungsbündnis geschlossen. Um es zu aktivieren, musste Preußen nur noch die Rolle des Kriegsverursachers zugeschoben werden. Die hierzu durch den russischen Großkanzler Bestushew ausgelegte Falle, Preußen durch die Bedrohung Schwedens zum Krieg zu verleiten, hatte Friedrich erkannt und die Gefahr durch die Gewinnung Englands und Frankreichs als schwedische Schutzmacht abgewendet. Außerdem stand Frankreich immer noch auf Seiten Preußens. Erst als England nach Wiedereröffnung des nordamerikanischen Krieges einen Unterstützungsvertrag mit Russland vereinbarte, um Frankreich vom Einmarsch in Hannover abzuhalten, hatte sich die Lage für Preußen zugespitzt.

Um eine Allianz zwischen England, Russland und Österreich zu verhindern, schließt Friedrich am 16. Januar 1756 mit England die Konvention von Westminster, die beide Länder zur gegenseitigen Hilfe verpflichtet, falls ein Dritter (Frankreich oder Russland) in »Deutschland« (Hannover oder Preußen) einmarschieren sollte. Diese Konvention, die Russland gegenüber England und Frankreich gegenüber Preußen verärgert, nutzt Kaunitz zu dem genialen Schachzug, Frankreich von seinem traditionellen Partner Preußen zu trennen. Plötzlich ist Preußen auf dem Festland isoliert, und der Krieg eine Gewissheit. Nur der Zeitpunkt ist offen, weil Kaunitz sein zunächst rein defensives Bündnis mit Frankreich noch in ein offensives umwandeln muss.

Die Glanzleistung der österreichischen Diplomatie hat Friedrich völlig überrascht. Gewarnt durch Spionageberichte aus dem neutralen Sachsen, das sich nach dem Willen des russischen Großkanzlers anschließen soll, sobald »der Ritter im Sattel wankt,« Informationen aus Holland und drei vergebliche Anfragen über die offenkundigen Kriegsvorbereitungen in Wien, nutzt er die Frist bis zur französischen Entscheidung und macht die preußische Armee innerhalb weniger Wochen mobil.

1. Alarmierung

Die entsprechenden Befehle erreichen Basedows Regiment Anfang Juli. Sofort werden alle Beurlaubten zurückgerufen. Innerhalb von zwölf Tagen treffen sie in der Garnison ein. Parallel dazu requirieren die Regimenter die Pferde für die Kompaniewagen, vervollständigen das Sanitätspersonal und stellen Back- und Fuhrknechte für den Train ein. Präzise wird jeder Schritt bis zum feldmarschmäßigen Abmarsch abgearbeitet:

Am 18. Juli müssen die Kompanien heimlich Zwillich für die Anfertigung von Stiefeletten kaufen und diese schwarz einfärben.

Am 19. Juli erhalten die Offiziere Befehl, sich Pferde zu beschaffen und ihre Feldequipage durchzusehen. Zugleich werden die Kompanien angewiesen, Marketender einzustellen.

Am 26. Juli setzen die Kompanien ihr gesamtes Feldzeug instand. Die Packknechte empfangen blauen Rock und Kamisol. Die requirierten Pferde bleiben vorläufig noch auf den Weiden. Die Magazine werden ergänzt und in der Gewehrfabrik 40 Meister aus Suhl und Zella eingestellt.

Am 9. August legen die Regimenter den Tornisterinhalt für die Soldaten fest. Die Barbiermesser und Spiegel bleiben zu Hause, weil die Kompaniefeldschere das Rasieren übernehmen. Jeder Soldat erhält 60 Patronen, jedes Bataillon 71 Packknechte. In das Feldlazarett werden 170 Barbiergesellen als Feldschere einrangiert.

Am 23. August wird in Anwesenheit des Ministers Finckenstein und des Kabinettsekretärs Eichel das Manifest der Kriegserklärung gedruckt.

Am 27. August werden Brot für neun Tage, Zelte und Feldkessel ausgegeben und um 16 Uhr die Quartiere visitiert. Kein Soldat darf mehr ausgehen. Um 18 Uhr wird der Marschanzug nachgesehen, um 21 Uhr Zapfenstreich geschlagen und ein letztes Mal visitiert. Die Stadttore bleiben den ganzen Tag geschlossen.

Am 28. August ertönt um 5 Uhr früh der Generalmarsch, und eine halbe Stunde später rücken die Bataillone ab. Die Mannschaften unter 20 Jahren bleiben als Ersatz zu Hause.

Am ersten Tag kommt das Regiment Markgraf Karl mit 24 Kilometern Marschleistung gut voran. Am Abend liegt es, auf die Bauernhäuser und Scheunen verteilt, in einem Dorf der Zauche. Der Tag war heiß gewesen, und die Soldaten sind froh, dass die erste Etappe vorüber ist. Die Männer hocken in Gruppen vor den in den Höfen entzündeten Feuern, löffeln die von den Bauersfrauen großzügig ausgeteilte Erbsensuppe und essen das Brot, das jeder für drei Tage am Mann hat.[58] Eine große Unterhaltung will nicht aufkommen. Noch weiß niemand, wo es hingeht. Alles, was man dazu sagen könnte, wäre nutzlose Spekulation.

Basedow ist im Haus des Dorfschulzen einquartiert, wo er in einer Stube mit 20 Mann die Nacht verbringen wird. Er hat es leicht finden können, weil die Gebäude vom Vorauskommando mit Kreide durchnummeriert worden sind. Für das Lagerstroh hatte der durch das Feldkriegskommissariat rechtzeitig informierte Landrat gesorgt. Basedow freut sich, in einem festen Haus untergekommen zu sein, weil die in den Scheunen einquartierten Soldaten nicht rauchen dürfen. Er ist auch nicht zur Nachtwache eingeteilt, die in jedem belegten Haus ein Licht unterhält und bei Alarm die Kameraden weckt. Im Einschlafen denkt er an seine Eltern in Stücken, an denen er nur wenige Kilometer entfernt vorbeigelaufen war.

Am nächsten Morgen tritt der Kommandeur vor das abmarschbereite Regiment, verliest das Kriegsmanifest und teilt den Soldaten mit eigenen Worten die Gründe des Feldzuges mit. Die Männer nehmen die Neuigkeit mit Erleichterung auf, denn jetzt weiß jeder, woran er ist. Zugweise rückt das Regiment ab. Erneut liegen gute 20 Kilometer vor den Soldaten, bevor sie am dritten Tag einen Ruhetag erwarten können. 20 bis 25 Kilometer mit einem Tempo von 4 Kilometern pro Stunde bilden den Tagesdurchschnitt. Jedoch marschiert die Armee, wenn es sein muss, auch über zwei Wochen täglich 20 Kilometer. Allerdings darf sie sich dabei nicht allzu weit von den schwerfälligen mobilen Bäckereien entfernen. Da die Bäcker zur Wiederauffrischung des neuntägigen Brotvorrates vier Backtage benötigen, muss spätestens alle fünf Tage eine Pause eingelegt werden.

Die Chausseen, auf denen sich das Regiment bewegt, sind breit, aber ungepflastert. Außerhalb Berlins ist nur die Straße nach Charlottenburg befestigt. Drainagegräben fehlen ebenso wie Chausseebäume, so dass sich die Kolonnen im Sommer durch Staub und Hitze und im Frühjahr und Herbst durch Matsch quälen müssen. Friedrich wollte hieran aus strategischen Gründen bewusst nichts ändern, denn: »*Schlechte Wege schaden dem Angreifer, der ein paar Tage länger marschieren muss. Das ist für den schwachen Verteidiger so gut, als wenn er ein paar tausend Soldaten mehr hat.*«[59] Aus demselben Grund hatte er bereits 1750 die Vermessung des eigenen Landes durch Schmettau untersagt. Präzise geographische Informationen über das eigene Land wollte er unbedingt für sich behalten.

Die Orientierung ist einfach, solange sich die Armee in Preußen bewegt. Außerhalb der Landesgrenze wird sie jedoch zum Problem, da Straßenkartenmaterial absolute Mangelware ist. Im Ausland weiß die Armee nur in Böhmen recht gut Bescheid. Offiziere, die dorthin regelmäßig zur Kur gereist waren, hatten sich die Gegend genau eingeprägt und hierüber Skizzen angefertigt. Ab 1747 waren darüber hinaus die schlesischen Grenzgebiete durch den Ingenieur Wrede bis auf die Gebiete um Strehlen und Neumarkt vermessen worden. Weiteres Material hatte Winterfeld in Dresden angekauft oder vom französischen Gesandten gefälligkeitshalber in Prag beschaffen lassen. Die streng geheim eingestuften Unterlagen lagerten in Pläne zusammengefasst in der Kartenkammer des Potsdamer Stadtschlosses. Jetzt auf dem Feldzug sind sie als mobile Plankammer unter Leitung des Ingenieurmajors Griese Teil des königlichen Hauptquartiers.

Auch am zweiten Tag wird von Basedows Regiment gut Strecke gemacht. Um den Soldaten das Marschieren zu erleichtern, sind jeder Kompanie zwei Packpferde für die Zelte und Küchengeräte zugeteilt. Munition und Brotvorrat für mehrere Tage liegen auf den Wagen des Trosses. Die Witterung ist kühl und die Stimmung gut. Nur gelegentlich hört Basedow ein Murren. Grund hierfür ist weniger die physische Anstrengung als die ständige Beobachtung durch die Unteroffiziere, die in jedem ihrer Männer einen potenziellen Deserteur sehen. Schlägt sich einmal ein Soldat zur Erledigung eines dringenden Geschäfts in die Büsche, steht stets ein Unteroffizier daneben. Anfangs hatte auch Basedow die permanente Überwachung als lästig empfunden. Jetzt denkt er kaum noch darüber nach. Bei Jüterbog überschreiten sie die sächsische Grenze. Von nun an befinden sie sich in Feindesland.

2. Pirna, 16. Oktober 1756

Den drei Kolonnen, die unter des Königs, Beverns und des Herzogs von Braunschweig Befehl am 29. August 1756 in Sachsen einmarschieren, ist mustergültige Ordnung befohlen und selbst der geringste Übergriff strengstens verboten. Weil Friedrich das Land als logistische Basis nutzen, die Regierung als Bündnispartner gegen die übermächtige Allianz gewinnen und wenn das misslingen sollte, die sächsischen Truppen zum Kampf gegen den österreichischen Hauptgegner in seine Armee einverleiben will, darf es keinen Ärger geben. Auf feindliche Truppen stoßen die Preußen nicht. Der sächsische Oberbefehlshaber Rutowski, ein unehelicher Sohn August des Starken, hatte seine Soldaten dem König entziehend südöstlich von Pirna auf einer Linie zwischen den Festungen Sonnenstein und Königstein konzentriert, um dort das Eintreffen der Österreicher abzuwarten. Der preußische Einmarsch in das nördliche Sachsen erfolgt deshalb nahezu kampflos. Erst am 3. September wird der erste scharfe Schuss des Siebenjährigen Krieges bei der Besetzung der Burg Stolpen abgegeben.

Am 6. September erreicht Basedows Regiment in der Kolonne des Königs Roth Schönberg bei Wilsdruff. Kesselsdorf, an das sich die altgedienten Kameraden noch erinnern, liegt ganz in der Nähe. Der König bezieht sein Hauptquartier in Groß Sedlitz. Am 10. September riegelt er die seit dem 2. September bei Pirna verschanzten Sachsen von Norden ab. Basedows Regiment bildet einen Teil dieses Gürtels. Bevern schließt die Sachsen von Osten und Ferdinand von Westen ein.

Tags zuvor war Generalmajor Wylich mit dem Regiment Wied sowie den Grenadierbataillonen Wangenheim und Lengefeld unter äußerster Schonung der Bevölkerung in Dresden eingerückt. Gleichwohl wurden das Kurländische Palais, das Blockhaus an der Augustusbrücke, das Zeughaus sowie andere Objekte der Festung sofort besetzt, die kurfürstlichen Kassen beschlagnahmt und die Landeskollegien aufgelöst. Die Sachsen nahmen die Maßnahmen mit erstaunlicher Gelassenheit hin. Beide Seiten spielen ihr Spiel und gehen auf allen Ebenen auffällig zuvorkommend miteinander um. Der König lässt der Königin von Polen durch Feldmarschall Keith seine Reverenz erweisen und belässt ihr sogar die Schweizer Hofgarde. Maria Josepha bittet ihrerseits Friedrich zum Dinner, der allerdings die Einladung höflich ausschlägt. Lediglich ein Ereignis trübt die formal mustergültige Beziehung. Als die Königin sich strikt weigert, die Originale der Geheimakten an den Major von Wangenheim auszuhändigen, die Friedrich als Beweis des gegen Preußen geschmiedeten Kriegskomplotts benötigt, muss sich der Stadtkommandant Wylich persönlich auf den Weg machen. Er erzwingt die Herausgabe unter Androhung körperlicher Gewalt. Um die Königin am Wiederbetreten des Kabinetts zu hindern, setzt er neben die Schweizer Garde einen preußischen Posten. Dieser wird abwechselnd von den Regimentern Bevern und Markgraf Karl gestellt, so dass auch Basedow die Gelegenheit erhält, das Schloss von innen zu sehen. Man vermutet zu Recht, dass die Königin, die eine Cousine Maria Theresias und Mutter der Dauphine ist, nicht ruhen wird, gegen die preußische Besatzung zu konspirieren.

Sechs Tage später ist Basedow wieder routinemäßig zur Wache an einem der nach Süden gerichteten Stadtore eingeteilt. Strengste Wachsamkeit ist befohlen. Niemand darf passieren. Nur die Proviantwagen für den König von Polen, der seine Gemahlin in Dresden zurückgelassen und auf der Festung Königstein Zuflucht gesucht hat, sowie die Kuriere beider Könige dürfen durchgelassen werden. Noch hofft Friedrich auf eine einvernehmliche Lösung.

Ein solcher Proviantwagen ist gerade vor die Schranke gefahren, um von den Kameraden kontrolliert zu werden. Das sächsische Begleitkommando hat den Schlagbaum bereits passiert, als Basedow bei flüchtigem Blick auf den Kutschbock stutzt. Er glaubt, den neben dem Fuhrmann sitzenden Knecht schon einmal gesehen zu haben, ohne in diesem Augenblick genau sagen zu können, wann und wo. Der Wagen ist bereits angefahren als er sich blitzartig an einen Offizier der Schweizer Garde erinnert, der ihm im Dresdner Schloss begegnet ist. Offiziere in Zivil sind in diesen Tagen nichts Ungewöhnliches. Aber kann ein Mann von Adel in kürzester Zeit so weit unter seinen Stand gefallen sein? Der Gedanke, dass hier etwas läuft, was er nicht überschaut, versetzt Basedow in Alarm. In Sekundenschnelle greift er die Kette, zieht die Schranke wieder herunter und bringt sein Gewehr in Anschlag: »Absteigen!«

Der Mann zögert einen kurzen Augenblick, um dann auffällig ruhig vom Bock zu steigen. Bereitwillig lässt er sich durch den Gefreiten auf die Wache führen. Er gibt sich dabei so gelassen, dass Basedow einen Moment lang glaubt, sich geirrt zu haben. Nach zehn Minuten hasten vier Musketiere in das Gebäude und kommen kurz darauf mit dem Mann in der Mitte wieder heraus. Unter strenger Bewachung wird er abgeführt. Da Basedow die Einzelheiten von der Torwache aus nicht mitbekommen hat, will er anschließend vom Gefreiten wissen, was vorgefallen ist. Dieser erwidert anerkennend: »Ich glaube, du hast einen dicken Fisch gefangen. Der Leutnant hat bei ihm Briefe der Königin gefunden, die an die Höfe in Wien und Paris gerichtet waren.«

Die kleine Episode ist längst vergessen, als Mitte September der König dem Markgrafen Karl zur Freude des Regiments den Oberbefehl überträgt, um selbst den aus Böhmen heranrückenden Österreichern entgegenzumarschieren. Statt von dem neuen Kommando spektakulären Gebrauch zu machen, belässt es der Markgraf nach Beratung mit Winterfeldt bei der Belagerung der eingeschlossenen 18.000 Sachsen. Die Stellung wäre nur unter erheblichen Verlusten zu nehmen gewesen. Selbst Basedow, dem die Maßstäbe für taktische Beurteilungen fehlen, kann erkennen, dass Rutowski seinen Rückzugsort gut gewählt hat. Er liegt in einer Flussschleife hoch über der Elbe auf der Linie der Straße von Pirna nach Königstein und ist im Westen durch das Tal der Gottleuba und im Rücken durch die Elbe hervorragend gedeckt. Markgraf Karl und Winterfeldt rechnen damit, dass die Sachsen wegen ihres auf 22 Tage begrenzten Mehlvorrats ohnehin bald kapitulieren werden. Wider Erwarten halten sie jedoch durch. Als Brownes Entsetzungsversuch 15 Kilometer vor Pirna infolge der durch Friedrich am 1. Oktober bei Lobositz beigebrachten Verluste erlahmt, sind die Sachsen zum Handeln gezwungen. Rutowski befiehlt den Ausbruch. In der Nacht zum 12. Oktober überschreiten sie die Elbe in Richtung auf Brownes vermutete Position. Basedows Regiment rückt sofort bis nach Struppen nach, wo auch der König nach seiner Rückkehr aus Lobositz am 14. Oktober Quartier bezieht. Infolge heftigen Regens, der die Pontonbrücke bei Thürmsdorf beschädigt, aufgeweichter bis zu 120 m aufragender Steilhänge am anderen Ufer und des Drucks der nachsetzenden Preußen erreichen die Sachsen den Sammelraum auf der Ebenheit vor dem Lilienstein sehr geschwächt. Ohne Artillerie und Bagage, die Elbschleife mit den nachsetzenden Preußen im Rücken, den Tafelberg mit daran angelehnten acht preußischen Bataillonen unter Generalmajor Forcade vor sich, und ohne Hoffnung auf Entsatz

Das Feld vor dem Berg Lilienstein, wo die sächsischen Truppen kapitulierten
Quelle: Verlag A&R Adam, Dresden

durch die inzwischen wieder abgerückten Österreicher, bleibt Rutowski am 16. Oktober nur die Kapitulation. Der Kurfürst und König von Polen, der das Drama auf der gegenüberliegenden Festung Königstein wie von einer Bühne aus beobachtet hatte, erhält mit dem Hof freien Abzug nach Warschau. Die Festung selbst wird für neutral erklärt.

Nachdem durch die Ereignisse bei Pirna Gewissheit besteht, dass Sachsen als Bündnispartner nicht zu gewinnen ist, macht Friedrich bei Rathen wahr, was er für diesen Fall von Anfang an erwogen hatte: Er presst 14.000 Sachsen regimenterweise unter seinen Eid. Die Anwerbung von Kriegsgefangenen, entweder bereits auf dem Schlachtfeld oder später in der Gefangenschaft, entspricht den damaligen Gepflogenheiten. Denn Kriegsgefangene waren Handelsware. Sie wurden zumindest bis 1760 nicht wie heute über Jahre bis zum Friedensschluss verwahrt, sondern in bestimmten Zeiträumen Kopf für Kopf, Dienstgrad für Dienstgrad ausgetauscht. Bis es so weit war, internierte man sie an entlegenen Plätzen, wobei Preußen die Gefangenen des Ersten Schlesischen Krieges nach Küstrin und Österreich die bei Maxen in Gefangenschaft geratenen Preußen in die Steiermark und Kärnten verbrachte. Dort erhielten sie auf Gegenseitigkeit medizinische Versorgung und Verpflegung, wobei die Preußen wegen der in Österreich auch im Kriege fortlaufenden Selbstverpflegung statt der Naturalien Geldleistungen empfingen. Da die Gefangenen »ihrem Charakter (Dienstgrad) gemäß wohl zu halten« waren, durften sie sich am Ort ihrer Internierung tagsüber wie daheim frei bewegen. Das Einzige, was sie mürbe machte, war die Langeweile. Wer trotzdem durchhielt, wurde nach Ablauf der vereinbarten Frist ausgetauscht, wer nicht warten wollte, mit lukrativem Werbegeld zum Übertritt animiert. Dabei hatten die Werber bei den Gefangenen in der Regel leichtes Spiel. Da im Zeitalter des Absolutismus das Nationalgefühl noch nicht entwickelt und vielen der in Leibeigenschaft groß gewordenen Soldaten der Dienstherr gleichgültig war, zog mancher den Dienst mit der Waffe der eintönigen Gefangenschaft vor. Dominicus berichtet, dass von 772 Mann seiner Gefangenengruppe 176 in die österreichische Armee eingetreten seien. Allerdings geschah die Anwerbung stets auf freiwilliger Basis. Die zwangsweise Rekrutierung nach dem Beispiel von Rathen widersprach jedem Recht. Die brutale Missachtung der Loyalität der sächsischen Soldaten zu ihrem Fürstenhaus wird später eine bis dahin nie dagewesene Desertionswelle auslösen. Von elf Regimentern werden nur drei (S 54, 55 und 56) das erste Jahr überdauern. Kein einziges wird seinen neuen Bestimmungsort vollzählig erreichen. Statt den Fehler zu bekennen und Skrupel über die rigide Vorgehensweise zu empfinden, hat Friedrich daraufhin lediglich bedauert, die Infanterieregimenter geschlossen übernommen und nicht wie bei der Kavallerie zur besseren Kontrolle unter seine Soldaten verteilt zu haben.

Mit der Aktion von Pirna ist das erste Kriegsjahr für Basedow beendet. Im Winterquartier nutzt er die Zeit, um sein Zeug durchzusehen und die ersten selbstständigen Briefe an seine Eltern zu schreiben. Da sich seine Fertigkeit schnell herumspricht, dauert es nicht lange, bis ihn schreibunkundige Kameraden bitten, für sie Briefe zu schreiben, und weil er keine Bitte abschlägt, hat er ziemlich viel zu tun. Wenn er die Diktate umgesetzt und seine letzten Zeilen an die Eltern geschrieben hat, malt er sich aus, wie der Pfarrer Vater und Mutter die Post vorliest. In solchen Augenblicken hat er die Heimat genau vor Augen. Dann striegelt er wieder die geduldigen Pferde und bringt die Kühe von der Weide zum Melken in den Stall. Er schiebt den schweren Mist auf den Hof, hackt auf windigem Feld die Rüben und spürt die Wärme, wenn im Winter Mensch und Tier hinter eisblumenbeschlagenen Fenstern näher zusammenrücken. Er liebt die Erinnerung und hasst sie zugleich, weil er in solchen Momenten seine Einsamkeit schmerzlich spürt. Gewiss hat er als Soldat Städte gesehen, die er nie besucht hätte. Auch ist er auf Menschen getroffen, denen er sonst nie begegnet wäre. Aber es ist niemand darunter, mit dem er seine Erinnerungen teilen kann. Jeder ist in sich verschlossen. Nur wenn Basedow die Gedanken der Kameraden niederschreibt, merkt er, dass sie ebenso einsam sind wie er. Zunächst sagt keiner ein persönliches Wort, das über das Geschäftliche hinausgeht. Aber beim dritten oder vierten Diktat reden sie sich frei, und mit jedem Wort kommen sie einander näher. Durch das persönliche Gespräch erkennen sie, dass sie sich in einer Schicksalsgemeinschaft befinden, und jeder fühlt die von ihr ausgehende Kraft, die keiner mehr missen möchte.

Ende November wird Basedow zum Kapitän befohlen. Ohne seine Meldung zu beachten, erhebt sich der Offizier hinter seinem Schreibtisch und kommt mit zwei Schritten auf ihn zu. Wie immer spricht der Chef militärisch knapp, aber Basedow glaubt, diesmal den Hauch eines wohlwollenden Untertons zu hören:

»Stehe Er bequem! In der dritten Kompanie ist durch Abgabe eines Sergeanten an ein ehemals sächsisches Regiment Vakanz entstanden. Da sie über keinen geeigneten Nachfolger verfügt, habe ich Ihn zur Beförderung vorgeschlagen, denn Er ist im Wachtdienst bei Dresden unter persönlicher Gefahr sehr umsichtig gewesen. Seine Exzellenz Markgraf Karl war davon sehr angetan, weil die konfiszierten Briefe der preußischen Sache sehr geschadet hätten. Der Kommandeur hat meinen Vorschlag akzeptiert und die Promotion vor der Zeit accordiert. Ich gratuliere Ihm. Er weiß genau, dass Er den Sergeanten noch lange nicht verdient hat, wenn alles nach Ordnung ginge. Richte Er sich danach. Mache Er sich und dem Regiment in seiner neuen Verwendung weiterhin Ehre!«

Natürlich kennt Basedow die Regeln der Beförderung. Von den 109 möglichen Stellen sind 20 von vornherein für Junker reserviert, so dass auf 1.140 Mannschaften lediglich 89 Beförderungsmöglichkeiten entfallen. Um für eine freie Unteroffiziersstelle vom Kapitän dem Regimentskommandeur zusammen mit zwei anderen Kandidaten vorgeschlagen zu werden, muss er in Friedenszeiten mindestens vier Jahre gedient haben. Für den weiteren Schritt vom bürgerlichen Unteroffizier zum Offizier sind sogar zwölf Jahre und besondere Leistungen vor allem beim Exerzieren erforderlich. Dann würde er unter Auslassung des Fähnrichs gleich zum Secondeleutnant aufsteigen. Weitere Beförderungen wären dann allerdings so gut wie ausgeschlossen, es sei denn, dass der König ihn nach gewisser Zeit nobilitierte. Ausnahmen von dieser beschwerlichen Prozedur sind nur im Kriege als Belohnung für außerordentliche Leistung möglich.

Das alles wohl wissend, platzt Basedow innerlich vor Freude. Mit allem hatte er gerechnet, nur nicht mit einer solchen Botschaft. Knapp 20 Jahre alt und bereits preußischer Sergeant! Womöglich der Jüngste in der ganzen Armee? Beschwingt meldet er sich ab. Er hat dem Rat seines Vaters folgend stets sein Bestes in allen Situationen gegeben und ist dafür belohnt worden. Sein alter Herr würde zufrieden mit ihm sein.

Am nächsten Tag tritt er als frischer Unteroffizier die neue Stelle mit freudiger Erwartung an. Der Kapitän der dritten Kompanie ist ein kriegserfahrener Berliner mit jovialen Umgangsformen. Basedow erkennt schnell, dass er trotzdem auf Leistung schaut. Einsatz hatte er gezeigt, so dass er von ihm nichts zu befürchten hat, wenn er seine bisherige Linie beibehielt. Problematischer scheint ihm das Zusammentreffen mit dem neuen Zug. Um kumpelhafte Annäherung von vornherein zu unterbinden, wozu seine jungen Jahre verleiten könnten, würde er seinen Leuten von Beginn an klar machen müssen, wo die Glocken hingen. Dank seiner Erfahrung als einfacher Soldat und seiner Begabung im Umgang mit Menschen traut er sich das zu. Bereits die erste Begegnung zeigt ihm, dass er sich nicht überschätzt hat. Sein Ton und seine Art kommen bei den Männern gut an.

Mit jedem Tag wächst Basedow durch kritische Selbstbeobachtung mehr in seine neue Rolle hinein. Er straft selten, weil ständiges Nachfassen die Wirkung verbraucht, dann aber konsequent. Er achtet darauf, dass auch die Nichtbeteiligten den Tadel als gerecht empfinden. Loben tut er ebenfalls wenig und schließt, wenn er es tut, die vermeintlich selbstverständlichen Verrichtungen mit ein. Er ist für alle ansprechbar, aber er hält durch Sprache und Auftreten Distanz. Er achtet darauf, dass seine erste Fürsorge nicht ihm, sondern seinen Leuten gilt, und sie das bemerken. Er schikaniert nicht, sondern verlangt nur das für den Dienst Erforderliche. Er ermutigt die Schüchternen und bremst die Forschen. Bald weiß er jeden richtig zu nehmen. Alle gehorchen willig, so dass er seinen Stock nicht ein einziges Mal gebrauchen muss.

Im März wird der tägliche Trott durch einen Sondereinsatz unterbrochen. Das Regiment marschiert nach Dresden, um die sächsische Schlossgarde zu entwaffnen. Es heißt, dass der Hof auf Anstiftung der bei der Königin im Schlosse wohnenden Gräfin Brühl einen Lakaien gedungen habe, um den preußischen König mit einer Tasse Schokolade zu vergiften. Basedow kann den Wahrheitsgehalt nicht beurteilen, aber er sieht, dass die Schlossgarde desarmiert, der Bewegungsraum der Königin eingeschränkt und die Gräfin nach Warschau verbannt wird. Danach kehrt die Armee wieder in die tägliche Routine zurück. Die Arbeiten an den Festungsanlagen Dresdens werden fortgesetzt, und alles sieht so aus, als ob die Preußen sich auf Dauer einrichten wollten. Niemand scheint an Krieg zu denken.

Allerdings mehren sich die Gerüchte, dass Frankreich nunmehr zu einem offensiven Vorgehen gegen Preußen an der Seite Österreichs bereit sei. Außerdem treffen Nachrichten aus Pommern ein, wonach der Einmarsch Schwedens unmittelbar bevorstehe. Der Befehl, sich kurzfristig für einen neuen Feldzug bereitzuhalten, trifft das Regiment deshalb nicht überraschend. Es heißt, dass der König den Aktionen der Allianz mit einem Hauptschlag gegen die Österreicher in Böhmen zuvorkommen wolle und sein erstes Ziel die strategisch wichtigen feindlichen Magazine sein werden.

Tatsächlich geht der Marsch Mitte April in Richtung Süden. Die Husaren bilden die Avantgarde, wobei ihnen die Infanterie im Abstand von etwa einem Kilometer folgt. Die Kavallerie reitet an den Flanken, die Artillerie und der Tross befinden sich in der Mitte der Kolonne. Der König reist wie gewöhnlich in der Kutsche. Sollte es zu einer Schlacht kommen, wird er auf das Pferd steigen.

3. Im Feldlager

Gegen Abend ist der erste Lagerplatz erreicht, den der Generalquartiermeister unter dem Schutz einer Husarenbedeckung tags zuvor mit dem »Generalmajor des Tages« bestimmt hat. Die Fourier-Unteroffiziere der einzelnen Kompanien haben ihn abgesteckt. Feldflaggen zeigen die Grenzen der Regimenter und Bataillone an. Offiziere des Vorauskommandos halten sich als Einweiser bereit. Während die einrückenden Soldaten ihre Gewehre in die Gewehrkreuze einstellen, rammen die Gefreitenkorporale die eingerollten Fahnen in der Mitte ihres Bataillons in einer Linie in die Erde und die Offiziere ihre Spontons auf beiden Seiten daneben. Die Tamboure legen die Trommeln dazu. Basedow stellt sein Kurzgewehr wie alle Unteroffiziere zwischen die Gewehrpyramiden der Kompanie.

Anschließend machen sich die Soldaten daran, ihre Zelte senkrecht zur Front in Reihen nebeneinander zu errichten. Pro Kompanie wird eine Gasse von etwa 15 m gebildet, so dass jede Kompanie zwei Reihen zu elf Zelten hat. Das Material der rechtwinkligen Mannschaftszelte, die eine Firsthöhe von 1,83 m haben, besteht aus Segeltuch, wobei die Nähte auf der Außenseite mit blauen Leinenstreifen abgedeckt sind. Jeweils sieben Soldaten bilden eine Zeltgemeinschaft mit fest verteilten Aufgaben:

»Unter diesen sieben mußte immer einer Mannszucht halten, von den sechs übrigen ging einer auf Wache, einer mußte kochen, einer Proviant herbeiholen, einer ging nach Holz, einer nach Stroh. Alle zusammen bildeten eine Haushaltung, einen Tisch und ein Bett.«[60]

Die Mannschaften schlafen angezogen auf Stroh mit zwei Decken, eine darunter, eine darüber. Die Decken und das übrige Zeltgerät, jeweils ein Feldkessel, eine Wasserflasche, ein Beil, eine Schaufel und eine Hacke, haben sie von den Packpferden genommen.

Die Spitze jeder Reihe bildet das in Längsrichtung ausgerichtete etwas größere Zelt der Unteroffiziere, wo Basedow unterkommt. Am Ende der Gasse liegt das Zelt der Offiziere.

Zeitgenössische Darstellung eines Feldlagers (hier IR Nr. 3)
Die Zelte der Subalternoffiziere am Ende der Zeltreihen fehlen

Die Zelte der Unteroffiziere haben gerade Seitenwände, die der Offiziere eine ovale Form und dazu mehrere Räume für den Dienstbetrieb und die Nachtruhe.

Sobald das Lager aufgeschlagen ist, werden von der dritten Kompanie eines jeden Bataillons ein Leutnant mit vier Unteroffizieren und drei Mann zur Wasser-, Stroh- und Holzbeschaffung abgestellt. Die Außensicherung obliegt besonderen Feldwachen, die 300 m vor den Zelten in der Landschaft postiert sind. Dazu stellt jedes Bataillon zwei Offiziere, drei Unteroffiziere, einen Tambour und 39 Mann ab. Vor ihnen sichern Doppelposten in Hör- und Sichtabstand das Umfeld. Die Rückseite des Lagers ist weniger geschützt. Dort steht lediglich die 29-köpfige Brandwache des jeweiligen Regiments zur Überwachung der Feuerstellen, umgeben von einem Kreis von Einzelposten, die in erster Linie Desertionen verhindern sollen.

Der nächtliche Zuruf zur Unterscheidung von Freund und Feind setzt sich aus dem Feldgeschrei und der Parole zusammen. Im Ersten Schlesischen Krieg wurde für das Feldgeschrei häufig der Name eines hochrangigen Offiziers und als Parole der Name seiner Garnison gewählt. Weil Schlesien weithin stockkatholisch war, hatte sich Friedrich den Scherz erlaubt, im Feldgeschrei alle seine Generäle zu Heiligen zu machen. Dementsprechend waren für den 27. März 1741 »St. Glasenapp und Berlin« und für den 29. März »St. Wilhelm und Sagan« befohlen. Jetzt sind ein beliebiger männlicher Vorname und der Name irgendeiner Stadt üblich. Die Schlüsselworte erhalten die Regimentskommandeure täglich im Hauptquartier

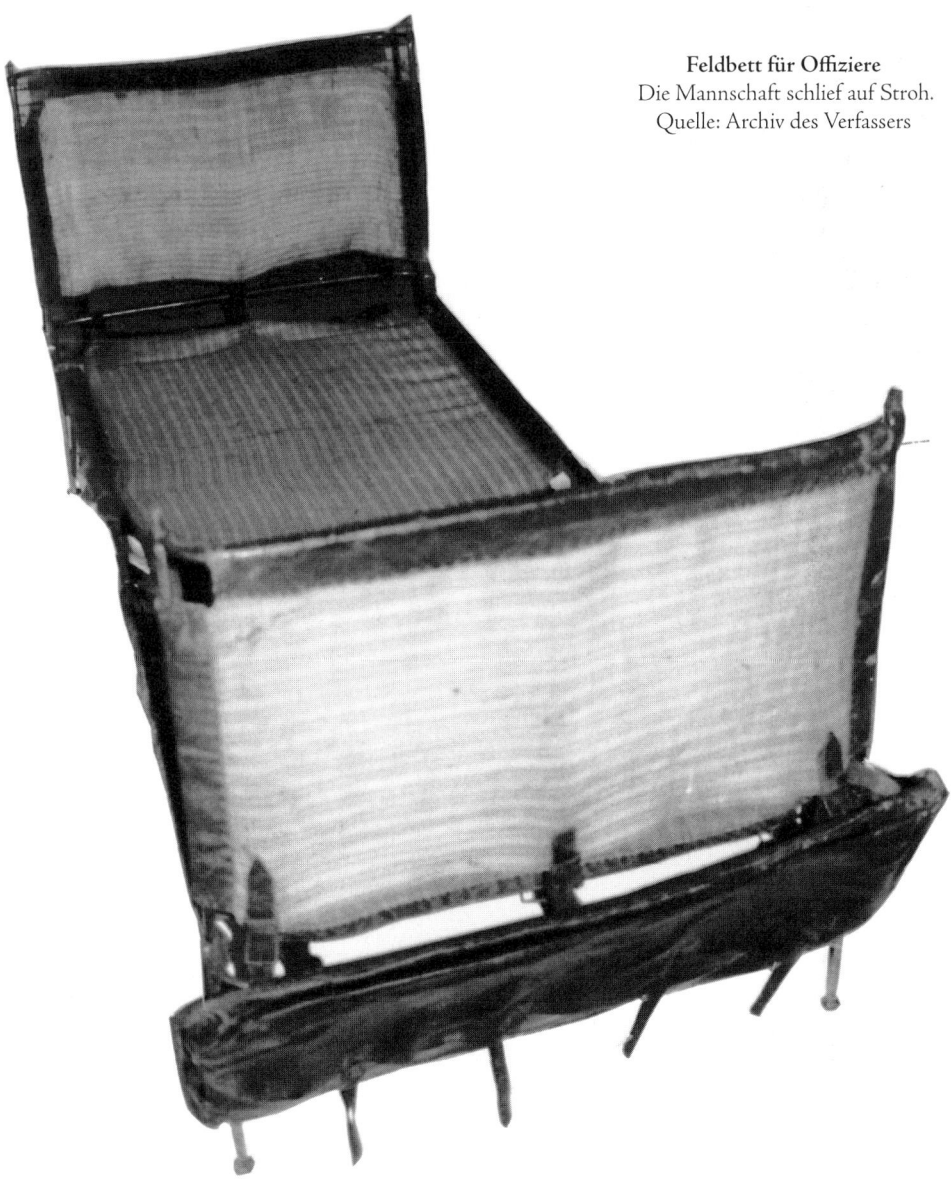

Feldbett für Offiziere
Die Mannschaft schlief auf Stroh.
Quelle: Archiv des Verfassers

in feierlicher Form durch den König persönlich. Im Falle einer Desertion ist der Befehlshaber des Lagers befugt, die Parole sofort zu ändern.

Für die Innensicherung stellt jedes Regiment einen Leutnant, zwei Unteroffiziere und 48 Soldaten ab. Im Alarmfall können neben der Generalwache, die den Proviant und die Kriegskasse kampfstark bewacht, weitere Soldaten unter Führung eines Hauptmanns sofort eingesetzt werden. Für die Lagerdisziplin sorgt der Stabsauditeur, der die Gewichte und Maße festlegt, die Marketender kontrolliert, die Liste der Arrestanten führt sowie die Gefangenen vernimmt und austauscht. Um sechs Uhr abends wird die Innensicherung bestimmt, um acht Uhr Zapfenstreich gegeben, wobei alle die Marketenderzelte verlassen müssen. Das Wecken erfolgt durch Trommelwirbel, sobald die Wache in der Morgendämmerung einen geschriebenen Zettel lesen kann. Die Mannschaft tritt alsdann zum Vollzähligkeitsappell an und wenn das Abrücken der ganzen Armee bevorsteht, feldmarschmäßig. Ansonsten marschieren nur die Wachablösungen ab, während die übrigen Soldaten für 15 Minuten den Morgengottesdienst halten. Danach haben alle, die nicht exerzieren müssen oder zum Arbeitseinsatz eingeteilt sind, dienstfrei bis zum Zapfenstreich.

Jede Kompanie verfügt über eigene Schuster, Schneider, Fleischer und Zimmerleute, die sich um die Belange ihrer Kameraden kümmern. Zehn bis zwölf Soldatenweiber waschen in den Kompanien die Wäsche, gehen den Soldaten bei der Verpflegung zur Hand oder verkaufen als Marketenderinnen Branntwein. Ein Unteroffizier, der »capitain d'armes«, kümmert sich um die Ausrüstung und Bewaffnung, der Fourier um die Verpflegung. Die Besorgungen der Offiziere erledigen neun Kompanieknechte.

»Wer gern Soldat war, dem mußte es damals recht wohl sein. Denn da (im Lager) ging's vollkommen wie in einer Stadt zu. Da gab's Marketender und Fleischschlächter zu Haufen. Den ganzen Tag, ganze lange Gassen durch, nichts als Sieden und Braten. Da konnte jeder haben, was er wollte, oder vielmehr was er zu bezahlen vermochte: Fleisch, Butter, Käse, Brot, aller Gattung, Baum- und Erdfrüchte. Die Wachen ausgenommen, mochte jeder machen was ihm beliebte: Kegeln, Spielen, in und außer dem Lager spazieren gehen. Nur wenige hockten müßig in ihren Zelten. Der eine beschäftigte sich mit Gewehrputzen, der andere mit Waschen, der dritte kochte, der vierte flickte Hosen, der fünfte Schuhe, der sechste schnitzte was von Holz und verkaufte es.«[61]

Bei Alarm legen die Soldaten die Zelte in weniger als zwei Minuten nieder. Nach spätestens 15 Minuten ist das ganze Lager abmarschbereit.

4. Feldverpflegung

Wie auf dem Marsch von Berlin nach Dresden braucht sich Basedow auch jetzt nicht um seine Verpflegung zu kümmern, denn sie wird ihm im Feld von der Armee gestellt. Pro Tag stehen ihm zwei Pfund Brot zu. Am dritten Tag ist sein Handvorrat verbraucht, so dass er einen neuen für weitere drei Tage empfängt. Bei größeren Märschen wird der Vorrat auf zwölf Tage ergänzt. Dann hat er für sechs Tage Brot bei sich, der Rest wird auf Proviantwagen mitgeführt. Mitunter wird auch Zwieback aus Weizen- und Roggenmehl ausgegeben, der ihm zum Essen zu hart ist, aber in Wasser oder Bier aufgeweicht gut schmeckt. Als willkom-

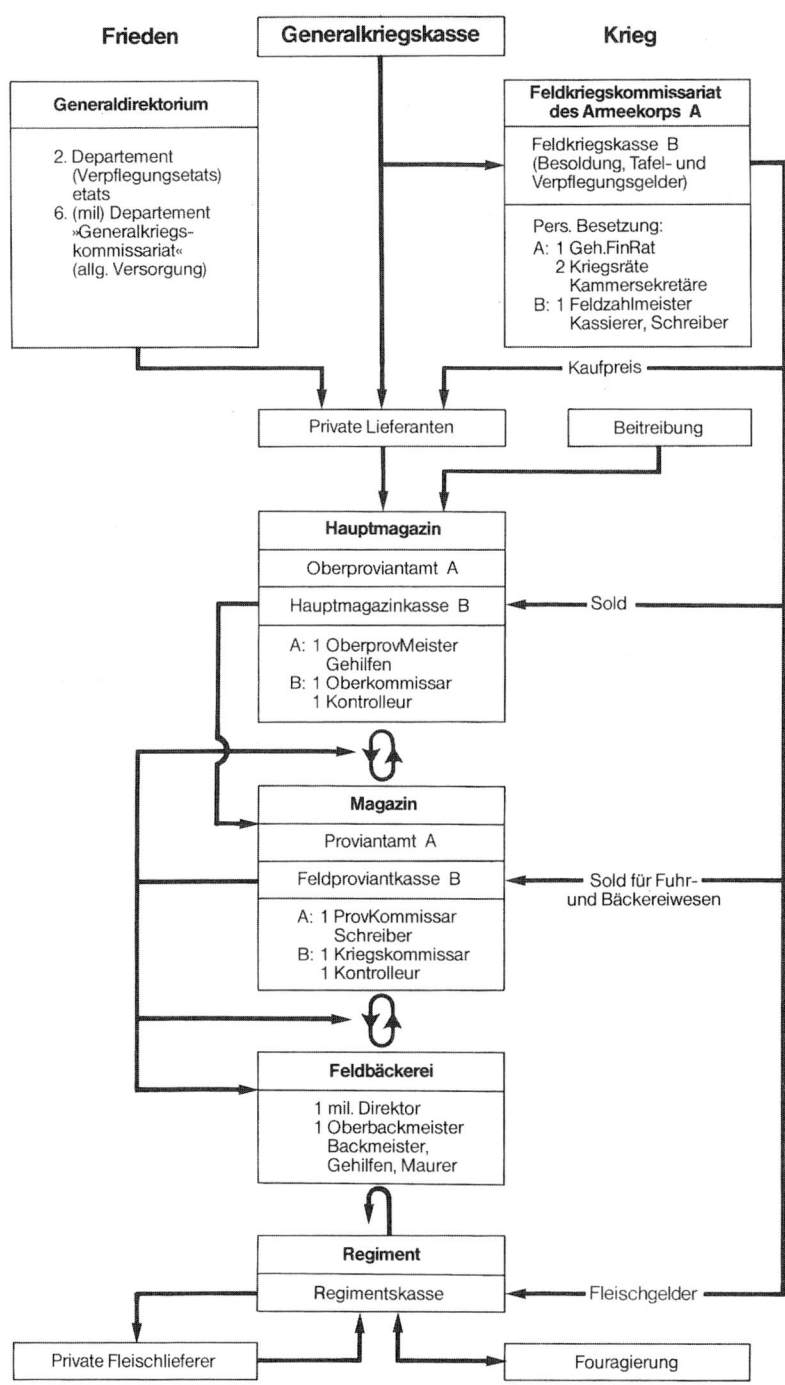

Frieden   **Generalkriegskasse**   **Krieg**

Generaldirektorium

2. Departement
   (Verpflegungsetats)
   etats
6. (mil) Departement
   »Generalkriegs-
   kommissariat«
   (allg. Versorgung)

**Feldkriegskommissariat
des Armeekorps A**

Feldkriegskasse B
(Besoldung, Tafel- und
Verpflegungsgelder)

Pers. Besetzung:
A: 1 Geh.FinRat
   2 Kriegsräte
   Kammersekretäre
B: 1 Feldzahlmeister
   Kassierer, Schreiber

Kaufpreis

Private Lieferanten   Beitreibung

Hauptmagazin

Oberproviantamt A

Hauptmagazinkasse B ◄——— Sold

A: 1 OberprovMeister
   Gehilfen
B: 1 Oberkommissar
   1 Kontrolleur

Magazin

Proviantamt A

Feldproviantkasse B ◄——— Sold für Fuhr-
                          und Bäckereiwesen

A: 1 ProvKommissar
   Schreiber
B: 1 Kriegskommissar
   1 Kontrolleur

Feldbäckerei

1 mil. Direktor
1 Oberbackmeister
Backmeister,
Gehilfen, Maurer

Regiment

Regimentskasse ◄——— Fleischgelder

Private Fleischlieferer   Fouragierung

Schematische Darstellung des Verpflegungswesens

mene Abwechslung gibt es gelegentlich auch Reis statt Brot. Die von Sir Walter Raleigh im 16. Jahrhundert aus Amerika eingeführte Kartoffel ist noch nicht so bekannt, dass sie zur Massenernährung in Frage gekommen wäre. Sie wird zwar schon 1651 im Berliner Lustgarten angebaut, beginnt aber erst um 1770 allgemeines Volksnahrungsmittel zu werden.

Das Brot wird in Feldbäckereien gebacken, die in nahe gelegenen Dörfern stationiert sind und von einem Kapitän befehligt werden. Den Backbetrieb leitet ein Oberbackmeister. Unter seiner Aufsicht stehen mehrere Backmeister, Bäcker und Backknechte, wobei auf ein Bataillon Infanterie fünf Knechte kommen. Die mit 24-stündiger Ablösung arbeitenden Bäcker beziehen außer Brot ein monatliches Traktament von 6 Talern, also dreimal so viel wie ein Musketier. Da sie außerdem einen ausgeprägten Zunftgeist besitzen und auf ihre Unentbehrlichkeit pochen, sind sie schwer zu führen. Waffen haben sie nur zum Selbstschutz. Gebacken wird in zerlegbaren eisernen Öfen, wobei ein Ofen auf 1.000 Mann berechnet ist. Der Ofen, der aus acht Eisenringen besteht und etwa 23 Zentner wiegt, kann in sechs Stunden aufgebaut sein. Er liefert in 24 Stunden 750 Portionen oder 1.250 Brote. Sein Transport erfordert einen sechsspännigen Backofen- und einen sechsspännigen Requisitenwagen.

Den Transport des Mehls von den Magazinen zu den Feldbäckereien übernimmt das Proviantfuhrwesen. Eine Fuhrkolonne setzt sich in der Regel aus 50 vierspännigen Wagen zusammen. Jeder Wagen fasst drei Mehlfässer zu sechs Berliner Scheffeln, was 1.800 Pfund Brot entspricht. Eine Kolonne deckt somit den Bedarf von 15.000 Mann für drei oder von 5.000 Mann für neun Tage. Nach diesem Maßstab erfolgt die Zuteilung der Kolonnen zu den einzelnen Armeen und Korps. Dementsprechend gehören zu Basedows Korps acht Mehlwagenkolonnen zu 50 Wagen. 1761 wird der Fuhrpark der 145.000 Mann starken preußischen Armee 1.754 Wagen, 2.161 dienstverpflichtete Fuhrknechte und 7.879 Pferde umfassen. In geringerer Zahl kommen auch Ochsengespanne zum Einsatz. Basedow hält das für eine gute Idee, zumal Ochsen stärkere Kräfte auf morastigem Grund entwickeln und leichter zu füttern sind, weil sie kein Getreide benötigen. Im Notfall kann man die Tiere sogar schlachten und mit dem Fleisch die Soldaten versorgen.

Daneben gibt es ein schweres Fuhrwesen mit großen Frachtwagen, die mit je sechs Hengsten bespannt sind und von Frachtfuhrleuten gefahren werden. Es ist aber wenig zahlreich und dient wegen seiner Schwerfälligkeit vorrangig zum Transport des Getreides zwischen den Magazinen oder zum Geldtransport.

Die Planen und Gestelle der Fahrzeuge sind nach Zugehörigkeit gestrichen: Proviantwesen rot, Feldbäckerei rot oder weiß, Artillerie blau. Innerhalb der Kolonnen sind die Fahrzeuge auf Schildern durchnummeriert. Der dazugehörige Knecht führt dieselbe Nummer am Hut.

Die Lieferung des Brotes an die Soldaten übernehmen die Transportdienste der Regimenter. Sie wird im 5-Tage-Rhythmus abgewickelt (zwei Tage Hinfahrt, zwei Tage Rückweg, ein Ruhetag). Je länger die Entfernungen sind, desto mehr Regimentswagen müssen eingesetzt werden, um das Verpflegungssoll »am Mann« sicherzustellen: 100 Wagen für 25 Kilometer oder 400 Wagen für 100 bis 120 km.

Neben der Brotration bezieht Basedow zweimal in der Woche ein halbes Pfund Fleisch. Die Fleischrationen werden aus Schlachtvieh gedeckt, das die Regimenter mit den etatmäßigen Fleischgeldern von Bauern oder Händlern kaufen, die das Vieh hinter der Truppe hertreiben. Über die Verarbeitung des Schlachtviehs berichtet Carstedt:

»Bey jedem Bataillon befinden sich unter den Soldaten ein paar Schlachter, die geben die Zunge an den Commandeur, und bekommen Haut und den Talg für das Schlachten. Die Häute werden sie an den handelnden Juden bald los, aber den Talg nicht so leicht. Die Caldaunen werden im Lager gar nicht geachtet. Sie bleiben auf der Erde liegen oder werden eingescharrt, damit sie keinen Stank verursachen.«[62]

Das erforderliche Frischgemüse kaufen sich die Soldaten an Ort und Stelle oder stehlen es den Bauern von den Feldern.

5. Die Schlacht in der Theorie

Am 5. Mai hat das Korps des Königs nach mehreren Etappen die Höhen von Prosek nördlich des Roketnitzer Baches erreicht, um sich mit Schwerins Schlesischem Korps zu verbinden. Eine fast unerträgliche Spannung liegt über dem Lager. Jeder ist sich bewusst, dass es jetzt ernst wird. Alle rechnen damit, dass der König noch am selben Abend seine Generale in das Hauptquartier rufen wird, um sie über den Schlachtplan zu unterrichten. Diese würden anschließend ihren Offizieren den Aufmarschplan in einem Tableau zustellen, so dass jeder weiß, wo er stehen wird und wer seine Flankendeckung übernimmt. Die Kommandeure werden dafür sorgen, dass jeder Soldat 60 Schuss Munition am Mann hat und die Zugführer den Zustand der Gewehre überprüfen.

Bis Pirna war Basedow im Grunde nur marschiert und den Kämpfen hinterhergelaufen. Nun wird er zum ersten Mal direkt an einer Schlacht beteiligt sein. Nervosität kommt in ihm auf. Aus den Übungen ist er mit dem Ablauf und seinen Aufgaben vertraut. Auch kennt er seine Leute. Er weiß, auf wen er besonders achten muss und auf wessen Stärke er bauen kann. Aber wie werden er und sie reagieren, wenn sie unter Feuer stehen? Wird er sich durchsetzen und gegen Weichlinge im äußersten Fall tatsächlich sein Kurzgewehr einsetzen, wozu ihn das Reglement ausdrücklich ermächtigt? Und wie hält man gleich eine ganze Meute von Kopflosen auf? Werden seine Männer die Kommandos in Lärm und Qualm überhaupt wahrnehmen? Um ganz sicherzugehen, spielt er in Gedanken durch, was sich am nächsten Morgen ereignen wird.

Die Armee wird aus dem Anmarsch heraus in wenigen Stunden Aufstellung nehmen, wobei das erste Treffen etwa 800 m Distanz zum Feind halten wird. Damit befindet es sich gerade noch außerhalb des gegnerischen Artilleriefeuers. Um einen eventuellen Durchbruch des relativ dünnen ersten Treffens, das sich bis zu vier Kilometern hinstrecken kann, abzuriegeln, wird in Gewehrschussweite vom ersten ein zweites Treffen formiert sein, das außerdem den Ersatz für die im ersten Treffen gefallenen Soldaten stellen und Auffanglinie für zurückflutende Soldaten sein wird. Zur Abwehr von Kavallerieeinfällen werden bis zu zwei Bataillone den Zwischenraum der beiden Treffen an den Flanken sichern. Bei genügender Stärke ist sogar noch mit einem dritten Treffen zu rechnen.

Das Vorrücken wird im langsamen Schritt geschehen, denn die Linie darf zum Schutz vor überraschenden Flankenstößen des Gegners unter keinen Umständen aufgegeben werden. Die Soldaten werden mit klingendem Spiel, fliegenden Fahnen und scharf geschultertem

Gewehr marschieren und langsam, aber beständig in Bewegung sein. Die Bajonette sind seit 1742 in allen drei Gliedern aufgepflanzt.

Auf die Kommandos des Zugführers vom 1. Zug »Schlagt an!« wird das erste Glied niederknien, das zweite tritt, wie auf dem Exerzierplatz eingeübt, einen halben und das dritte einen ganzen Schritt nach rechts, so dass jeder Soldat auf Lücke stehend Schussfeld hat. Auf das Kommando »Feuer!« wird der 1. Zug seine Salve abgeben. Der nächste wird der 8. Zug sein, gefolgt vom 2. und 7. Anschließend schießen der 4. und 5. Zug, bevor das Feuer wieder nach außen auf die Flügel läuft. Alles wird sich in atemberaubender Geschwindigkeit vollziehen, wobei sich das oft bis an die Grenze des Erträglichen gehende Exerzieren im Frieden voll auszahlen wird. Wenn der Führer des 3. Zuges »Feuer!« befiehlt, wird 1, 8, 2 und 7 bereits geschossen, 1 und 8 schon wieder geladen haben und 2 und 7 gerade im Begriff sein, dies zu tun. Die Salven werden förmlich ineinander verschmelzen, so dass man den Eindruck eines Dauerfeuers haben wird.

Basedow rechnet nicht damit, dass das exerziermäßige Schießen durchgehalten werden kann. Er geht vielmehr davon aus, dass die Ordnung im Lärm und Pulverdampf auf stoppligem oder steilem Boden schon bald verloren geht. Unter dem Eindruck neben sich fallender Kameraden und ständigen Feuers wird jeder schnell seinen eigenen Regeln folgen und nach dem Gesetz des nackten Überlebens Kugeln verschießen, was das Zeug hält. Bei Beginn des Angriffs werden es nach der eingeübten Routine noch drei bis vier Schuss pro Minute sein, später weniger. Zur blutigen Metzelei Mann gegen Mann wird es jedoch nicht kommen, weil die moralische Wirkung der intakt gebliebenen Linie erfahrungsgemäß ausreicht, um den Feind zur Aufgabe zu bewegen.

Welches Kriegsgeschrei die Soldaten dabei anstimmen werden, überlässt er seinen Männern. Er wird ihnen nach dem Reglement nur starkes Gebrüll befehlen. In der Schlacht bei Lobositz hatten sich die Preußen mit einem kräftigen »Hudri, Hudri!« Mut gemacht. Das bekannte »Hurra!« wird in der preußischen Armee erst 1815 offiziell werden.

Bei jedem Bataillon werden zwei leichte, drei- bzw. sechspfündige Geschütze mit einem Kaliber von 7,5 und 10 cm den Angriff unterstützen. Die acht Mann starke Bedienung besteht bis auf wenige Spezialisten aus abkommandierten Soldaten des Bataillons. Die Geschütze, die am rechten Flügel des zur Schlacht formierten Bataillons stehen, werden während des Angriffs im Mannschaftszug bewegt. Der begrenzte Wirkungsbereich und die Gefahr der Exponierung verlangen eine enge Bindung an das Bataillon. Verschossen werden mit einer durch Lunte gezündeten Treibladung Vollkugeln oder Kartätschenmunition. Letztere besteht aus einem Leinensack, der 24 bis 72 Flintenkugeln als Submunition enthält. Sie eignet sich am besten zur Abwehr von Kavallerieattacken, verlangt aber zur vollen Wirkung kürzeste Distanz. Dafür muss die Geschützbedienung gut ausgebildet und eiskalt sein. Nur wenige sind robust genug, um ein im vollen Galopp heranpreschendes Kavallerieregiment bis auf 80 m an sich herankommen zu lassen. Um die Artillerie braucht sich Basedow nicht zu kümmern. Es ist Sache der Offiziere, den Geschützführern bei Bedarf zusätzliche Leute für den Stellungswechsel zur Verfügung zu stellen.

Da auf beiden Seiten die für einen sich hinziehenden Kampf erforderlichen größeren Reserven fehlen, geht Basedow davon aus, dass nach spätestens fünf Stunden Sieg oder Niederlage feststehen wird. Dabei setzt er auf eine hoffentlich starke Unterstützung durch die schwere Artillerie. Möglicherweise wird es einige taktische Bewegungen geben, denn ein geübter Feldherr kann selbst bei der starren Lineartaktik durch Finten, Versagen eines Flügels, Angriff aus dem Aufmarsch heraus oder plötzliche Unterbrechung der Angriffsbewegung einige Vorteile herausarbeiten. Da die preußischen Truppen in allen bisherigen Schlachten zahlenmäßig unterlegen waren, ist jederzeit mit dem Übergang zum Schrägangriff zu rechnen. Er ist die erfolgversprechendste Variante, um sich gegen einen überlegenen Feind zu behaupten. Bei Kolin hatte der König die von den Griechen erfundene Taktik bereits versucht. Weil hierzu der Gegner überflügelt werden muss und dieser bei rechtzeitigem Erkennen seine Front verlängert, kommt es auf hohe Geschwindigkeit an. In diesem Falle würde Basedow besonders auf seine Leute achten müssen.

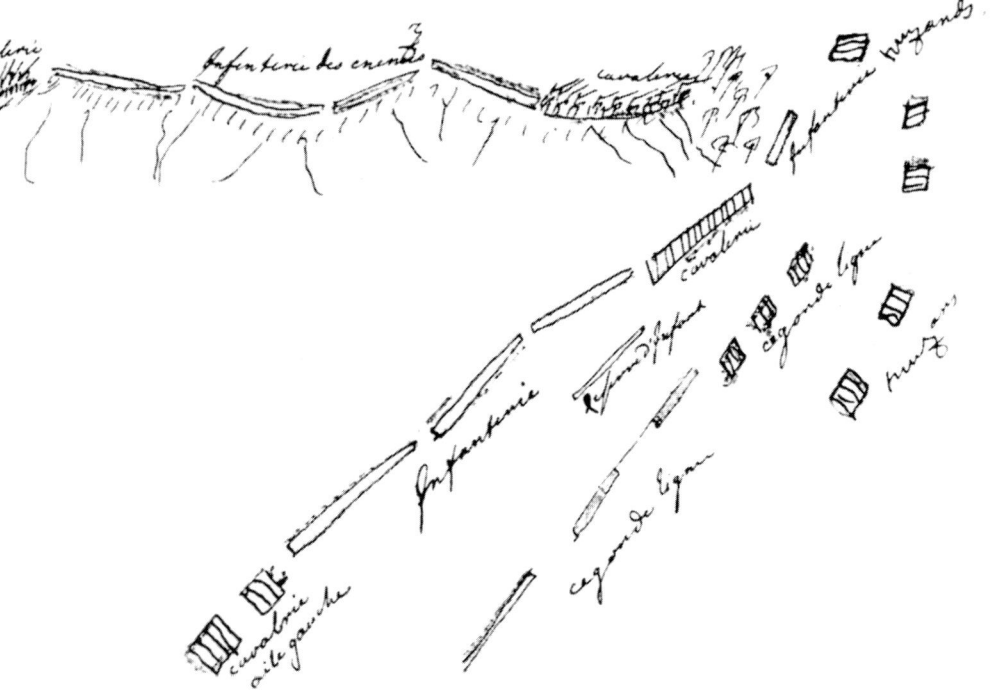

Eigenhändiger Entwurf des Königs zur schiefen Schlachtordnung
als Erläuterung für seine Generale
Quelle: GSTA PK Berlin

6. Die Schlacht in der Praxis: Prag, 6. Mai 1757

Als am nächsten Morgen die Vereinigung mit Schwerin erfolgt, befindet sich die unter dem Kommando des Generalwagenmeisters stehende Bagage in der Reihenfolge, wie die Regimenter für die Schlacht vorgesehen sind, bereits auf dem Marsch zu dem ihr vorbestimmten Platz in Gbell. Strengste Vorschriften, die den sofortigen Schusswaffengebrauch erlauben, halten die Kolonnen zusammen. Eine harte Hand ist erforderlich, weil den Knechten als Nichtkombattanten jede soldatische Disziplin abgeht und unvorstellbare Mengen an Wagen und Material bewegt werden müssen. Allein der Tross von Basedows Regiment umfasst an Fuhrwerken:

  1 Stabswagen
  10 Brotwagen (einer je Kompanie)
  10 Rüstwagen (einer je Kompanie)
  10 Kapitänswagen (einer je Kompanie)

an Pferden:

  4 Zugpferde für den Stabswagen
  120 Zugpferde für die Kompaniewagen
  70 Packpferde für die Zelte etc. der Kompanien
  30 Packpferde der Subalternoffiziere
  16 Packpferde der Majore
  8 Packpferde der Oberstleutnante
  66 Reitpferde der Offiziere, sofern nicht in der Schlacht benutzt
  2 Packpferde für die Wach- und Brandzelte
  2 Pferde für den Regimentsquartiermeister
  2 Pferde für den Auditeur und Prediger

Bereits am Vortag hatte der König die Position der Österreicher, die auf den Höhen südlich des Roketnitzer Baches zwischen dem Ziskaberg und dem Taborberg »wie auf den Zinnen des Tempels von Jerusalem« stehen, erkundet und schnell bemerkt, dass sie nicht durch einen Frontalangriff zu nehmen ist. Deshalb entschließt er sich, die Stellung in Richtung auf Maleschitz zu umgehen und von der rechten Flanke her aufzurollen. Denn dort hat der Feind im Vertrauen auf das sumpfige Gelände lediglich sieben Kavallerieregimenter postiert.

Als der preußische Angriff beginnt, stößt er auf heftigen Widerstand, denn Karl von Lothringen hatte als Reaktion auf Friedrichs Manöver eiligst Kräfte vom linken Flügel abgezogen und damit in letzter Minute rechtwinklig zur ursprünglichen Stellung eine neue Front in Richtung Süden aufgebaut. Während Zieten bei der Kavallerie nach Schönaichs vergeblichen Attacken durch schnelles Eingreifen das Schlimmste gerade noch verhütet, herrscht bei der Infanterie das blanke Chaos. Weil die schweren Geschütze in dem sumpfigen Gelände vor Poczernitz stecken geblieben sind, fehlt dem von Winterfeld und Fouqué angeführten linken Flügel die notwendige Artillerieunterstützung. Winterfeld wird am Hals getroffen und fällt verletzt aus. An anderer Stelle muss die preußische Armee einen noch folgenschwereren Verlust hinnehmen. Dort wird Feldmarschall Schwerin durch mehrere Kugeln vom Pferd geschossen, nachdem er sich mit der dem Freikorporal Woicknitz entrissenen Fahne vor sein wankendes Regiment gesetzt hatte. Die Nachricht verbreitet sich in Windeseile. Jeder kennt den General, der seine Soldaten human behandelte und sich trotz seiner 73 Jahre auch heute wieder mutig an ihre Spitze gestellt hatte, um sie durch sein Vorbild von vorn zu führen. Bereits der Soldatenkönig hatte die Befähigung des außergewöhnlichen Mannes bemerkt und ihn wohlwollend den »kleinen Marlborough« genannt. Erst recht schätzte Friedrich den General, dessen Führungsstil ihm ungeachtet der gelegentlichen Spannungen und des fatalen Rats bei Mollwitz weit näher lag als die psychologisch stumpfe Vorgehensweise des Alten Dessauers. Der Berliner Kupferstecher Chodowiecki, der das Andenken des hoch geachteten Feldmarschalls mit einem möglichst authentischen Gemälde ehren wollte, hat später einen Augenzeugen detailliert zu den Todesumständen befragt. Die Antworten des Obersten Freiherr von Egloffstein sind so präzise, dass sie beim Leser heute noch den Eindruck unmittelbaren Miterlebens wecken:

1. War Schwerin zu Pferde oder zu Fuße?	1. Zu Pferde
2. War das Pferd Engländer oder Mecklenburger?	2. Ein kleiner brauner Pohle mit langem Schwantze. Ein Engländer vom Könige wurde, da wir anhoben, mit einer Kanonen-Kugel getroffen.
3. War an der Chabraque, Sattel, Zaum etwas besonderes zu bemerken? Und wie war es?	3. Blauer Sattel und blaue Schabracke mit einer goldenen Tresse ohne Haken, deutsche krumme Kandarren, blaue Buckeln, unbeschlagen übrigens.
4. Hatte der General Mundirung Überrock oder Mantel und das Ordenband über oder unter dem Rocke?	4. Ein blauer Überrock über die Mondierung, das Band auf dem Rock, Stern auf dem Oberrock, dieser halb offen.
5. Hatte er in dem Augenblick des Fallens die Fahne oder den Degen in der Hand?	5. Die Fahne in der rechten Hand, die linke Schulter folgend etwas rückwärts gedreht.
6. War es die Leibfahne seines Regiments? Welche Colleur und Dessain?	6. Die Fahne nahm er dem Junker Woicknitz beim ersten Bataillon ab, sie war grün, wie sie das Regiment noch hat. Fiel seitwärts links. Das Pferd lief weg und wurde erst den anderen Morgen wieder gebracht.
7. Welche Stellung in dem Augenblick des tödlichen Schusses? Fiel er rechts oder links, vorwerts oder rückwerts, blieb das Pferd unbeschädigt stehen, oder lief es weg? Fiel die Fahne auf, unter oder neben ihm?	7. Die Fahne fiel rechts, der Körper wie gesagt links.
8. Fiel der Hut weit weg?	8. Hut lag hinterwärts. 1 ½ Fuß ohngefähr von ihm.
9. Wer war zugegen, den man mit in die Gruppe bringen könnte, Adjutanten, Reitknechte, Jäger? Ordonannz-Officier? Wer stieg ab, wer war zu Pferde?	9. Platen war todt, ich verschickt; ihn aufgenommen haben ein Unter-Officier vom Regiment und sein Reitknecht, Ordonannz-Officier hat er weggeschickt, und es war niemand bey ihm, als noch sein Laufer.
10. War das Bataillon, so er anführte, weit oder dicht hinter ihm?	10. Das Bataillon war dicht hinter ihm und reterirte noch nicht.

11. Hatte er in und kurtz nach dem Falle noch Zeichen des Lebens und welche noch ohngefähr dieselben?

11. Kein Zeichen, denn die 5 Kartätsch-Kugeln trafen zu richtig.

12. Fielen neben ihm mehrere Officier und Gemeine so man mit in die Grouppe bringen könnte?

12. In dieser Gegend waren viele aber kein recht merkwürdiger Todter. Platen war neben ihm blessirt und schon hinter dem Bataillon.

13. Wo war der Schuß, der seinen Tod bewürkte, und könnte man denselben in einer Zeichnung mit Beybehaltung der Wahrheit und des Schönen wohl sichtbar anbringen?

13. 3 Kartätschen waren in dem Gürtel, 1 bey der Binde an der Gurgel, eine neben und unterwärts dem Sterne vom Orden.

14. War das Gesicht mit Schweiß oder Blut überlaufen?

14. Am Gesicht kein Blut, aber die Zeichen von Schweiß.

15. Was hatte der Orth bis auf etliche 30 Schritte zur rechten und zur linken remarquables so sich in der Zeichnung mit anbringen ließe? Ging es bergan? War es Acker oder Wiesen? Eben oder höckerigt?

15. Es war Acker schmalbeetig trocken, hinten Wiesen und nichts näheres als ein Vorwerk auf 200 Schritte wohin er aber gebracht ward, es war eine Anhöhe vor uns die aber nicht beträchtlich, und nichts deckte.

16. Konnte man von da in der Entfernung die Türme von Prag sehen?

16. Sehr wohl.

17. Konnte man von da die feindliche Linie und Geschütze sehen?

17. Ich sahe die lichtblauen Aufschläge von Baden-Baden so vor uns war.

18. War der Himmel heiter und welche Stunde des Tages ohngefehr?

18. Gegen 11 Uhr Morgends heiter Himmel und heiß Wetter.

19. Wie weit war wohl ohngefehr die feindliche Linie und Geschütz von ihm?

19. Höchstens 350 Schritt, doch ich glaube kaum 300.

20. Waren es Keyserliche Grenadier oder Musquetier oder Ungarische Infanterie? Auf die er mit dem Bataillon traf?

20. Wir trafen eigentlich auf Infanterie, Grenadier standen auf dem Hügel nahe an.

21. War das Bataillon in dem Augenblicke des Fallens bereits im Feuer oder annoch in avanciren?

21. Im Avanciren, denn er stopfte das Feuer um Vorzugehen.

22. Würde endlich überhaupt der Künstler größere Rührung bei dem Anschauer erwecken, wenn er nicht den Augenblick des Fallens, sondern den Zeitpunkt wehlte, da bereits einige Burschen und seine Bedienung um ihm waren, um ihn zurückzuschaffen? Und welches sind die überwiegenden Uhrsachen zu dieser Grouppe, welches sind sodan die Personen, Handpferde und mehre blessirte und Todte?

22. Der General von Winterfeldt war vorher schon blessirt und lag noch draußen am Vorwerk als der Körper hinkam. Fouquet wurde gleich nachher blessirt. Ich dachte das Fallen, denn was nachher geschah läst sich nicht gut aufs Papier bringen.

23. *Wenn endlich der ganze Vorfall des Todes mehr im retiriren als im avanciren Seines Regiments gewesen, welches wären sodann wohl die besten Umstände, und man bittet diese genau und etwas mahlerisch zu beschreiben.*

23. War im avanciren noch alles siegend, die Cavallerie bey der ich war, schlug den Feind, noch keine Confusion weder allda noch in der Infanterie. Unser Geschütz spielte soviel als da war, und kein kleine Gewehrfeuer als an einigen Orten in unserer Linie so aber zunahm da er es bey seinem Regiment stopfte und à l'arme blanche wollte.

24. *Wo ist ein recht treffendes Gemählde von dem Feld Marchal anzutreffen?*
Welches nicht lange vor seinem Tode gemahlet worden?
Wonach der Zeichner seine Züge coupiren könnte und welches sind die Mittel um solches zu diesem Behuf auf einige Zeit zu bekommen?

24. Ich habe ihn selbst zweymahl, aber beyde zu jung, in Schwerinsburg oder auch beym Regiment muss er sein. Der Kriegs-Raht Heinrici hatte ihn in Glogau sehr Gut; ich kann nicht erfahren wo es hin-gekommen. Sobald ich etwas ausforsche, will ich mit der Nachricht dienen.[63]

Musketierpeleton auf Lücke stehend und feuerbereit
Quelle: Zeichnung von Adolf Menzel

Generalfeldmarschall Curt Christoph von Schwerin
Der Künstler zeigt ihn abgesessen. Bei Prag war Schwerin beritten.
Quelle: Zeichnung von Adolf Menzel

Während am südlichen Flügel nicht zuletzt wegen des Todes des Feldmarschalls die Konfusion ihren Höhepunkt erreicht, bleibt es im mittleren Abschnitt, wo Basedow im zweiten Treffen steht, zunächst relativ ruhig. Erst als das Regiment 31 zurückweicht und die Reihen durcheinander zu bringen droht, wird es auch hier brenzlig. Wenn seine Leute doch nur stehen bleiben und sich nicht mitreißen lassen! Das Kurzgewehr fest im rechten Arm, brüllt er im Lärm des Gefechts seinen Männern zu, die Reihen ja geschlossen zu halten und nicht einen Schritt zurückzugehen. Schon sieht er, dass sich einer von ihnen mit flackernden Augen umblickt. Die Absicht ist klar. Noch bevor der Musketier etwas unternehmen kann, drückt ihm Basedow das Kurzgewehr in den Rücken und zischt ihn unmissverständlich an: »Wenn du deine Kameraden im Stich lässt, steche ich dich von hinten nieder!« Einem anderen Bleichgesicht ruft er ermunternd zu: »Gerhard, deine Kugel ist heute noch nicht dabei. Sie muss erst noch gegossen werden!« Der Mann schaut kurz zu ihm herüber. Ein unsicheres Lächeln huscht über sein angespanntes Gesicht, aber er steht wieder fest.

In dem Augenblick, wo das Chaos auch Basedows Regiment fortzureißen droht, greift der König von höherer Warte energisch ein. Er hat erkannt, dass bei den Österreichern zwischen dem letzten stehen gebliebenen Bataillon des alten rechten Flügels und den ersten Einheiten der rechtwinklig daran angeschlossenen neuen Linie durch Überdehnung eine Lücke entstanden ist. Ohne zu zögern wirft er dort alles an Soldaten hinein, was ihm noch zur Verfügung steht. Gleichzeitig vollzieht Basedows Regiment mit dem Regiment Nr. 30 einen Schwenk nach links, um den Einbruch zu decken. Zwischen seinen Leuten hindurch kann er die Österreicher erkennen, die wegen der zu großen Entfernung nur vereinzelte Schüsse

Kurzgewehr für Unteroffiziere der Musketiere und Füsiliere
Das Modell wurde 1756 schrittweise durch ein neues ersetzt.
Quelle: MGM Rastatt

abgegeben. Auch von ihrer Artillerie geht keine große Gefahr aus. Sie steht am Taborberg und auf der Höhe von Sterbohol zu weit ab. Basedows Bataillon hat deshalb kaum Verluste, während die Regimenter 24, 31, 33 und 37 die Hälfte ihrer Kräfte einbüßen.

Erst als sich die Österreicher fluchtartig aus Prag zurückziehen und die Ordnung einigermaßen wiederhergestellt ist, sieht Basedow mit großem Staunen das Blut auf seiner Stiefelette. Beim Linksschwenk hatte er einen kurzen Schlag am rechten Bein wahrgenommen, ohne ihm Beachtung zu schenken. Da er keinen Schmerz verspürte und die Hektik des Geschehens seine volle Konzentration erforderte, war er hinter seinen Leuten hin und her gelaufen, um sie bei der Stange zu halten. Jetzt reißt er die Gamasche herunter und entdeckt das Einschussloch, kann aber keine Austrittsöffnung finden. Die Kugel muss am Knochen hängen geblieben sein. Und nun, wo er sich herunterbeugt, kommt auch der Schmerz. Er trifft ihn so heftig, dass er sich auf sein Kurzgewehr abstützen muss. Von den Feldscheren darf er in diesem Augenblick noch keine Hilfe erwarten. Sie hatten an bestimmten Sammelpunkten tatenlos dem Kampf zugesehen, denn das Reglement verbot ihren Einsatz während der Schlacht. Jetzt müssen sie sich zunächst um die Schwerverletzten kümmern. Von den leichter Verwundeten wie Basedow wird erwartet, dass sie sich aus eigener Kraft zu den Sammelplätzen begeben. Unter großen Schmerzen humpelt er los.

Über den Verbandsplatz gelangt Basedow mit dem letzten Transport, der von den ermüdeten Feldscheren begleitet wird, in das Margaretenkloster, wo die Armee das Hauptlazarett errichtet hat.

7. Im Lazarett

In den preußischen Provinzen des 18. Jahrhunderts ist der Ärztestand wie überall in Europa zweigeteilt. Die internistische Behandlung liegt in der Hand akademisch gebildeter Ärzte, der »Medici«. Chirurgische Eingriffe nehmen Personen vor, die sich zwar »Wundärzte« nennen, aber nicht zum akademisch ausgebildeten Ärztestand gehören.

Unter den Laien verfügen insbesondere die Scharfrichter über gute anatomische Kenntnisse und Erfahrungen in der Behandlung offener Wunden. In Inquisitionsprozessen kann nur verurteilt werden, wer sich entweder selbst zu seiner Tat bekennt oder durch zwei Zeugen überführt ist. Da diese selten zur Hand sind, fällt dem Scharfrichter die Aufgabe zu, dem Angeklagten durch Anwendung der Folter das notwendige Geständnis abzuringen. Weil die Tortur gerichtliches Beweismittel und nicht Strafe ist, muss er sie sorgfältig dosieren und den Gequälten anschließend wieder gesund pflegen. Daraus gewinnt er einen Schatz an anatomischen und chirurgischen Erfahrungen, die in dieser Ausprägung bei anderen Berufsgruppen kaum vorhanden sind. Für die Basedows in Stücken und die Potsdamer Bürger ist es deshalb das Selbstverständlichste der Welt, dass der örtliche Scharfrichter nicht nur den beim Bau des Schlosses Sanssouci verletzten Arbeitern die verrenkten Glieder wieder gerade rückt, sondern auch ihr Ansprechpartner bei allen Unfällen ist.

Unter den Laien haben nächst den Scharfrichtern die Barbiere gewisse chirurgische Erfahrungen, denn sie scheren nicht nur Bärte und Köpfe, sondern lassen zur Ader, behandeln Geschwüre und ziehen Zähne. Sie dürfen deshalb das Recht der Ausbildung von Wundärzten erwerben. Weil jedoch die Barbiere mangels fundierter Fachkenntnisse nicht mehr als Handgriffe vermitteln können, bleibt die medizinische Versorgung auf einem rudimentären Stand, und weil die untauglichen Lehrer den Magistraten für das Privileg gutes Geld bezahlen, denkt dort niemand daran, die Einnahmequelle durch Anhebung der Anforderungen zu schmälern.

Um wenigstens die medizinischen Kenntnisse der in der Armee eingesetzten Wundärzte zu verbessern, hatte König Friedrich Wilhelm I. 1724 das Collegium Medico Chirurgicum in Berlin gegründet. Dort werden von qualifizierten Ärzten Vorlesungen in Physiologie, Pathologie, Therapie, Chemie, Botanik und Chirurgie gehalten. Im Sommer liegen die Schwerpunkte bei der Naturlehre, im Winter wird seziert. Die Einrichtung bedeutet medizinisches Neuland, denn erstmals seit der traditionellen Unterscheidung zwischen der wissenschaftlichen Medizin und der handwerklichen Chirurgie erhält die zweite Gruppe neben dem »Handwerk« eine internistische Grundausbildung, die sie befähigt, bei Bedarf beide Disziplinen auszuüben. Die Neuerung gilt allerdings nur für den Sanitätsdienst der Armee. Nur dort sind die zivilen Standesgesetze aufgehoben.

An der Spitze der Organisation des Sanitätswesens rangieren für den Bereich der inneren Medizin die Generalstabsmedici. Erster Generalstabsmedicus und damit oberster Chef des gesamten Sanitätskorps ist bis zum 13.09.1760 Johann Theodor Eller. Er hatte bei dem Mentor der inneren Medizin Boerhaave in Leiden studiert und sich große Verdienste bei der Pockenbekämpfung erworben. Unter den Generalstabsmedici rangieren die Feldmedici. Ihre Zahl ist allerdings sehr gering. Im Frieden gibt es nur in den größeren Garnisonen reinrassige Internisten. Dementsprechend können bei der Mobilmachung von 1756 zunächst nur vier Medici für die Armee des Königs und für die Armee Schwerins ganze zwei in Marsch gesetzt werden, eine für 20.000 Mann unglaublich niedrige Zahl.

An der Spitze der Militärchirurgen steht als Erster Generalchirurgus seit 1741 Johann Heinrich Bonness. Nach ihm rangiert der am 17.07.1756 zum Zweiten Generalchirurgus ernannte Johann Leberecht Schmucker. Er genoß auch als Wissenschaftler einen guten Ruf, weil er ein Pulver entwickelt hatte, das Soldaten 14 Tage ohne Zusatzkost ernähren sollte. Zur Erprobung waren ein Leutnant und drei Grenadiere der Garde mit unterschiedlichen Ess- und Trinkgewohnheiten in das Kolleg kommandiert worden: Ein gewöhnlicher Esser, und Trinker, ein starker Esser und Trinker sowie ein normaler Esser aber starker Trinker. Sämtliche Soldaten mussten hart arbeiten und jeden Tag zwei Meilen (14 Kilometer) marschieren. Als Nahrung nahmen sie täglich 12 Lot des schmuckerschen Pulvers in Wasser gekocht zu sich. Der Versuch verlief positiv, allerdings klagten die Probanden über »Obstruktion«. Trotzdem ließ Friedrich 60.000 Portionen herstellen. Das Pulver verfaulte jedoch innerhalb kurzer Zeit, weil es wohl nichts anderes als geriebenes trockenes Fleisch gewesen war.

Den Generalchirurgen sind die Oberchirurgen (auch Oberwundärzte oder Regimentsfeldschere genannt) sowie die Lazarett- und Kompaniefeldschere (Unterwundärzte) nachgeordnet. Als solcher konnte sich jeder private Wundarzt bewerben, der einen guten Leumund hatte. Dazu wandte er sich an den Generalchirurgen, der eine Prüfung durch das Collegium Medico Chirurgicum in den Fächern innere Medizin und Chirurgie veranlasste. Darüber hinaus musste der Bewerber im anatomischen Theater seine praktischen Fähigkeiten nachweisen. Anschließend erhielt er ein Attest und eine Stelle in der Armee, wo ihn der Regimentskommandeur in

Gegenwart des Auditeurs in die Pflicht nahm. Ein Regimentsfeldscher der Infanterie bezieht monatlich 12 Taler und von jeder Kompanie weitere 10 Taler, also insgesamt 132, wovon er für jede Kompanie einen Feldscher einstellt und Arzneien beschafft.

Die Lazarett- und Kompaniefeldschere werden vom Regimentsfeldscher aus dem Kreis der Barbiere angeworben. Ihre Tätigkeit beschränkt sich im Frieden auf regelmäßige Krankenbesuche in den Quartieren, die Verabreichung der vom Regimentsfeldscher verordneten Medizin und eine genaue Buchführung darüber. Bei Verschlechterung des Krankheitsbildes übernimmt der Regimentsfeldscher die gesamte Behandlung. In Garnisonen ohne Regimentsfeldschere haben die Kompaniefeldschere eine entsprechend größere Verantwortung. Auf der Grundlage des damaligen medizinischen Wissens, das Krankheiten als Folge »schlechter Säfte« ansah, lassen sie die Patienten zur Ader oder verordneten Abführkuren, wobei Salzlösungen, Klistiere oder Rhabarber zur Anwendung kommen. Der jährliche prophylaktische Aderlass ganzer Kompanien, der von den Chefs immer wieder gefordert wurde, ist den Kompaniefeldscheren allerdings verboten. Dazu bedarf es eines ausdrücklichen Befehls des Regimentsfeldschers.

Die Pflichten eines Kompaniefeldschers hat der Dritte Generalchirurg Theden wie folgt beschrieben:

»Ein Kompaniewundarzt muß sich vor allen Dingen eines rechtschaffenen Wandels befleißigen. Sein Betragen muß höflich, leutselig und gefällig sein; er muß alles dasjenige vermeiden, was in den Augen seiner Kranken einen schlechten Begriff von seiner Person erregen kann. Hierher gehört vornehmlich eine allzu große Vertraulichkeit mit Unteroffizieren und Gemeinen und das Laster der Trunkenheit. Es ist schon für einen Soldaten unanständig, wenn er sich dieser Leidenschaft überläßt; einem Wundarzt ist es auf keine Art zu verzeihen, wenn er täglich seinen Verstand in Brandwein ersäufet. Der unmäßige Gebrauch dieses Getränkes richtet nicht nur allein die Gesundheit des Körpers zugrunde, sondern er macht die Seelenkräfte stumpf und träge; und wie nötig ist es für den Wundarzt, dass sein Verstand lebhaft und aufgeheitert ist. Er muss bemüht sein, alle Soldaten seiner Kompanie kennenzulernen und nicht allein auf ihr Verhalten in der Lebensart und Reinlichkeit, sondern auch auf ihren Gemütscharakter achtzuhaben. Diese letztere Kenntnis ist oft bei der Heilung der Krankheiten von dem größten Einfluß. Er muß sich bei allen Soldaten Liebe und Zutrauen zu erwerben suchen, denn das Zutrauen des Kranken gegen seinen Arzt hat auf eine glückliche Praxis den größten Nutzen.

Wird ihm ein Kranker gemeldet, so muß er solchen ohne Zeitverlust besuchen und ihm sogleich nach genauer Erkundigung der Krankheit und ihrer Ursachen dienliche Arzneien geben. Erkennet er sie nicht, und scheinet die Krankheit wichtig zu sein, so muß er ohne Zeitverlust davon Anzeige machen.

Ein jeder hält sich ein Buch, worinnen er die Krankheiten und die verordneten Arzneien einzeichnet. Er vermerkt auch noch über dies diejenigen, welchen er zur Ader gelassen oder Mittel zum Abführen gegeben hat. Diese Arbeit hat im ganzen großen Nutzen. Denn er lernt daraus die gute und üble Wirkung der Arzneien und erweitert dadurch seine eigenen Kenntnisse«.[64]

Schwierige Fälle werden in die Lazarette überwiesen. In Potsdam gibt es seit 1751 in der Burgstraße 29 ein Bettenhaus für das I. Bataillon Garde. 1752 wird rechts des Kanals neben dem Kommandeurshaus ein Lazarett für das Regiment Gensd'armes eingerichtet. Für das Regiment Nr. 6 hatte Friedrich Wilhelm I. schon vor längerer Zeit in der Lindenstraße 25 ein Lazarettgebäude in Fachwerk errichten lassen. Dort sind auch die Kranken des Regiments

Garde untergebracht. Weitere Behandlungsmöglichkeiten gibt es im Jagdschloss Glienicke, das Friedrich Wilhelm bereits als Lazarett für seine Soldaten genutzt hatte.

In den Lazaretten sieht der verantwortliche Feldscher darauf, dass die frisch eingelieferten Patienten gewaschen, die Stuben gelüftet und den Kranken pünktlich die verordneten Arzneien verabreicht werden. Den Nachtdienst teilen sich die Feldschere des Regiments, so dass die Patienten rund um die Uhr umsorgt sind. Über jedem Bett hängt ein Schild, das Auskunft über die zu verabreichende Verpflegung gibt. Jeder Patient empfängt drei Mahlzeiten am Tag. Morgens wird eine Mehlgrütze oder Graupensuppe mit Butter und Salz gereicht. Die übrigen Mahlzeiten bestehen aus Suppe und Brot. Dreimal die Woche essen die Patienten Fleisch mit Gemüse, wobei die Fleischration für 24 Mann auf vier Pfund berechnet ist. Jeden Tag wird für die volle Belegschaft gekocht. Das, was die schwerer Erkrankten nicht verzehren, füllt die Teller derjenigen, die von besserem Appetit sind.

Schwerkranke Soldaten erhalten eine Sondernahrung, die aus Eingemachtem, Gelee, Zitronen, getrockneten Pflaumen, Kirschen oder der Brühe davon besteht. Finanziert wird die Nahrung durch den Verpflegungsgeldanteil des monatlichen Soldes, den die Regimenter an die Kasse des Lazaretts abführen. Außerdem müssen die Kompaniechefs unabhängig vom Krankenstand monatlich einen Taler an die Kasse entrichten. Den Einkauf der Nahrungsmittel besorgt ein Unteroffizier, der dem Aufsicht führenden Lazarettfeldscher Rechnung legt.

Täglich um 11.00 Uhr rapportiert der Regimentsfeldscher dem Regimentskommandeur den Krankenstand, nachdem er zuvor Visite gemacht, Arzneien verabreicht und Wunden verbunden hat. Todesfälle sind sofort zu melden. Verstorbene werden vom Regimentsfeldscher in Anwesenheit eines Offiziers seziert und die Todesumstände dem Kommandeur gemeldet.

Zieht die Armee ins Feld, stehen die Regimentsfeldschere und Kompaniefeldschere bei ihren Einheiten. Selbstverständlich genügt die geringe Zahl zur Versorgung der Soldaten nicht. Deshalb wird je nach der Stärke der Armee ein so genannter Lazarettetat gebildet und die entsprechende Zahl an Stabsmedicis und Oberwundärzten (im Range von Regimentsfeldscheren) angeworben. Nach dem Feldetat 1759 sind dies für das Korps des Königs: Der Generalstabsmedicus Cothenius, ein Lazarettdirektor (Major) und acht Feldmedici. Ferner der (Zweiter) Generalchirurgus Schmucker, elf Stabschirurgen, zwölf Oberchirurgen, 300 Lazarettfeldschere, fünf Lazarettinspektoren, zwei Rendanten, ein Kontrolleur der Lazarettkasse, 15 Lazarettkommissare, zehn Lazarettaufseher, 50 Lazarettunteroffiziere, vier Prediger, 350 Aufwärter, 120 Wäscherinnen und 45 Köchinnen. Die Feldapotheke hat einen Ober- und Unterfeldapotheker, zehn Feldapotheker, zwölf Arbeiter, einen Wagenmeister und acht Knechte für die Apotheker- und Bandagewagen.

Auf jeden Lazarettfeldscher entfallen im Normalfall bis zu 30 Verwundete sowie 50 bis 60 Kranke. Sechs bis acht Lazarettfeldschere unterstehen einem Oberwundarzt. Die Feldschere visitieren täglich, darüber hinaus der Generalchirurgus und Oberstabsmedicus die besonders schweren Fälle. Um 11 Uhr muss an Routinetagen alles erledigt sein. Danach treffen sich die Ärzte, das Wirtschaftspersonal sowie die Angehörigen der Feldapotheke zur täglichen Konferenz. Dieses Verfahren ist vom Generalstabsmedicus Cothenius für alle Lazarette festgelegt.

Besonders nach einer blutigen Schlacht ist nahezu nichts mehr normal. Die Vielzahl der eingelieferten Verwundeten fordert vom Personal Höchstleistungen. Unter größten

Anstrengungen werden die Wunden mit Branntwein ausgewaschen und mit Branntwein getränkten Verbänden versorgt. Häufig hat sich allerdings bereits der Wundbrand in den von Kanonenkugeln, Bajonetten und Säbelhieben gerissenen Verletzungen festgesetzt. Denn über Stunden hatten die Verwundeten zuvor auf dem Schlachtfeld in Lehm und Brackwasser gelegen oder waren auf den Fuhrwerken mit dreckigem Stroh in Berührung gekommen. Dann hilft nur noch eine schnelle Amputation.

Oberschenkel und Arme werden mit einem einzigen raschen Zirkularschnitt bis auf den Knochen durchtrennt, dieser oberhalb des Schnittes abgesägt, die Hauptschlagader abgebunden und die Wunde mit Brenneisen verschmort. Die scharfe Abschnürung lindert den Schmerz kaum. Auf Schnelligkeit kommt es deshalb an, eine Tortur für den Patienten, aber auch eine höchste Anspannung für den Arzt, der unter den markerschütternden Schreien des Verwundeten sein Handwerk verrichten muss. Erfahrene Wundärzte schaffen eine Amputation in zwei Minuten. Der Erfolg ist jedoch bei dem damaligen Stand der Wissenschaft äußerst gering. Wenn die Verwundeten die Operation überhaupt überstehen, sterben sie anschließend mangels allgemeiner Hygiene an Wundinfektionen. Schock und Nachblutungen tun ein Übriges, so dass nur rund 10 % der Operierten überleben. Noch verheerender wüten Fleckfieber, Typhus und andere Seuchen, denen die Ärzte hilflos gegenüberstehen.

Als Basedow im Margaretenkloster eintrifft, erlebt er die Zustände eines völlig überlasteten Lazaretts mit voller Wucht. Niemand scheint einen Überblick zu haben. Sanitäter hasten zwischen den Verwundeten hin und her, reinigen Wunden und wechseln die Verbände, während andere Verletzte offenbar schon Stunden unversorgt in den Ecken liegen. Gesunde suchen nach ihren verletzten Kameraden. Ein Pastor beugt sich tröstend über Sterbende. Aus dem Haus werden pausenlos Frischoperierte getragen und auf den nächsten freien Platz abgestellt, die meisten mit amputierten Gliedern und trotzdem in hoffnungslosem Zustand, weil bereits der Wundbrand in den Verletzungen sitzt.

Ein übermüdeter Lazarettgehilfe weist Basedows Feldschere an, die verwundeten Mannschaften in den Keller der Kirche und die Offiziere auf die Stuben zu legen. Da die Feldschere des Begleitkommandos niemanden finden, der sie danach zweckdienlich einsetzt, ziehen sie wieder ab.

Nach drei Stunden wird Basedow von zwei Lazarettgehilfen nach oben getragen. Er will unter keinen Umständen sein Bein verlieren und ist deshalb zum Äußersten entschlossen. Ohne es zu wissen, hat er jedoch das Glück, vom Zweiten Generalchirurgus Johann Schmucker operiert zu werden, der sich mustergültig für seine Patienten einsetzt und dabei selbst zweimal verwundet worden war. In bessere Hände hätte er nicht geraten können. Doch selbst ein Mann wie er hat seine Schwierigkeiten, Basedow zu helfen. Weil er das Projektil nicht finden kann, stochert er mehrmals mit einer Sonde in dem Wundkanal herum, so dass Basedow vor Schmerz einer Ohnmacht nahe ist. Schließlich schneidet er mehrere Löcher in die geschwollene Wade, bis er die Kugel endlich findet. Mit einer Zange zieht er das platt gedrückte Blei und einige Stoffreste heraus.

Zwei Tage später besucht der Kronprinz August Wilhelm in Begleitung mehrerer Offiziere das Lazarett, um nach dem Generalleutnant Hautcharmoy zu sehen, der im Margaretenkloster mit dem Tode ringt. Basedow weiß hiervon nichts, weil er in seinem Bett unter Schmerzen vor sich hindämmert. Sein erbärmlicher Zustand nimmt ihm jedes Interesse und Zeitgefühl. Unter den im Halbbewusstsein wahrgenommenen Tagen ist nur

König Friedrich Wilhelm I. bei der Musterung seines Roten Leibbataillons
Man beachte die Größe und Fußstellung der Grenadiere
Quelle: Gemälde von Richard Knötel

Blick von der Neustadt auf die Festung Küstrin
Quelle: Gemälde von Alberti

Oben: **Kadett mit Ausbilder**
Quelle: Zeichnung von Adolf Menzel

Rechts: **Das Opernhaus in Berlin 1773**
Quelle: Stich von Johann Georg Rosenberg

Mauerstraße in Berlin mit der Wache der Regimenter 19 und 25
Quelle: Stich von Johann Georg Rosenberg

Unteroffizier (IR Nr. 8)
Der Dienstgrad ist am über Kreuz eingefärbten Hutpuschel, den Litzen und dem Stock erkennbar.
Quelle: Zeichnung von Adolf Menzel

Offizier des Infanterieregiments 19
Quelle: Zeichnung von Adolf Menzel

Die Festung Spandau
Quelle: Kreis der Förderer des
Heimatmuseums Spandau

Regimentsauditeur
Quelle: Zeichnung von Adolf Menzel

Feldscher des IR Nr. 35 im Einsatz
Der Künstler übersieht, dass Sanitäter erst nach der Schlacht Erste Hilfe leisten durften.
Quelle: Zeichnung von Richard Knötel

Regimentsfeldscher und Lazarettgehilfe
Quelle: Zeichnung von Adolf Menzel

ein Einziger, der sich so klar und deutlich von den anderen abhebt, dass er sich wohl immer an ihn erinnern wird:

Am 28. Mai waren die Österreicher aus Prag ausgebrochen, um die preußische Blockade zu durchstoßen. Dazu hatten sie das Kloster zunächst umgangen, waren dann aber an einem nahebei versteckten preußischen Bataillon hängen geblieben. In zähem Nahkampf hatten sie sich schließlich durchgesetzt und anschließend auch das Kloster besetzt. Entnervt von den hohen Verlusten machen sie dort alles nieder, was ihnen entgegentritt. Vom Keller kann Basedow den Lärm hören, ohne genau zu wissen, was geschieht. Das Getöse und die Schreie lassen ihn jedoch das Schlimmste befürchten. Als ein Feldscher hereinstürzt und ruft »Die Österreicher sind da, alles was laufen kann raus und weg!«, zögert er keine Sekunde. Er greift nach seinen Krücken, wuchtet sich die Kellertreppe hoch und stolpert Deckung suchend über den Hof in Richtung auf ein nahes Wäldchen, das er unbehelligt erreicht. Die über sich zusammenschlagenden Büsche sind das Letzte was er sieht, bevor er völlig erschöpft zusammenbricht. Über das, was anschließend geschieht, berichtet der Leutnant Jacob von Lemcke vom Infanterieregiment Anhalt:

»Die Panduren waren so aufgebracht, daß sie vielen von den Gemeinen die Hände abhieben, so elend sie auch schon waren. Der erste Pandur, so auf meine Stube kam, nahm mir die Uhr und zog mein Felleisen (Reisesack) unter dem Bette hervor. Den 28. wurden wir im Kloster gefangenen 18 Offiziers und 500 Gemeine nach Prag hereingebracht. Die Offiziers ließen sich in ihren Feldbettstellen hereintragen, weil ich aber erst Offizier geworden war und keine Bettstelle hatte, so wurde ich auf eine Tragbahre gelegt und von sechs Bauern auf der Schulter gleich hinter den anderen hereingetragen. Als wir über die Moldaubrücke getragen wurden, schrie der Pöbel: ›Schmeißt die preußischen Kanaillen ins Wasser!‹ Ich kam mit dem Leutnant von Max in eine Stube, welcher aber nur noch drei Tage lebte. Denn er starb an seinen Blessuren. Vier Tage dauerte es wohl, ehe man die Leiche aus meiner Stube nahm, denn sie konnten nicht einig werden, wo sie einen Protestanten begraben sollten. Dieser Max hatte eine sehr lange Nase. Darüber hatte man ein weißes Laken gedeckt, worunter selbige hervorragte. Er stand so nahe bei meinem Bett, daß ich ihn mit der Hand erreichten konnte, und wenn ich meinen Bedienten, welchen ich von ihm ererbt, wegschicken mußte, kann ich nicht leugnen, daß mich einige Male sehr graute.«[65]

Im nahen Gehölz verborgen, wartet Basedow die Dämmerung ab und erreicht bei Nacht die preußische Hauptlinie. Fünf Tage später ist die militärische Lage wieder so, als wenn überhaupt nichts geschehen wäre. Die Preußen haben ihre Positionen vor Prag behauptet, und Basedow befindet sich wieder in demselben Kloster, dem er so glücklich entkommen war. Einzig die Wunde erinnert ihn an die dramatischen Stunden. Auf der Flucht hatte sich Eiter gebildet, so dass der Chirurg erneut zum Messer greifen muss. Bei der dritten Visite sagt er mit skeptischem Gesichtsausdruck, dass die Sache wohl länger dauern werde und Gott den teuflischen Wundbrand verhüten möge.

Am 20. Juni treffen in dem Kloster die ersten Verwundeten von der Schlacht bei Kolin ein. Friedrich hatte sich von Prag getrennt, um Daun zurückzudrängen, der mit seinem letzten Aufgebot von 45.000 Mann im Anmarsch war. Der König selbst hatte wegen der bei Prag gebundenen Kräfte nur 32.000 Soldaten zur Verfügung. Trotzdem war es für ihn keine Frage gewesen, Daun anzugreifen, denn wenn er ihn schlug, würde er sich nicht nur bei Prag durchgesetzt, sondern auch die Österreicher mit einem Schlag womöglich für immer vom Halse geschafft haben. Verlockt von dieser Aussicht hatte er, das Zahlenverhältnis ignorierend und auf die bewährte Kampfkraft seiner Leute vertrauend, das Äußerste gewagt und mit katastrophalen Folgen verloren. Daun hatte nicht nur eine Schlacht gewonnen, sondern auch den Nimbus der Unbesiegbarkeit der preußischen Armee nachdrücklich zerstört. Den Verwundeten ist die Erschütterung darüber an den Gesichtern anzusehen, und es dauert nicht lange, bis sich die Niedergeschlagenheit auf das ganze Lazarett überträgt.

Da der König infolge der Niederlage Prag nicht mehr halten kann, wird noch am Tage seiner Rückkehr die Aufhebung der Belagerung beschlossen und das Lazarett geräumt. Basedow sitzt mit anderen Verwundeten auf dem drittletzten Wagen der langen Kolonne. Da das Fahrzeug nicht überladen ist und er sich einen Haufen Stroh unter das Bein schieben kann, hat er es recht bequem. Am dritten Marschtag haben sie gerade Wellemin passiert, als von der Spitze der Kolonne Gefechtslärm herübertönt. Basedow ist hiervon nicht sonderlich überrascht. Weil das Verladen der Verwundeten Zeit beansprucht hatte und die schweren Geschütze aus den Stellungen herausgezogen werden mussten, waren das Lazarett und die Artillerie als Letzte abmarschiert. Deshalb bilden sie, falls die Österreicher von Prag aus nachsetzten sollten, zwangsläufig das erste Angriffsziel. Von zurückpreschenden Männern des Begleitkommandos, die den Kutschern Weisungen zubrüllen, erfährt er, dass die Kolonne von österreichischer Kavallerie überfallen worden sei. Die Aktion scheint heftig, dauert aber nicht lange. Offenbar befürchten die Angreifer, dass die preußische Hauptarmee zu Hilfe eilen könnte. So schnell wie sie gekommen sind, ziehen sie wieder ab. Allerdings hat es einige Tote gegeben. Vom Begleitkommando ist der Flügeladjutant von Varenne gefallen und von den Verwundeten der Generalmajor von Manstein erschossen worden, weil er sich vehement einer Gefangennahme widersetzt hatte. In der Armee geht das Gerücht um, dass der bis dahin weniger bekannte General dem König bei Kolin die Schlacht vermasselt haben soll. Er sei in der Mitte überhastet zu früh losgegangen, so dass sich der ursprüngliche Schrägangriff zu einem Frontalangriff entwickelt hatte, bei dem Daun seine zahlenmäßige Überlegenheit voll ausspielen konnte. Basedow hält nichts von Gerüchten, deren Wahrheitsgehalt erfahrungsgemäß gering ist. Selbst wenn alle Behauptungen zuträfen, würde er dem General niemals etwas Schlechtes nachsagen. Für ihn ist der Mann am heutigen Tage einen ehrenhaften Soldatentod gestorben, der alle Fehler der Vergangenheit wieder gutmacht.

Ohne weitere Zwischenfälle erreicht die Kolonne das Armeelager bei Leitmeritz. Da viele Offiziere ihre Kameraden weiterhin in den Lazaretten besuchen, laufen dort mehr Nachrichten zusammen als irgendwo sonst. Aus den Informationen muss Basedow schließen, dass Preußen in eine gefährliche Lage geraten ist. Die Schlachten bei Prag und Kolin hatten die Armee vieler guter Soldaten beraubt. Unter den Generälen waren Schwerin, Hautcharmoy, Amstell, Schöning, Blankensee und Krosigk gefallen oder an ihren Verletzungen gestorben sowie Fouqué und Winterfeldt verwundet ausgefallen. Im Nordwesten hatte das englische Expeditionskorps unter Cumberland eine fatale Niederlage erlitten. Im Norden standen die Schweden. Im Osten waren die Russen in Ostpreußen eingefallen und im Westen die Reichsexekutionsarmee mit einer französischen Verstärkungskomponente im Anmarsch. In Mähren operiert Prinz August Wilhelm ausgesprochen hilflos und wird von den siegesgestärkten Österreichern immer weiter auf Sachsen zurückgedrängt, während sie den kampferprobten königlichen Bruder in Böhmen wohlweislich aussparen. Basedow ist es ein Rätsel, wie der König angesichts dieser Bedrohung die Ruhe bewahrt. Nie zeigt er eine Schwäche. Woraus schöpft er seine Kraft?

Basedow weiß aus Erzählungen, dass Friedrich in seinen jüngeren Jahren durchaus ein Genussmensch gewesen ist. Er kann sich deshalb den Wandel zur Härte nur durch eine konsequente Selbsterziehung erklären. Basedow selbst hat durch seine Kirche gelernt, sein Ich zurückzunehmen. Nach ihrer Lehre hat Gott ihm seine Fähigkeiten nicht gegeben, damit er sie zu eigenem Vorteil nutzt, sondern zum Ruhme des Höchsten einsetzt. Nur wenn er diesen Primat in Demut anerkennt, darf er die Früchte genießen, und nur dann hat er nach der Lehre seiner Kirche Anteil am ewigen Heil. Der König, der bekanntlich eine eigene Religionsauffassung hat, teilt diese Überzeugung nicht. Es muss deshalb noch einen anderen Grund geben, der die Zurücknahme des Ichs lohnend macht.

Für Basedow liegt er in der Erkenntnis, dass von einem mit der Fähigkeit zu sittlich moralischem Handeln ausgestatteten Wesen mehr erwartet wird als die Befriedigung persönlicher Bedürfnisse. Solange der Mensch am Äußerlichen hängt, wird er immer Sklave seiner Wünsche bleiben, konturlos in der Masse schwimmen und auf halbem Wege stehen geblieben sein. Vervollkommnung im Sinne der Schöpfung erreicht er erst, wenn er, das Mehr an Mitgegebenem erkennend, sich seiner sittlichen Verantwortung stellt. Erst das sittliche Handeln hebt ihn empor. Für den König wird es durch den Einsatz oder die »Pflicht« für den Staat und für Basedow durch das selbstlose Dienen als Soldat bestimmt. Basedow fühlt, dass die Befähigung dazu nicht angeboren ist, sondern mit Strenge gegen sich selbst erarbeitet werden muss. Der König lebt ihm die dafür erforderliche Selbstüberwindung täglich vor. Unter dem ungeheuerlichen Druck der Verantwortung für das Schicksal tausender Soldaten, menschlicher wie politischer Enttäuschungen, zerstobener Hoffnungen und zeitgleichen Verlusts nahe stehender Personen, widersteht er in fast unmenschlicher Anstrengung den Rufen der Bequemlichkeit. Wenn sein oberster Vorgesetzter sein Ziel darüber nicht aufgibt, darf er es auch nicht tun.

8. Versetzung nach Leipzig

Im Lager von Leitmeritz erholt sich Basedow zusehends, fühlt sich aber immer noch geschwächt. Erst in Dresden, wohin er unter dem Kommando des Prinzen Moritz verlegt wird, ist er so weit wiederhergestellt, dass ihn der behandelnde Chirurg für die Armee freigibt.

Wieder beim Regiment, befiehlt ihn der Kapitän Ende November zu sich. Basedow freut sich, weil er annimmt, dass das Gespräch etwas mit dem Marsch auf Schlesien zu tun haben wird, von dem in letzter Zeit alle Welt spricht. Bevern hatte am 22. November bei Breslau eine empfindliche Niederlage erlitten und war unter ominösen Umständen in Gefangenschaft geraten. Viele glauben, dass dies absichtlich geschehen sei. Die geringe Begleitmannschaft und andere Indizien sprechen dafür. Dem allein gelassenen General Lestwitz war angesichts der hinterlassenen Trümmer nichts anderes übrig geblieben, als wenige Tage später in Breslau zu kapitulieren. Jeder rechnet deshalb damit, dass sich der König unverzüglich dorthin wenden wird, um zu retten, was noch zu retten ist.

Der Kapitän macht es kurz: »Ich sehe, dass Er wieder brav seinen Dienst tut, aber Er ist noch nicht richtig wiederhergestellt. Das Gehen bereitet Ihm ganz offensichtlich immer noch Schwierigkeiten. Deshalb habe ich resolviert, Ihn an das Regiment Hauss in Leipzig abzugeben. Dort kann Er sich erholen. Die sächsischen Regimenter taugen nichts. Das Lumpenpack ist in Bataillonsstärke desertiert und hat sogar seine preußischen Offiziere erschossen. Seine Majestät haben deshalb ordonniert, das Gesindel unterzustecken und die ein oder zwei Regimenter, die Honneur bewahrt haben, durch zuverlässige Leute zu verstärken. Ich weiß, dass Er den Einsatz im Felde dem Dienst in der Garnison vorgezogen hätte. Aber ein guter Soldat kann sich überall meritieren.«

Basedow fühlt tiefe Enttäuschung. Statt mit seinem Regiment nach Schlesien zu marschieren, soll er nach Leipzig gehen. Den Mannschaften der altpreußischen Armee war es grundsätzlich egal, in welcher Einheit sie dienten. Bei den Freiwilligen hatte die Existenzsicherung Vorrang, und bei den Rekruten wog kein Dienst den Verlust der Familie und der heimatlichen Umgebung auf. Davon abgesehen, ließ das Kantonsystem ohnehin keine Wahl zu. Auch der König kannte außer seinem Leibregiment keine Vorlieben für bestimmte Regimenter, sondern sah mehr nach der landsmannschaftlichen Zugehörigkeit. Die ausnahmsweise Erwähnung des Regiments Nr. 24 (»wenn ich Soldaten sehen will, muss ich dieses Regiment sehen«[66]) bestätigt nur die Regel. Den ersten Platz in seiner Skala nahmen die Pommern und Märker ein, die er für ausgesprochen zuverlässig, tapfer und unkompliziert hielt. Bei beiden fühlte er sich absolut sicher und an ihrer Spitze zu allem bereit:

»Setze ich mich vor meine Pommern und Märker und habe schon die Hälfte meiner Monarchie verloren und verliere nur selbst den Kopf nicht, quod bene notandum, so jage ich den Teufel aus der Hölle.«[67]

Weniger gut schnitten die Bewohner des Niederrheins ab, weil »*die Menschen dieser Provinzen schlapp und weich sind, und der Adel sich mit Wein fast vollends um den Verstand gebracht hat.*«[68] Noch schlechtere Noten erteilte er den vorlauten Berlinern, die mit loser Zunge zu allem etwas zu sagen hatten und hierbei den König keineswegs aussparten. »*In Dresden spricht man mit größter Achtung von dem Landesherren. Die Brandenburger (gemeint sind die Hauptstädter) glauben, ihren König schon recht höflich zu behandeln, wenn sie ihn schlechtweg den Alten nennen*«,[69] heißt es dazu in einem zeitgenössischen Reisebericht. Weil ihm die unausrottbare Schnoddrigkeit mächtig gegen den Strich ging, nahm er kaum einen Berliner in die Garde auf und setzte die Hauptstädter, die sämtlich als Freiwillige dienten, in seiner persönlichen Rangliste konsequent an die letzte Stelle.

Weil auch Basedow keine Präferenzen hat, hätte er jeden Wechsel innerhalb der Feldregimenter akzeptiert. Aber mit der Versetzung zu einem »Beuteregiment« kann er sich nicht abfinden. Den guten Willen des Kompaniechefs, dem gerade Genesenen strapaziöse Fußmärsche zu ersparen, lässt er nicht gelten. Er fühlt sich zurückgesetzt und ohne Grund degradiert.

Glücklicherweise findet er sein neues Regiment, das aus dem ehemaligen Regiment Lubormirski hervorgegangen ist, im guten Zustand vor. Allerdings hatte es auch dort im Zuge der Neuformierung Probleme gegeben. Der mit 52 Offizierskameraden übergetretene Kommandeur Wolffersdorff, ein Hüne von Gestalt und späterer Generalmajor, war bereits in den ersten Tage mit seinem preußischen Chef auf Kollision geraten, wobei der Preuße nicht lange gefackelt hatte. Dem Oberstleutnant wurde Gelegenheit geboten, in mehrmonatiger Festungshaft in Magdeburg über seine Insubordination nachzudenken, so dass an seiner Stelle der recht bekannte preußische Dichter Ewald von Kleist als Major vorübergehend das

Generalleutnant Prinz Heinrich von Preußen
Der Künstler zeigt den Prinzen im fortgeschrittenen Alter.
Zur Zeit des Siebenjährigen Krieges war er Anfang Dreißig.
Quelle: Zeichnung von Adolf Menzel

Kommando übernahm. Nach neun Monaten wieder frei, sollte sich Wolffersdorff in der preußischen Armee sehr gut bewähren. Bei Maxen wird er zu den Wenigen gehören, die der ungewöhnlichen Kapitulation heftigst widersprachen.

In der nach Dresden wichtigsten Stadt Sachsens gibt es für Basedow kaum etwas zu tun. Die einzige Abwechslung ist die Begleitung eines Gefangenentransports nach Magdeburg. Die Franzosen waren nach der Schlacht von Rossbach, an der auch das Regiment Markgraf Karl teilgenommen hatte, zunächst nach Leipzig verbracht worden, was Basedow wie einen Gruß seiner alten Kameraden empfand. Die anderen Tage erschöpfen sich in der Sicherstellung der angeordneten Kontributionszahlungen und Rekrutenlieferungen, wobei es vor allem die Offiziere sind, die sich mit der sächsischen Verwaltung herumschlagen. Der Widerstand ist so groß, dass der erst 33-jährige Kommandierende General, Prinz Heinrich, den störrischen Beamten androhen muss, die Rekrutierungen mit rüdesten Methoden selbst vorzunehmen, wenn er nicht die notwendige Unterstützung bekomme.

Mitte des Jahres marschiert der Prinz mit seinen Hauptkräften gegen die Reichsarmee. Während er den Feind über Hof bis Bamberg treibt, danach den Dresdner Raum gegen Serbelloni hält und zuletzt die Verbindung mit dem König sucht, steht Basedow unter dem Befehl Fincks mit den Resttruppen nahezu unbeschäftigt westlich der Elbe.

Im Frühjahr 1759 zieht auch er endlich wieder in den Kampf. Der Prinz hat das Korps bei Zwickau zusammengezogen, um sich die Reichsarmee mit einem Marsch auf Kulmbach ein zweites Mal vorzunehmen. Erneut operiert er dabei so erfolgreich, dass er den Feind mit Leichtigkeit bis zur Donau hätte jagen können. Das Vorhaben muss jedoch abgebrochen werden. Weil die Reichstruppen weniger gefährlich sind, die Russen bei Kay gesiegt hatten und die Österreicher in Erwartung zugesagter russischer Unterstützung ihre Kräfte auf Schlesien konzentrieren, plant der König einen Schlag gegen die Russen, wobei Heinrich ihn in Schmottseifen ersetzen soll. Deshalb ist der Prinz zunächst wieder nach Sachsen marschiert, um am 29. Juli in Schmottseifen zum König zu stoßen, während Basedows Regiment unter Finck als Deckung bei Bautzen zurückbleibt. Als Finck bei Bautzen nicht mehr gebraucht wird, geht er zur Verstärkung des königlichen Korps über Lübben nach Wulkow, wo er am 9. August mit dem König zusammentrifft. Für Basedow ist dieser Moment von großer Bedeutung, weil er nach drei Jahren erstmals wieder heimatlichen Boden betritt.

In den Morgenstunden bereitet sich das verstärkte Korps darauf vor, bei Göritz die Oder auf zwei Behelfsbrücken zu überschreiten. Gegen Mittag bezieht es bei Bischofsee ein Lager, wobei Basedows Regiment auf die Trettiner Höhen vorgezogen wird. Die Russen stehen einen halben Tagesmarsch entfernt mit österreichischer Verstärkung unter Laudon gut verschanzt auf den Höhen bei Kunersdorf.

9. Kunersdorf, 12. August 1759

Am 12. August 1759 brechen die Preußen um 2 Uhr auf, um nach mehrstündigem Marsch ihre Schlachtaufstellung einzunehmen. Die Sonne am wolkenlosen Himmel verspricht einen ungewöhnlich heißen Tag. Basedow, der seine Leute befehlsgemäß nach Süden ausgerichtet hat, blickt genau in ihre Strahlen und sieht bei längerem Kampf schlimme Strapazen voraus. Aus der Aufstellungstafel weiß er, dass er mit seinem Regiment auf dem linken Flügel des Finck'schen Korps steht. Wenn er den Blick gen Osten wendet, kann er am Ende der Linie die Dragoner der Regimenter 2, 6 und 8 erkennen. Rechts halten in drei Gliedern die Soldaten der Füsilierregimenter 37 und 38. Halb rechts vor ihm ist die Artillerie aufgefahren. Zusammen zählen sie acht Bataillone und 18 Schwadronen, alles in allem eine beachtliche Macht. Sie sollen die gegnerischen Kräfte binden. Mehr ist ihnen vom König zunächst nicht zugedacht. Erst wenn die Hauptkräfte im Südosten den Kampf eröffnet haben würden, sollen auch sie losschlagen.

Die Russen verfügen über 70 Bataillone, 36 Schwadronen reguläre Kavallerie, 7.200 Husaren und Kosaken sowie 201 schwere Geschütze, im Ganzen rund 60.000 Mann. Sie halten den Mühlberg besetzt, den Basedow rechts vor sich liegen sieht. Außerdem sind die westlich angrenzenden Hügelketten mit der Front nach Südost in russischer Hand. Da sich Saltikow im Norden durch Sumpfgelände gedeckt weiß, hat er lediglich den Rücken des linken Flügels auf dem Mühlberg bis zum Kuhgrund durch Schanzen schützen lassen. Noch weiter im Westen auf den Hängen der Judenberge ist das österreichische Korps Laudon mit 14 Bataillonen, 38 Schwadronen und zehn schweren Geschützen, zusammen 19.000 Mann, in Stellung gegangen.

Vom Feind jenseits des Hühnerfließes kann Basedow kaum mehr als grobe Linien erkennen. Über Kunersdorf stehen Rauchschwaden von dem Feuer, das Saltikow auf Empfehlung der Österreicher hatte legen lassen. Im Osten und Süden versperren Waldungen die Sicht auf den Punkt, von wo Friedrich den linken Flügel des Feindes mit der Hauptarmee aufrollen will. Dazu hatte er ihn in der Nacht von Osten her umgangen. Gleichzeitig war die preußische Avantgarde mit acht Bataillonen und einer schweren Batterie auf dem Walkberg postiert worden, den der 150 Schritt breite Bäckergrund vom feindlichen Mühlberg trennt. Auf den beiden südlichen Hügeln, Klosterberg und Kleiner Spitzberg, steht seit den frühen Morgenstunden ebenfalls preußische Artillerie. Eine typische Zangenbewegung, denkt Basedow. Ob sie glücken wird?

Die Zweifel sind berechtigt, denn der 47-jährige König, der die Gegend nicht kennt und dem entsprechendes Kartenmaterial fehlt, hatte tags zuvor lediglich den aus Frankfurt/ Oder stammenden Major Linden vom Regiment Goltz und einen Förster über die örtlichen Gegebenheiten befragt. Beide hatten versäumt, ihn darauf hinzuweisen, dass der Raum südlich von Kunersdorf von Seen und Sümpfen durchzogen ist, die ein Ausweichen nach Südwesten ausschließen. Die von Seydlitz und dem Herzog von Württemberg kommandierte Kavallerie hat dadurch so gut wie keine Entfaltungsmöglichkeit. 77 Schwadronen, die gesamte preußische Kavallerie, sind betroffen. Sie hätten nicht ungünstiger stehen können. Als noch fataler wird sich der Umstand erweisen, dass das von den Russen besetzte Gelände durch zwei parallel verlaufende Einschnitte durchtrennt wird, in welche die preußischen Truppen unweigerlich hineingeraten müssen, wenn sie die russische Front dem Plan gemäß angingen.

Um 11.30 Uhr hatten die preußischen Geschütze auf dem Walkberg ein verheerendes Feuer auf die russischen Linien eröffnet. Die Batterien auf dem Klosterberg und Kleinen Spitzberg waren in das Feuer eingefallen, so dass die linke Flanke der Russen einer regelrechten Kanonade ausgesetzt war. Die Schussfolge war so dicht, dass man die Pausen, die zur Abkühlung der Rohre nach jeweils 30 Schuss notwendig waren, nicht wahrnahm. An den Aufschlägen hatte Saltikow erkannt, wo der König angreifen würde, und unverzüglich eine leichte Frontverlängerung hin zum Großen Spitzberg befohlen, der wie eine Bastion aus der Stellung herausragt und seitdem stark mit russischer Artillerie besetzt ist.

Um 12 Uhr hatte der König der Avantgarde am Walkberg den Befehl zum Vorgehen gegeben. Die Soldaten waren in den Bäckergrund hinabgestiegen, hatten die Verhaue erstürmt und die Spitze des Mühlbergs besetzt. Sechzig Geschütze der Russen waren gewendet und in den Kampf einbezogen worden. Jetzt, wo der Lärm des Kampfes über das Hühnerfließ zum Finck'schen Korps herüberdringt, erwartet auch Basedow jeden Augenblick den Angriffsbefehl.

Bereits seit mehreren Stunden der Hitze ausgesetzt, klebt ihm die Uniform am Körper. Ebenso leiden seine Soldaten, denen der Stoff wie eine zweite Haut an den Gliedern sitzt. Hatte doch der knauserige Vater des Königs befohlen, dass für den Rock eines Soldaten jeweils nur spärliche 2 ¾ Ellen Stoff verwendet werden durften. Darüber hinaus engt die

Kunersdorf, Kuhgrund mit Blick auf den Elsbusch
Quelle: Archiv des Verfassers

Ausrüstung die Bewegungsfreiheit ein. Auf der rechten Schulter drücken die Riemen, an denen der Brotbeutel und die heute mehr denn je benötigte Feldflasche hängen. An der linken Schulter zieht die Patronentasche, in der jeder Soldat sechzig Schuss Munition mit sich führt. An der linken Hüfte hängt der nie gebrauchte Säbel.

Ob er sich auf seine Sachsen verlassen kann? Mit ihren Uniformen aus blauem Tuch mit weißen Aufschlägen sehen sie zwar aus wie Preußen, aber sind sie es auch in ihrem Herzen? Er wird auf sie mehr Obacht geben müssen als auf seine Leute bei Prag. Entschlossen fasst er sein Kurzgewehr fester und hofft, es nicht gegen die Männer gebrauchen zu müssen, wozu er bei Gefahr absolut berechtigt wäre.

Als der Angriffsbefehl das Finck'sche Korps erreicht, setzt sich die lang gezogene Front in Bewegung. Bereits nach wenigen Schritten schlägt den Soldaten heftiges Artilleriefeuer entgegen. Unbeirrt halten sie die Richtung ein. Erst als die Russen auf die gut 400 Schritt herangerückten Preußen mit Kartätschen schießen, reißen die Kugeln der platzenden Beutel erhebliche Lücken. Auch Basedow fühlt einen plötzlichen Schlag. Ein Projektil hat den Ballen seiner rechten Hand getroffen. Erstaunlicherweise verspürt er jedoch wie bei Prag keinen Schmerz. Kaum hat er ein Tuch über die Wunde gewickelt und das Kurzgewehr in die freie Linke genommen, sind die russischen Batterien erreicht. Ein höllisches Geschrei erfüllt die Szene, weil sich die Kanoniere verbissen mit Säbeln, Wischern, Hebebäumen und allem, was sonst zur Hand ist, wehren. Ohne infanteristischen Schutz haben sie jedoch keine Chance.

Im Siegesrausch stürmt das Finck'sche Korps weiter, bis es an der Spitze des knapp 80 Schritte breiten und 700 Schritte langen Kuhgrundes auf den rechten Flügel der preußischen Hauptarmee stößt, welcher der von den Generalen Schenckendorf und Lindstädt geführten Avantgarde gefolgt war. Völlig ungeordnet schieben sich die Massen in dem knappen Raum ineinander und behindern sich gegenseitig, so dass die acht Bataillone des Finck'schen Korps in den Elsbusch gedrängt zu werden drohen. Nur mit großer Mühe können sie ihre Stoßrichtung längs des nordwestlichen Hangs einhalten, wo sie auf erbitterten Widerstand stoßen. Erst als der linke Flügel der Hauptarmee durch die Seenkette vorgedrungen und das niedergebrannte Kunersdorf mit dem von den Russen zäh verteidigten Friedhof durch die Brigade Knobloch genommen ist, kann der Widerstand am Kuhgrund gebrochen werden.

Es ist 14 Uhr, als Friedrich, der das Geschehen vom Kuhberg aus beobachtet, den Angriff in Richtung auf den parallel verlaufenden Tiefen Weg befiehlt. Zu diesem Zeitpunkt hat Basedow mit seinem Zug bereits eine zweite feindliche Batterie genommen. Als er die dritte Stellung stürmen will, reißt ihn eine Kartätschenkugel nieder. Nunmehr auch am Bein und an der Hüfte blutend, bleibt er liegen. Zwei seiner Leute eilen zurück und legen ihn zum besseren Schutz in einer Senke ab, bevor sie wieder verschwinden. Plötzlich ist Basedow allein. Ein beklemmendes Gefühl beschleicht ihn bei dem Gedanken, dass er marodierenden Soldaten oder Bauern in die Hände fallen könnte, die für gewöhnlich am Ende einer Schlacht das Feld nach leichter Beute absuchen. Denn nach internationalem Kriegsrecht ist das Plündern unter regulären Soldaten jederzeit erlaubt. Auch die preußischen Soldaten dürfen in Ausübung des uralten Rechts, das den Besiegten zur Beute erklärt, plündern, allerdings ausdrücklich erst nach Beendigung der Kampfhandlungen. Nur gegenüber Nichtkombattanten wird von den »wirklichen« Soldaten Disziplin verlangt.

Das Ranzionierungsabkommen mit Österreich von 1741 dehnt das Recht sogar auf die Dauer der Kriegsgefangenenschaft aus. Lediglich das nackte Leben ist dem Besiegten garantiert.

Instinktiv drückt Basedow sich tiefer in die Mulde. Als er nach kurzem Schlaf erwacht, hat der Schlachtenlärm wieder zugenommen. Schemenhaft nimmt er Bewegungen rechts und links der Senke wahr. Soldaten laufen in wilder Flucht vorbei. Preußische Truppen! Wie aus dem Nichts stehen plötzlich drei Soldaten des Regiments Diericke vor ihm. Einer berichtet, dass der Angriff jenseits des Tiefen Weges stecken geblieben und die Schlacht verloren sei. Den von General Laudon zur Entlastung der Russen herangeführten österreichischen Truppen hätten die vom fünfstündigen Kampf und glühender Hitze völlig erschöpften Preußen nichts mehr entgegenzusetzen gewusst. Der König, der selbst von einer Kugel getroffen, aber nicht verwundet worden sei, habe eine Fahne des Regiments Prinz Heinrich ergriffen und vergeblich versucht, sich seinen fliehenden Soldaten entgegenzustellen. Sie von Diericke seien die Letzten. Nach ihnen kämen nur noch die Russen. Dann verschwinden sie.

Drei Minuten später sind die Russen da. Es ist Kavallerie. Ein Kosak kniet über ihm und zerrt wild an seinem blauen Rock. Ein zweiter beobachtet vom Pferd aus das Geschehen. Als Basedow vor Schmerz stöhnt, droht der Reiter mit der Lanze. Nicht nur der Rock wird ihm vom Leib gerissen, auch die Schuhe nehmen die beiden mit, bevor sie sich mit Gejohle entfernen. Halbnackt bleibt Basedow zurück. Wenigstens das Leben hat er behalten.

Die Sonne steht jetzt tief am Horizont. Der Verstand sagt Basedow, dass er sich irgendwie auf eine Straße zu bewegen muss, um gefunden zu werden. Wenn er hier in der Senke liegen blieb, würde er die Nacht kaum überleben. Unter Aufbietung seiner letzten Kräfte schafft er es nach schier endloser Zeit, einen Feldweg zu erreichen. Dort ist ein berittener Leutnant vom Regiment Bevern gerade dabei, für zwei am Straßenrand sitzende verwundete Offiziere einen behelfsmäßigen Transport zu organisieren. Da auf dem requirierten Pulverwagen noch Raum bleibt, lässt er auch verletzte Mannschaften aufsteigen. Als der Leutnant Basedows erbärmliche Gestalt bemerkt, stellt er zwei Männer zur Hilfeleistung ab, während der mürrische Artillerieknecht auf dem Bock keine Hand rührt. Der Wagen ist so überladen, dass die abgearbeiteten Pferde Mühe haben, das Gefährt zu ziehen. In der zusammengewürfelten Gruppe der bei jedem Stoß aufstöhnenden Verwundeten entdeckt Basedow einen Musketier seines alten Regiments Markgraf Karl. Auf Befragen kann dieser nur sagen, dass das Regiment am Kuhgrund im Vor und Zurück mehr als die Hälfte seines Bestandes verloren habe. Viele seien gefallen, manche hätten aber auch nur das Gewehr weggeworfen und sich tot gestellt.

Es ist eine trostlose Fahrt. Wann immer Basedow über den Wagenrand schaut, sieht er Soldaten der verschiedensten Waffengattungen mit und ohne Ausrüstung in heilloser Flucht. Jede Disziplin, für welche die Armee einstmals so berühmt gewesen ist, scheint verloren gegangen zu sein. Nur einmal bemerkt er einen Leutnant einer noch intakten Kavallerieeinheit, der energisch etwas Ordnung in das Chaos zu bringen versucht. Das entschlossene Gesicht zeigt deutlich, dass er jeden niederhauen lassen würde, der nicht gehorcht. Nach einer halben Stunde hält ein Kapitän der Artillerie mit mehreren Soldaten das traurige Gefährt auf. Er brüllt den Knecht an, wie er als Angehöriger der Artillerie dazu käme, Verwundete der Infanterie zu transportieren, während an der Front wertvolle Kanonen verloren zu gehen drohen. Er befiehlt ihm auszuspannen und auf der Stelle mit den Pferden zu folgen. Teilnahmslos gehorcht der Knecht dem Befehl. Ohne Zugtiere sitzen die Verwundeten fest. Keiner weiß, wie es weitergeht. Als wäre dies nicht bereits schlimm genug, reiten mehrere Generale mit ihrer Suite vorbei. Als sie von den verwundeten Offizieren um Hilfe für sich und ihre Kameraden gebeten werden, schenken sie dem Wagen und der traurigen Fracht nicht einmal einen Blick. Das ist der Augenblick, wo sich Basedow für die einst so ruhmreiche Armee bitter schämt.

Seit Stunden haben die Verwundeten nichts getrunken, die unversorgten Wunden peinigen sie bis zur Bewusstlosigkeit, und sie sitzen immer noch fest. Auch Basedow muss nach der endlosen Schüttelei die letzten Kräfte zusammennehmen. Es ist bereits später Abend, als ein Beritt weißer Husaren, die sich im Wesentlichen aus schlesischen Freiwilligen rekrutieren, die apathische Gruppe erreicht. Einer der verwundeten Offiziere, der offenbar ebenfalls aus Schlesien stammt, spricht die Soldaten an, um sie von Landsmann zu Landsmann um Hilfe zu bitten. Doch die Husaren machen nicht halt. Nur ein Unteroffizier am Ende des Zuges hat ein Herz und schert aus. Im Chaos des Rückzugs ist es nahezu unmöglich, ein neues Gespann zu organisieren. Trotzdem macht sich der Unteroffizier auf den Weg und kehrt nach einer halben Stunde tatsächlich mit vier Zugtieren und einem neuen Knecht, Gott weiß woher, zurück. Weil er befürchtet, dass die Verwundeten ihr Gespann bald wieder los sein könnten, überwacht er das Anschirren und wartet ab, bis sich der Wagen wieder in Bewegung setzt. Selten hat Basedow so viel Dankbarkeit empfunden wie für diesen braven, unbekannten Mann.

Der Empfehlung des wackeren Husaren folgend, nimmt sich der Wagen Küstrin zum Ziel. An der Oder macht er vor den Pontonbrücken halt, wo einer der Offiziere das Fahrzeug verlässt. Etwa zur selben Zeit schreibt der König im Fährhaus von Ötscher an den Minister Graf Finckenstein: »*Mein Unglück ist, daß ich noch am Leben bin. Von meinem Heer von 48.000 Mann habe ich keine 3.000 mehr.*«[70] Tatsächlich betragen die Verluste 569 Offiziere und 18.500 Mann. Die Russen haben 566 Offiziere und 13.615 Mann verloren. Saltikow fügt seiner Siegesmeldung an die Zarin Elisabeth hinzu: »*Eure Majestät werden sich über die großen Verluste nicht wundern. Sie wissen, daß der König von Preußen seine Niederlagen allemal teuer verkauft. Wenn ich noch einen solchen Sieg erfechte, so werde ich mit einem Stabe in der Hand allein die Nachricht nach Petersburg bringen müssen.*«[71]

Durch die Niederlage ist die preußische Armee dermaßen geschwächt, dass sie bei energischer Verfolgung durch die Russen endgültig vernichtet worden wäre. Doch Saltikow verzichtet zum großen Ärger des österreichischen Oberbefehlshabers Daun auf den letzten Schritt. Jetzt rächt sich der Hochmut, mit dem die österreichische Führung die Russen wiederholt behandelt hatte. Nach Kunersdorf wollen die Russen kein zweites Mal allein den Preis für die gemeinsame Sache zahlen. Fortan hilft Saltikow aus verletztem Stolz den Österreichern gerade so viel wie er muss, und er hat hierbei die uneingeschränkte Unterstützung aller Offiziere. Der General befiehlt sogar den Rückzug. Als Friedrich davon erfährt, schreibt er am 1. September 1759 aus dem Lager Waldow an der Straße von Lübben nach Lieberose an seinen Bruder Heinrich voller Erleichterung: »*Je vous annonce le miracle de la maison Brandenbourg.*«[72] Neue Hoffnung keimt auf.

10. Wieder im Lazarett

In Küstrin wird Basedow mit drei verwundeten Kameraden in ein privates Quartier gelegt und nach zwei Tagen erstmals medizinisch versorgt. Glücklicherweise erweisen sich die Verletzungen diesmal als reine Fleischwunden, so dass er mit seiner baldigen Wiederherstellung rechnet. Nach den schlechten Erinnerungen an Prag will er keinen Tag länger als unbedingt notwendig in der Lazarettatmosphäre bleiben.

Von den Stubenkameraden weckt einer seine besondere Aufmerksamkeit. Er ist etwa 40 Jahre alt, hat eine mittelgroße, aber kräftige Statur und ein entschlossenes, nicht unfreundliches Gesicht. Sein markantes Kinn deutet auf einen Mann, der weiß, was er will und sich durchzusetzen versteht. Der Fremde spricht nicht viel, aber seine wachen Augen verraten ständige Präsenz. Die abenteuerliche Kleidung aus zivilen und militärischen Stücken verstärkt den Eindruck des Außergewöhnlichen. Basedow möchte mit ihm gern ins Gespräch kommen, weiß aber nicht, wie er es anstellen soll, bis ihn sein Gegenüber selbst anspricht. Basedows Verwundungen musternd bemerkt er:

»Sieh zu, dass du schnell wieder gesund wirst. Die preußischen Lazarette sind kein guter Ort. Die österreichischen sind besser. Ich habe viele gesehen.« Natürlich greift Basedow den Faden sofort auf, so dass der andere fortfährt: »Ich bin Joseph Dreyer vom Freibataillon Le Noble und wie man sich erzählt bei den Österreichern besser bekannt als bei den Preußen.« Als er das sagt, huscht ein spitzbübisches Lächeln über sein Gesicht. Basedow hat gehört, dass es in der preußischen Armee seit dem Beginn des Krieges mehrere Freikorps gibt, die zumindest bis jetzt in keiner Ordre de Bataille erscheinen, sondern außerhalb geschlossener Verbände »frei« zum Einsatz kommen. Was er nicht weiß ist, wie sie operieren.

»Ich führe eine Schar von 27 Mann. Alle habe ich persönlich ausgesucht. Die meisten sind ehemalige Metzger, weil sie kräftig und nicht zimperlich sind. Wir haben keine Gewehre, sondern doppelläufige Flinten. An Stelle der Uniform tragen wir Mäntel mit vielen Taschen, die Patronentasche und Ranzen ersetzen, und dicke Lederwesten zum Schutz vor Beschuss. So ausgerüstet legen wir uns in den Wäldern und Defileen auf die Lauer, um dem Feind die Material- und Viehtransporte abzujagen. Was wir sonst dabei über ihn erfahren, teilen wir dem Hauptquartier mit. Groß angelegte Aktionen sind nicht unsere Sache, aber wenn es sein muss, säubern wir auch Dörfer, wofür das Heer mit seiner Schachbretttaktik wenig taugt.«

Basedow ist fasziniert. Vor ihm sitzt ein Mann des Kleinen Krieges. Völlig frei und ungebunden kann er selbst entscheiden, was zu tun ist! Kein Drill, keine Formalien, ein Leben in der freien Natur, die Basedow von Jugend an so liebt! Er erwidert, dass er Dreyer um seine Ungebundenheit beneide. Zwar könne er sich über seine Soldatenzeit im Regiment Markgraf Karl nicht beklagen, weil sie ihm neue Eindrücke und nicht zuletzt eine Beförderung weit vor der Zeit eingebracht habe. Aber der Dienst sei auch mit großem persönlichem Verzicht verbunden. Allerdings wolle er darüber nicht klagen. Keine Armee der Welt könne ohne Gehorsam und Disziplin etwas erreichen, und ein rechter Kerl müsse seinen Mann stehen, wo immer er hingestellt werde. Für ihn sei es jedoch keine Frage, dass er gern Ähnliches machen würde, wenn er die Wahl hätte.

Dreyer nickt, mustert ihn kritisch, antwortet aber nicht. Trotzdem scheint auch er Interesse an seinem Gegenüber gefunden zu haben, denn fortan verbringen sie viel Zeit miteinander. Wenn der Regimentsfeldscher seine Visite gemacht hat, gehen sie auf den Festungswällen spazieren, zu denen bis zum Eintritt der Dunkelheit jedermann Zutritt hat. Je mehr Dreyer dabei über Basedows Leben und Ansichten erfährt, desto mehr schätzt er die gerade, ungezwungene Art des jungen Mannes, der ganz offensichtlich mehr leisten will als ihm geboten wird und der wie er einen Schuss Abenteuer im Blut zu haben scheint. Vor allem imponiert ihm Basedows Selbstbescheidenheit und Realitätsbezogenheit. Außerdem erkennt er an der schnellen Beförderung, dass Basedow ein guter Soldat sein muss. Beides zusammen, der Respekt vor den menschlichen Qualitäten und der Respekt vor den soldatischen Leistungen sind für ihn Voraussetzung für eine gedeihliche Gemeinschaft. Dreyer könnte niemals mit jemandem Kamerad sein, der zwar über gefällige Eigenschaften verfügt, aber als Soldat versagt. Er glaubt, dass Basedow gut in seine Gruppe hineinpassen würde, und macht ihm deshalb folgendes Angebot:

»In einigen Tagen werde ich als gesund entlassen und zu meinen Männern zurückkehren. Nicht heute oder morgen, aber bei passender Gelegenheit könnte ich dich nachholen. Da man mich im Hauptquartier gut kennt, würde man mir meine Bitte gewiss nicht abschlagen. Eine Versetzung wäre also möglich, wenn du sie tatsächlich willst.«

Und ob Basedow sie will! Schnell sind sie sich einig.

Ende November trifft Basedow wieder bei seinem Regiment ein, das infolge der hohen Verluste bei Kunersdorf nur noch Bataillonsstärke hat. Inzwischen war Dresden am 4. September durch General Schmettau an die Österreicher übergeben worden. Finck hatte am 18. November bei Maxen in aussichtsloser Lage völlig überraschend vorzeitig kapituliert, weil ihm die Rettung von Menschenleben wichtiger war als der heroische Untergang. Immerhin hatte das nördliche Sachsen wiedergewonnen werden können, so dass sich die Armee um Dresden herum in dichter Nähe zu den Österreichern im Winterquartier befindet.

Während Basedow dort die kalte Jahreszeit verbringt, ist Dreyer dem General Fouqué in Schlesien zugeteilt. Weil russische Streifkorps von ihren Winterquartieren in Polen immer wieder in Schlesien einfallen, kommt das Land selbst in der kampffreien Jahreszeit nicht zur Ruhe. Der energische General weiß, dass er mit den regulären Kräften kaum etwas gegen die Nadelstiche ausrichten kann. Deshalb hat er Dreyer befohlen, ihm das Problem mit den bedrohungsgerechten Mitteln des kleinen Krieges vom Halse zu schaffen. Dazu hat Dreyer das gefährdete Gebiet mit Spähern überzogen. Sobald er in seinem Quartier in der Breslauer Vorstadt Meldung erhält, schlägt er zu. Mitte Januar wird ihm durch einen Verbindungsmann berichtet, dass Kosaken ein Gut bei Neuschloß besetzt hielten. Sofort schickt er ein Vorauskommando los, um wenig später mit der Gruppe zu folgen. In Deckung vor dem Gebäude melden die Späher, dass 27 Pferde gezählt und keine Wachen aufgestellt worden seien. Nachdem er sich vergewissert hat, dass sie das Gehöft einmal völlig umgangen und nach Verdächtigem abgesucht hatten, weist Dreyer seine Leute ein:

»Drei Mann kommen mit mir in die erste Stube links, vier beginnen rechts. Drei sichern die Treppe. Der Rest verteilt sich auf dem Flur, sperrt die Türen und hält sich zur Verstärkung bereit. Zwei Mann bleiben draußen und schießen auf jeden, der aus dem Fenster zu fliehen versucht. Drei sichern vorgeschoben das Gelände! Wenn etwas schief geht und wir uns zurückziehen müssen, sammeln wir uns auf der Lichtung, die wir vor zehn Minuten passiert haben.«

Ohne das geringste Geräusch nähert sich die Gruppe dem Haus, aus dem ihr Schreie und Gebrüll entgegenschallen. Mit einem Donnerschlag stürmen die Männer die erste Stube, wo vier Kosaken auf zwei gefesselte Zivilisten einschlagen, um die Preisgabe des Geldversteckes zu erpressen. Bevor die völlig Überraschten reagieren können, werden sie von Dreyers Leuten erschossen. Gleichzeitig haben die anderen Vier die Stube auf der rechten Seite genommen und sechs weitere Kosaken getötet, die gerade dabei waren, sich über die Töchter des Hauses herzumachen. Ohne sich aufzuhalten, rollt die gut eingespielte Gruppe Stube für Stube auf, wo sich 10 Kosaken ohne Widerstand ergeben. Die letzten sieben kommen ohne Waffen die Treppe herunter. Dreyer lässt sie zählen und durchsuchen. Keiner seiner Leute hat Schaden genommen. Noch größer als die Genugtuung der Soldaten über den gelungenen Coup ist die Freude der Bewohner, die sich in letzter Minute gerettet sehen. Völlig verstört, wollen sie in dem Haus nicht bleiben. Sie äußern die Bitte, mitgenommen zu werden, was Dreyer gut verstehen kann. Die Beute ist beträchtlich: 27 Pferde, 17 Gefangene und an die 20.000 Taler.

Die Einsätze im Frühling richten sich gegen österreichische und russische Viehtriebe, die kaum weniger einbringen.

Am 23. Juni 1760 erleidet der wegen seiner Härte und Unnachsichtigkeit allgemein gefürchtete, aber von Dreyer sehr geschätzte Fouqué bei Landeshut eine Niederlage. In der Annahme, dass Breslau bedroht sein könnte, hatte er den strategisch wichtigen Ort aufgegeben, um die Provinzhauptstadt mit einer verkürzten Front wirkungsvoller schützen zu können. Als sich die Annahme als falsch erwies und er vom König wegen der voreiligen Preisgabe gerüffelt worden war, hatte er Landeshut wieder besetzt. Während Dreyer mit seinen Männern im Umfeld Versorgungs- und Nachrichtenwege stört, kämpft der General, die schmähliche Kapitulation Fincks bei Maxen vor Augen, verbissen um die Stadt, bis er der Übermacht schließlich erliegt. Verwundet gerät er in Gefangenschaft.

Dreyer, nunmehr ohne Führung, schlägt sich mit seiner Gruppe von Landeshut nach Breslau durch, wo Oberst Tauentzien seit 1758 als Festungskommandant über Garnison und Stadt ein entschlossenes Regiment führt. Rückgrat seiner Macht ist das von ihm kommandierte I. Bataillon Leibgarde, das ohne die Leibkompanie geschlossen zur Verfügung hat. Tauentzien zittert nicht, als Laudon vor den Toren steht, ein General, vor dem der König unter allen Gegnern den größten Respekt hat. Friedrich hätte den schweigsamen Balten, der von den Österreichern trotz seiner außerordentlichen Verdienste immer mit einer gewissen Herablassung behandelt wird, leicht auf seiner Seite haben können, wenn er dessen Qualitäten bei der ersten Bewerbung in Potsdam erkannt hätte. Als der König den Fehler bemerkt, ist es zu spät.

Obwohl die Lage aussichtslos ist, lehnt Tauentzien das Kapitulationsangebot ab. Er ist sich mit seinen Offizieren einig, lieber auf der letzten Bastion bis zum Äußersten zu kämpfen, als den Österreichern den Triumpf zu gönnen, die Leibgarde des Königs gefangen genommen zu haben. Bevor es jedoch dazu kommt, ist Prinz Heinrich mit einem Entlastungskorps zur Stelle, und wenig später trifft auch der König ein. Mit ihm zieht Dreyer anschließend nach Sachsen, wo das Freibataillon Le Noble in der Schlacht bei Torgau am 3. November 1760 großräumig das Gelände sichert und anschließend in Wittenberg durch Hinzufügung eines weiteren Bataillons den Status eines Regiments erhält.

Generalleutnant Heinrich August de la Motte Fouqué
Quelle: Zeichnung von Adolf Menzel

11. Rückzug und Marsch auf Berlin

Von den Ereignissen, die Dreyer in Schlesien beschäftigen, ist Basedow zunächst nicht betroffen. Im Mai 1760 hatte der König seine Truppen in Schlettau bei Meißen zusammengezogen. Er selbst wollte sich gegen seinen Hauptgegner Daun wenden, während Prinz Heinrich den Oberbefehl über den Feldzug gegen die Russen erhielt und Fouqué weiterhin Schlesien decken sollte. Als sich jedoch Fouqué am 23. Juni bei Landeshut trotz tapferer Gegenwehr nicht behaupten konnte, mussten die Pläne geändert werden. Nicht ahnend, dass Tauentzien Breslau bis zu seiner Entlastung durch den Prinzen Heinrich am 6. August eisern halten würde, eilt der König in Richtung Schlesien, während der in Schlettau verbliebene Hülsen, zu dessen Korps Basedows Regiment gehört, Sachsen gegen die Reichstruppen halten soll. Hülsen ist ein durchsetzungsfähiger Offizier, der wegen seiner ostpreußischen Standhaftigkeit von seinen Soldaten sehr geschätzt wird. Mit 17 Jahren war er im Infanterieregiment Nr. 2 eingetreten und hatte seine Feuertaufe vor Stralsund erhalten. Nach zunächst durchschnittlicher Karriere – er wurde erst mit 53 Jahren Oberst und mit 61 Generalmajor – gehört er zu den besten Unterführern des preußischen Heeres.

Obwohl Daun mit seiner Hauptstreitmacht Friedrich im Parallelmarsch nach Schlesien gefolgt war und die Reichstruppen dadurch geschwächt sind, hat es Hülsen schwer, seinen Auftrag zu erfüllen. Da seine Kräfte in überdehnter Stellung zu schwach sind, muss er Schritt für Schritt zurückgehen. Zuerst wird Leipzig, dann Torgau und schließlich auch Wittenberg aufgegeben, so dass sich Ende September erstmalig ganz Sachsen in Feindeshand befindet. Am 5. Oktober liegt Hülsens Korps bei Beelitz, was Basedow verständlicherweise elektrisiert. Händeringend sucht er nach einer Möglichkeit, den Katzensprung nach Stücken zu wagen. Aber er ist Soldat und darf die Truppe nicht verlassen. Die Hiobsbotschaft, dass die Russen mit zwei Spitzen vor Berlin stehen und drauf und dran sind, die Stadt einzunehmen, enthebt Basedow aller weiterer Gedanken. Vom Kommandanten Rochow um Hilfe gebeten, marschiert Hülsen sofort los. Mit schwerem Schritt passiert Basedow sein Heimatdorf, das nur einen Steinwurf weit entfernt liegt. Noch nie ist ihm das Marschieren so schwer gefallen. Hülsen gelingt es, die Höhen vor dem Halleschen Tor zu besetzen und Totleben zur Spree abzudrängen. Gleichzeitig hat der Herzog von Württemberg bei Lichtenberg in aller Eile eine schwache Front gegen den zweiten russischen Angriffskeil unter Tschernischef aufgebaut. Basedows Regiment ist so postiert, dass er von seinem Platz keinen Russen zu sehen bekommt. Bevor sich die preußischen Generäle über das weitere Vorgehen einigen können, verändert sich die Lage durch das Eintreffen eines österreichischen Korps unter Lacy dermaßen, dass der Kriegsrat die freiwillige Aufgabe der Stadt beschließt. Basedow marschiert deshalb unter nachlassender Feindberührung mit seinem Regiment die Spree entlang über die Jungfernheide nach Spandau, von dort über Brandenburg und Belzig nach Dessau und schließlich nach Kemberg. Dort vereinigt sich die Kolonne am 28. Oktober mit dem aus Schlesien eingetroffenen König.

Die Soldaten wissen, dass der König Sachsen unbedingt wiedergewinnen muss, wenn er den Krieg mit einiger Aussicht auf Erfolg fortsetzen will. Alle fiebern deshalb seiner Entscheidung entgegen, wie er Daun und den von Berlin nachgerückten Lacy bei Torgau angehen wird. Zu Basedows großem Bedauern ist das Bataillon Hauss nicht für den unmittelbaren Kampf vorgesehen. Es soll vielmehr unter dem General Sydow die Sicherung des Trains und der bei Düben stehenden Feldbäckerei übernehmen, die dort ihr Mehl über die Elbe von Magdeburg bezieht. Während dem König die Sicherung des Nachschubs ebenso wichtig ist wie die Schlacht selbst, weil eine hungernde Truppe erfahrungsgemäß schlecht kämpft, empfinden die damit beauftragten Soldaten den Einsatz als ausgesprochen undankbar. Ihre Freude über den am Abend des 3. November erfochtenen Sieg ist deshalb begrenzt. Auch Basedow hätte lieber unmittelbar an der Schlacht teilgenommen.

Im Winterquartier bei Leipzig, wo das Regiment einen neuen Chef erhält, wird Basedow unerwartet zum Stabskapitän befohlen. Er ist kaum eingetreten, als der Offizier ihn anfährt:

»Zur Hölle, Basedow, was geht hier vor? Er ist von allerhöchster Stelle für das Freiregiment Le Noble in Wittenberg angefordert. Woher kennt ein einfacher Sergeant meiner gottverdammten Kompanie seine Hoheit, den Prinzen Heinrich?« Wissensdurst und ein Körnchen Neid stehen in seinem Gesicht. Basedow schätzt den Offizier nicht. Deshalb beschließt er, sich einen Spaß zu machen und zu schweigen. Das Thema soll für den Chef ein ewiges Rätsel bleiben. »Nun gut«, knurrt der schließlich. »Hier hat Er seinen Marschbefehl. Bewahre Er ihn gut auf, damit Er unterwegs nicht als Deserteur gehängt wird!«

Auf dem Weg nach Wittenberg benutzt Basedow die übliche Post mit dem Marschbefehl als Fahrschein. Einmal wird er von einer Husarenstreife angehalten, die sichtlich Mühe hat, das Papier zu lesen. Die Husaren reichen das Dokument hilflos herum, bis sich einer findet, der es umständlich Buchstabe für Buchstabe vorliest:

»Nachdem Vorzeiger dieses, der Unteroffizier meines unterstehenden Regiments unter der Leibkompanie Namens Joachim Basedow, große Statur, bräunliche Haare, tragend einen Rock mit Aufschlägen, Kamisol und Hosen anhabend, von hier nach Wittenberg befohlen worden, also werden alle und jede, sowohl Kriegs- als Civil-Bediente, die vom Adel, Magistrate in den Städten, ingleichen Bürger und Bauern ersucht, denselben auf Vorzeigen dieses Passes sicher und ungehindert passieren und repassieren zu lassen. Doch soll dieser Pass nicht weiter als obgedachten Orte gelten.

Im Quartier zu Leipzig 10. Januar 1761

Röbel

Seiner koeniglichen Majestät in Preußen

bestallter Generalmajor bei der Infanterie

und Obrister eines Regiments bei Fuß.«

12. Im Freikorps

In Wittenberg, wo Le Noble zur Jahreswende 1760/61 durch Hinzufügung eines zweiten Bataillons dem sächsischen Korps unter dem Oberbefehl des Prinzen Heinrich zugeschlagen worden war, trifft Basedow auf Dreyer. Die Freude über das Wiedersehen ist auf beiden Seiten groß. Zwei Jahre waren sie getrennt gewesen, ohne voneinander zu hören.

Während Basedow von seinen Erlebnissen berichtet, erfährt er im Gegenzug von den Ereignissen bei Landeshut und der Belagerung von Breslau. Eine Geschichte folgt der anderen, bis Dreyer ohne Umschweife zur Sache kommt:

»Du bist zwar Unteroffizier und damit höherrangig als meine Leute, aber in meinem Streifkorps gibt es keine Unterschiede. Jeder wird nur nach dem bewertet, was er in der Gruppe leistet, und nicht nach dem, was er einmal war. Meine Männer kommen aus allen Teilen Europas. Es sind Holländer, Kroaten, Tiroler, Polen, Franzosen, Russen und Italiener darunter. Ein jeder bringt aus seiner Vergangenheit als Soldat oder Zivilist Fertigkeiten mit, die uns allen irgendwann einmal von Nutzen sind. Für alle gilt nur ein Befehl, und das ist meiner. Wer widerspricht bekommt 20, wer Befehle nicht befolgt 50 und wer ihnen zuwiderhandelt 100 Hiebe. Von der Beute, die wir machen, stehen mir als Führer drei Anteile zu.

Die 27 Männer habe ich in zwei Gruppen geteilt. Die eine spioniert als Bauer, Marketender, Landstreicher oder sonst wie verkleidet den Feind aus, die andere greift an. Die Gesamtzahl ist bewusst klein gehalten. Ein stärkeres Korps wäre auffällig und weniger beweglich. Die Kommandos werden durch Handzeichen oder Pfeifen gegeben. Wir nutzen jede Deckung aus. Wenn ich mich hinlege, legt sich sofort jeder hin. Wenn ich die Hand hebe, schleicht ihr nach vorn und breitet euch seitwärts von mir in einer Linie aus. Sollten wir in Feindnähe in Reihe marschieren, sichern im Wechsel die einen nach links und die anderen nach rechts. Der Letzte schaut nach hinten. Wir meiden den direkten Kampf, bei dem wir unterliegen müssen. Unsere Spezialität ist der Überfall. Genauso schnell wie wir angreifen, ziehen wir uns in das Dickicht zurück. Der linearen Taktik gewohnte Gegner ist mit unserer Kampfweise nicht vertraut. Er folgt uns nie, weil er befürchtet, seine Leute in den Wäldern durch Desertion zu verlieren. Du bleibst zunächst bei mir in der zweiten Gruppe.«

Daraufhin ruft Dreyer seine Leute zusammen, um ihnen den Neuen vorzustellen. In wenigen Minuten hat sich der Kreis formiert. Basedow ist noch nie einem abenteuerlicheren Haufen begegnet. Aber was er sieht, imponiert ihm. Er hört Dreyer sagen: »Das hier ist Joachim Basedow aus der Mark bei Berlin. Er hat bisher in der regulären Truppe gedient. Ich habe ihn für uns für gut befunden, das muss euch genügen.«

Zu Basedows Überraschung treffen Dreyers Worte nur auf mäßiges Interesse. Kaum einer schaut herüber. Auf vier Männer deutend, wendet sich Dreyer an ihn:

»Die da musst du dir merken, den Rest wirst du im Laufe der Zeit kennen lernen. Das hier vorn ist mein Stellvertreter Guther aus Hamburg. Dort drüben stehen Langenfeld aus Straßburg, Kauffmann aus Nürnberg und Berner, ebenfalls aus Hamburg. Langenfeld ist unser Arzt. Wenn etwas mit dir nicht stimmt, wende dich an ihn. Berner kennt sich in Betäubungsmitteln aus. Er war einmal Apotheker. Kauffmann ist unser Proviantmeister und Faktotum.« Mit dem kurzen Befehl »Kauffmann, gib ihm seine Montur!« beendet er die Vorstellung.

Basedow legt seinen blauen Rock ab, den er monatelang getragen hat. Die von Dreyer speziell für die Einsätze entworfene Schutzweste aus doppelter Ochsenhaut sitzt zu seiner Überraschung nicht so bequem, wie er erwartet hatte. Dagegen findet er den Mantel mit den vielen Taschen, in denen er die Munition und alles verwahrt, was sonst in den Tornister gehört, äußerst praktisch. Selbst die Hosen haben Seitentaschen, in denen zwei scharfe Messer stecken. Dazu erhält er eine doppelläufige Büchse, zwei Pistolen für den Gürtel, ein unter dem

Kamisol zu versteckendes Terzerol für den äußersten Notfall sowie einen scharfen Säbel, der sich für das Abschlagen von Ästen und Gesträuch besonders eignet. Noch nie hat er sich so schwer und zugleich ideal für die zu erwartenden Einsatzbedingungen ausgerüstet gefühlt.

Anfang 1761 wird das Freiregiment Le Noble innerhalb des sächsischen Korps zunächst mit Sondermissionen gegen die Franzosen betraut. Südlich des Harzes streift Dreyer auf der Suche nach Beute durch die Wälder. Spähtrupps melden ihm, was um ihn herum vorgeht. Kontakte mit größeren Feindverbänden meidet er, registriert aber deren Bewegungen sorgfältig, um seine Beobachtungen später dem Hauptquartier zu melden. Bei Branderode stoßen sie auf einen aus elf Proviantwagen bestehenden Konvoi mit 16 Mann Bedeckung. Dreyer umgeht ihn, versteckt seine Leute auf beiden Seiten eines Defilees, wo die Franzosen nichts ahnend in die Falle laufen.

Ernster wird es, als die Späher wenig später auf französische Kavallerie stoßen, die in einem Gutshof rastet. Der Melder berichtet von 32 Pferden und einem Marketenderwagen. Dreyer überschlägt das Kräfteverhältnis und entschließt sich, den Köder anzunehmen. Der Melder führt die Gruppe zu dem am Hof liegenden Spähtrupp. Aus dem Haus klingt der Lärm fröhlichen Gezeches.

Aus der Deckung heraus kann Basedow außer den Pferden nichts Auffälliges erkennen. Die Gewehre und Pistolen stecken noch in den Holstern. Welcher Leichtsinn. Offenbar haben die Franzosen nur eine kurze Rast einlegen wollen, aber der Weinkeller des Gutsherrn muss ihre Pläne über den Haufen geworfen haben. Dreyer überlegt, ob er das Haus stürmen soll. In den Räumen würden sich die Kavalleristen mit ihren Säbeln gegenseitig behindern und gegen die gewaltige Feuerkraft der doppelläufigen Büchsen im Hüftanschlag kaum eine Chance haben. Aber er kennt die Räume nicht. Sein Plan steht fest, als ein Kavallerist unvermittelt hinaustritt. Sofort gibt er seinen Leuten einen Wink, und in wenigen Sekunden ist der Mann überwältigt. In der Deckung lässt er sich ihn vorführen, wobei sich herausstellt, dass der Überrumpelte ein Deutscher von den Reichstruppen ist. Dreyer macht es kurz:

»Das Besäufnis ist zu Ende. Melde deinem Leutnant, dass er von 60 gut bewaffneten Männern umzingelt ist. Jeder, der sich am Fenster zeigt oder zu fliehen versucht, wird sofort erschossen. Dein Chef hat die Wahl, entweder drinnen zu bleiben oder gleich herauszukommen. Das Ende ist dasselbe. Wenn Ihr rauskommt, dann einzeln, ohne Waffen und im Abstand von einer Minute.«

Noch unter dem Schock des Erlebten eilt der Mann zurück. Im Haus bricht der Lärm schlagartig ab. Es herrscht Grabesstille, doch nichts geschieht. Dreyer will gerade den Befehl zum Sturm geben, als die Franzosen einer nach dem anderen heraustreten. Dreyer lässt sie zählen und durchsuchen. 32 Pferde, 32 Gefangene und zur großen Überraschung aller eine Unmenge von Reichstalern sind das Ergebnis. Davon entfallen auf Basedow knapp 500 Taler. Noch niemals in seinem Leben hat er so viel Geld besessen. Auf dem Marsch in die Etappe blickt sich ein Franzose um. Er zählt nur 27 Preußen, 33 fehlen. Ganz offensichtlich haben er und seine Kameraden sich an der Nase herumführen lassen.

In der zweiten Jahreshälfte operiert die Gruppe Dreyer im böhmischen Grenzgebiet gegen die Österreicher. Prinz Heinrich hatte den schweren Auftrag erhalten, Sachsen gegen die österreichische Hauptarmee und die von Serbelloni kommandierte Reichsarmee zu decken. Während er sich mit großer Mühe gegen die Übermacht durch mehrere kleinere Vorstöße und Rührigkeit im Aufklärungs- und Sicherungsdienst behauptet, stört Dreyer den Feind im Hinterland mit Überfällen. Dabei richtet sich sein Augenmerk vor allem auf die Viehtriebe.

Südlich Freiberg liegt die Gruppe durch Posten gesichert in den Wäldern und wartet bei bereits empfindlicher Kühle die Ergebnisse der ausgesandten Kundschafter ab. Der erste, der zurückkommt, ist der Apotheker Berner. Er hatte sich mit einem erbeuteten Wagen als Marketender verkleidet auf den Weg hinter die österreichischen Linien gemacht. Dort war er nach wenigen Stunden auf ein feindliches Pikett gestoßen, von dem er unter dem Einfluss großzügig spendierten Schnapses erfuhr, dass es einen nahebei grasenden Viehtrieb von gut 300 Stück bewachte. Keiner ahnte, dass der Apotheker zuvor den Branntwein mit Opium vermischt hatte. Als einer nach dem anderen schließlich eingeschlafen war, hatte sich Berner in die Büsche geschlagen und, um schneller zu sein, eines seiner Pferde ausgespannt.

Obwohl die Österreicher leicht in der Überzahl sind, will Dreyer sich die Beute nicht entgehen lassen. Er setzt darauf, dass das Opium noch wirkt, was ihm der Apotheker mit einigem Bedenken bestätigt. Nach genauer Ortsbeschreibung, womit Berner wegen zweier in der Nähe liegenden Hügel mit markanten Spitzen keine Mühe hat, teilt Dreyer seine Leute auf. Das gefährlichere Kommando soll unter seiner Führung die hoffentlich noch träumenden Österreicher einsammeln und das andere unter Guthers Befehl die Tiere auf die preußischen Linien zutreiben. Dabei wird Basedow wegen seiner Erfahrung im Umgang mit Vieh diesmal der Gruppe des Stellvertreters zugeteilt. Das angegebene Ziel ist aufgrund der präzisen Beschreibung schnell erreicht. Weil die Österreicher immer noch tief schlafen, verläuft die Aktion reibungslos. Sie erlangen erst als Gefangene ihr Bewusstsein wieder. Auch das Vieh folgt den Leittieren ohne Extratouren gemächlich bis in das preußische Hauptquartier.

Ein ähnliches Unternehmen wenige Tage darauf beginnt ebenso erfolgreich, endet dann aber beinahe in einem Desaster. Die preußischen Feldwachen erkennen in dem verwegenen Haufen nicht die eigene Truppe. Weil Dreyers Leute auf Anruf weder stehen bleiben noch die Parole wissen, eröffnen die Soldaten das Feuer. Mit zwei Schwerverwundeten überquert die Gruppe schließlich die Linie.

Im Spätsommer wagt sich Dreyer erstmalig an ein österreichisches Kommando, das seine Kräfte übersteigt. Während seinen Leuten der Rückzug gelingt, werden er, Basedow, der Apotheker und ein weiterer Mann durch ein eher zufälliges Manöver des Gegners vom Rückweg abgeschnitten und überwältigt. Zum Glück erkennen die Österreicher Dreyer nicht. Keiner ahnt, dass ihnen der am meisten gesuchte Preuße in die Hände gefallen ist, auf dessen Ergreifung ein beachtliches Kopfgeld ausgesetzt ist. Gemeinsam mit 159 weiteren Kriegsgefangenen marschieren die vier unter Bewachung eines kleinen Korps von Invaliden unerkannt nach Prag. Da sie nicht getrennt werden, nutzen sie die Zeit, um Fluchtpläne zu schmieden. Am Ende des ersten Marschtages steht ihr Entschluss fest. Der Apotheker wird fliehen und Kontakt mit der Gruppe aufnehmen. Danach wird er als Marketender verkleidet zur Gefangenenkolonne zurückkehren und anschließend die Wachmannschaften mit seinem bewährten Alkoholmixgetränk außer Gefecht setzen. Den Rest werden Dreyer und die unauffällig herangeführte Gruppe übernehmen. Dem Apotheker gelingt es in der Nacht unbemerkt zu entkommen.

Am nächsten Tag stößt die Gefangenenkolonne auf einen Marketender, dessen Wagen offensichtlich mit einem Achsschaden liegen geblieben ist. Während die Wachmannschaften unschlüssig darum herumstehen, bietet der Händler ihnen großzügig Getränke unter der Bedingung an, dass sie das Gefährt wieder flottmachen. Da der Offizier zur Streckenerkundung vorausgeritten ist, sehen die Österreicher keinen Grund, auf den Handel nicht einzugehen. Die dem Alkohol ebenfalls entgegenfiebernden Gefangenen weist der Marketender schroff mit dem Hinweis zurück, dass er Soldaten, die sich feige einfangen ließen, noch nie etwas geschenkt habe.

Nach einer halben Stunde legen sich die ersten Österreicher, von einer ungewohnten Mattigkeit übermannt, zum Schlafen nieder. Während Dreyer sie sorgfältig beobachtet, weiht Basedow die nichts ahnenden Mitgefangenen in die Pläne ein, die urplötzlich verstehen, warum sie keinen Schnaps erhielten. Mit den erbeuteten Waffen werden die schläfrigen Österreicher schnell überwältigt, so dass die herbeigeeilte Gruppe kaum noch zum Einsatz kommt. Kurz darauf kehrt der Offizier zurück, weil er sich wundert, warum die Kolonne ihm nicht gefolgt ist. Auf sich allein gestellt, leistet der verdutzte Mann keinen Widerstand und überlässt Dreyer verärgert seinen Degen. Fast übermütig macht sich der Zug in nunmehr verkehrten Rollen unverzüglich auf den Weg in das preußische Hauptquartier, das nach 1 ½ Wochen erreicht wird.

Während Basedow mit Dreyer an der Grenze von Sachsen und Böhmen operiert, hat Laudon am 1. Oktober die wichtige Festung Schweidnitz erobert. Darüber hinaus ist Kolberg am 12. Dezember nach energischer Verteidigung in russische Hand gefallen, so dass der König mit düsterer Vorahnung Winterquartier in Breslau bezieht. Die Einstellung der Subsidienzahlungen durch England und die Zuspitzung des notorisch angespannten Verhältnisses zum jüngeren Bruder Heinrich verschlimmern die ohnehin schwierige Situation bis zur Aussichtslosigkeit. In dieser deprimierenden Lage erweist sich der Tod der Zarin Elisabeth am 5. Januar 1762 für Preußen geradezu als ein Glücksfall. Der neue Zar Peter III., ein offener Bewunderer des Königs, schließt am 5. Mai Frieden und gibt sogar das besetzte Ostpreußen heraus, so dass die Armee dort wieder rekrutieren kann. Durch den unerwarteten Wegfall Russlands sieht sich das an der Nordfront isolierte Schweden ebenfalls zum Friedensschluss gezwungen. Österreich steht plötzlich nahezu allein. Da Preußen sich nunmehr voll auf den Gegner im Süden konzentrieren kann und zudem im Gegensatz zu Wien finanziell noch nicht ausgeblutet ist (Preußen hatte in den Kriegsjahren 169 Millionen Taler eingenommen und hiervon 139 Millionen für seine Feldzüge ausgegeben, so dass 30 Millionen verbleiben), rechnet jeder damit, dass das nahezu isolierte und klamme Österreich auf kurz oder lang ebenfalls die Friedensfühler ausstrecken wird. Noch ist es jedoch noch nicht so weit.

13. Freiberg, 29. Oktober 1762

Während der König im neuen Jahr Schlesien gegen Daun behauptet, der sich nach der Rückeroberung von Schweidnitz durch Tauentzien nach Glatz zurückgezogen hat, muss Heinrich sein Lager bei Pretschendorf vor den unter Führung Hadiks aus Böhmen herangerückten Österreichern räumen. Die kritische Situation an der sächsischen Front wird durch die Niederlage von Seydlitz bei Teplitz am 2. August noch verschärft. Weil

Sachsen auf keinen Fall verloren gehen darf, das nach Friedrichs Plänen als Pfand für die kommenden Friedensverhandlungen vorgesehen ist, entschließt sich Heinrich trotz ungünstiger Voraussetzungen im Oktober zur Schlacht. Mit einem Nachtmarsch will er die durch Hadik verstärkten Reichstruppen überraschen. Da die personellen Ressourcen knapp sind, wird das Freiregiment Le Noble zum ersten Mal in die reguläre Truppe eingegliedert. Es ist unter dem Kommando des Generals Belling auf dem rechten Flügel der von Alt Stutterheim kommandierten Sektion eingeplant.

Die Eingliederung ist nicht ohne Risiko, weil die Freitruppen den geordneten Kampf überhaupt nicht gewohnt sind. Schon überlegt Basedow, wie er zumindest den Kameraden seiner Gruppe die ihm, aber nicht ihnen vertrauten taktischen Grundzüge klar machen soll, als Dreyer Befehl erhält, im Lager zurückzubleiben und zur Täuschung des Gegners möglichst viele Feuer aufrechtzuerhalten. Während das Korps am 28. Oktober 1762 um 20 Uhr in vier Kolonnen in die Nacht abmarschiert und Dreyers Leute von einer Feuerstelle zur anderen rennen, ahnt niemand, dass der Plan dem Gegner durch Verrat längst bekannt ist. Trotzdem machen die vier preußischen Spitzen am nächsten Tag große Fortschritte, so dass Dreyers Leute Mühe haben, zu ihnen aufzuschließen. Weil die kleine Schar an der Front ohnehin nicht ins Gewicht fällt, beschließt Dreyer, das Tempo zu verlangsamen und die Wälder von versprengten Feinden zu säubern. Er hat sich von Basedow überzeugen lassen, dass sie damit der Führung nützlicher sind. Tatsächlich machen sie eine Reihe von Gefangenen. Als sie gegen Mittag das Regiment schließlich erreichen, kommen sie gerade noch rechtzeitig, um am Sturm auf das Dorf Klein Waltersdorf teilzunehmen, das Le Noble zusammen mit dem Freibataillon Schack zur Vorbereitung des Angriffs auf den rechten Flügel nehmen soll. Dieser Auftrag ist ganz nach ihrem Geschmack. Keiner beherrscht eine solche Aufgabe besser. Während die Freisoldaten im Nahkampf Haus für Haus aufrollen, wird Basedow von zwei Österreichern derart bedrängt, dass er sich in seiner Not nicht anders zu helfen weiß, als dem einen mit dem Terzerol ins Gesicht zu schießen und dem anderen in letzter Sekunde das Waldmesser in den Bauch zu jagen. Neben ihm hat Dreyer ebenfalls einen Gegner niedergemacht, bevor ihm eine verirrte Kugel das halbe Ohr abreißt. Nach einer halben Stunde ist das Dorf genommen. Alt Stutterheim stößt vor und drückt mit den Regimentern Bevern und Manteuffel den rechten Flügel ein. Zuvor hatten die erste Kolonne unter dem Kommando des Generalmajors Kleist bereits den linken Flügel dezimiert und die zweite die im Spittelwald vorgeschobenen feindlichen Truppen angegriffen, so dass der überall bedrängte Prinz von Stolberg schließlich den Rückzug befiehlt. Damit ist die letzte Schlacht des Siebenjährigen Krieges geschlagen.

Nach dem Friedensschluss zwischen England und Frankreich am 3. November in Fontainebleau beginnen Ende des Monats durch sächsische Vermittlung auch zwischen Preußen und Österreich die Verhandlungen. Sie stehen jedoch unter keinem guten Stern. Weil Österreich Glatz behalten und für Sachsen eine Wiedergutmachung herausschlagen möchte, Friedrich aber keine Bedingungen akzeptiert, blitzt die Kriegsgefahr vorübergehend wieder auf. In der Erkenntnis, im kriegsmüden Europa niemanden mehr für die Fortsetzung gewinnen zu können, gibt das erschöpfte Wien schließlich auf. Am 15. Februar 1763 wird auf Schloss Hubertusburg der Friedensvertrag unterzeichnet. Sieben Jahre Krieg, die Preußen 180.000 Soldaten gekostet haben, sind vorbei.

14. Kriegsende und Neubeginn

In der Armee rechnet jeder damit, dass die Rückführung der zuletzt 219.000 Mann starken Armee[73] auf das Friedenssoll zu den ersten Nachkriegsmaßnahmen des Königs gehören wird. Während die Kantonisten die bevorstehenden Entlassungen begrüßen, sehen die im Kriegsverlauf aufgestiegenen bürgerlichen Offiziere die Veränderungen mit gemischten Gefühlen. Wenn der König auf den Friedensstand zurückkehrt, wird auch das Adelsprivileg für das Offizierkorps wieder gelten. Besonders aber müssen die angeworbenen Freikorps mit der Entlassung rechnen, weil sie überhaupt nicht auf dem Friedenetat stehen. Basedow kann die Unruhe in seinem Regiment förmlich spüren. Durch die unbestreitbaren Verdienste stehen sich er und die Gruppe Dreyer etwas besser, aber die guten Leistungen sind keineswegs eine sichere Bank, zumal sie bereits während des Krieges durch großzügige Geldgeschenke abgegolten worden sind.

Neben zahlreichen Kriegsgefangenen vom Gemeinen bis zum General hatte Dreyer die erstaunliche Zahl von 630 Pferden, 694 Rindern, 54 Schweinen, 111 Schafen und neun Ziegen eingebracht. Gerade das Fleisch war von größtem Wert gewesen. Wenngleich die preußische Armee dank der hervorragenden Organisation des Trainwesens über lange Jahre des Krieges vorbildlich versorgt war, hatte es auch ihr daran in der letzten Phase des Krieges besonders gefehlt. Denn das durch die wiederholte Durchquerung von beiden Seiten nahezu leer gefegte Land gab nichts mehr her. Noch schlimmer als die Armee litten die ortsansässigen Bauern. Basedow hatte mehrmals mit eigenen Augen gesehen, wie sich die armen Menschen wegen des geraubten Viehs selbst vor die Pflüge spannen mussten. Der deprimierende Anblick war selbst für die hartgesottenen Soldaten oft nicht zu ertragen. Warfen sie den ausgemergelten Gestalten gelegentlich aus Mitleid einige Groschen zu, hatten diese nicht einmal die Kraft, sich dafür zu bedanken.

Glücklicherweise stellt sich heraus, dass die Sorgen sowohl für das Regiment als auch die Gruppe Dreyer unbegründet sind. Weil sich Le Noble insgesamt tapfer geschlagen hat, soll das Regiment nach dem Willen des Königs in Glatz das verschlissene Garnisonsregiment Nr. 8 ersetzen, und weil Dreyers Taten weiterhin unvergessen sind, dürfen er und seine Leute wählen, ob sie ihrer Einheit dahin folgen wollen oder eine ehrenhafte Entlassung vorziehen.

Wie soll sich Basedow entscheiden? Der Festungsdienst in einem Garnisonsregiment galt bereits vor dem Kriege als das Unattraktivste, was die Armee zu bieten hat. Wenngleich der König einige Regimenter in den Krieg mitgenommen hatte, von denen sich insbesondere die Grenadiere erstaunlich bewährten, werden die Garnisontruppen unverändert als drittklassig angesehen. Tagtäglich auf Mauern zu patrouillieren und Magazine zu bewachen in weiter Entfernung von daheim, ist für Basedow keine Traumverwendung. Und von ausgedienten, nicht mehr felddiensttauglichen Offizieren kommandiert zu werden, will er sich erst recht nicht zumuten. Nein, Glatz ist nicht sein Ziel.

Soll er, der immerhin schon in der regulären Truppe gedient hat, die Rückkehr beantragen und mit Hilfe von Dreyers guten Beziehungen vielleicht sogar den Sprung in die Garde wagen? Immerhin hatte der König vor dem Kriege dazu bereits sein Einverständnis gegeben. Die Aussicht auf doppelten Sold lockt ihn nicht, denn er hat bei den Kommandoeinsätzen so gut verdient, dass er sich finanziell keine Sorgen zu machen braucht. Der Reiz ist die Nähe Potsdams zu Stücken, aber sie würde ihm nichts nutzen, weil die Soldaten der Garde im Gegensatz zu den Regimentern zu Fuß niemals Urlaub erhalten. Außerdem wäre er im Friedensdienst wieder den strengen Regularien unterworfen, denen er im Freiregiment so glücklich entkommen war. Auf sie würde bei der Garde als Mustertruppe sogar besonders streng geachtet werden. In seinen Gedanken malt er sich aus, wie er in Potsdam seine Tage verbringen würde, und danach scheint ihm auch diese Variante nicht attraktiv.

Was Basedow demnach bleibt ist die ehrenhafte Entlassung mit der Option, Bauer zu werden. Den Erwerb einer erbfreien Stelle schließt er für sich von vornherein aus. Erbfreie Bauern, die nur den König zu ihrem Herren haben und ihre Scholle frei vererben und veräußern können, gibt es nur in einigen Teilen Preußens. Um eine solche Stelle zu erwerben, fehlt ihm das Beziehungsgeflecht und das Geld, wenngleich er bei Le Noble gut verdient hat. Für einen Mann wie ihn kommt nur eine erbuntertänige Bauernstelle entweder auf einem der 6.600 Rittergüter oder einer der königlichen Domänen in Betracht.

Die gegenseitigen Rechte und Pflichten auf einem Rittergut kennt er. Der Grundherr stellt ihm Haus und Hof samt Zubehör zur Verfügung und weist ihm Vieh, Saatgut und Ackerfläche zur eigenen Nutzung zu. Dafür muss er Naturalabgaben aus der eigenen Wirtschaft (Pacht) sowie an drei bis vier Tagen pro Woche Hand- und Spanndienste für die Bewirtschaftung der vom Gutsherrn genutzten Flächen leisten (Handdienste mit Spaten und Hacke auf den kleineren Flächen, Spanndienste auf den größeren, die Zugtiere erfordern). Darüber hinaus hat er die Gerichtsbarkeit des Gutsherrn zu akzeptieren, darf ohne seine Erlaubnis nicht heiraten und die Scholle nicht ohne Loslassgeld verlassen. Er muss ferner dem Herrn seine Kinder ab dem 10. Geburtstag für fünf Jahre als Gesinde zur Verfügung stellen. Sein Getreide darf er nur in der Mühle des Gutsherrn mahlen lassen, Bier, Branntwein und das wichtige Salz nur von ihm beziehen. Im Falle seines Todes fällt der Hof wieder an den Gutsherrn zurück.

Mit den Verhältnissen auf den Domänen des Königs ist er weniger vertraut, weiß aber, dass die Bauern dort größere Freiheiten haben. Vor allem sind dort die Abgaben und Dienste gesetzlich geregelt. Pro Jahr werden 42 kg Roggen, 34 kg Gerste, 25 kg Hafer, eine Gans, vier Hühner, dazu Flachs und Garn gefordert. Hand- und Spanndienste brauchen nur an 80 bis 85 Tagen geleistet zu werden. Bei Wohnsitzwechsel ist kein Loslaßgeld zu zahlen, und im Falle einer Heirat kein Ehekonsens erforderlich. Der Gesindezwang ist auf drei Jahre begrenzt.[74]

Wenn Basedow bedenkt, wie sein Vater als einfacher Lassbauer[75] täglich für seinen Lebensunterhalt schuftet, will er kein Rittergutsbauer werden. Die Aussicht, im Falle von Missernten die vom Grundherrn vorgeschossene Steuer durch zusätzliche Arbeit ausgleichen zu müssen und dadurch immer mehr in den Zustand eines Sklaven zu geraten, ist ihm ein Gräuel. Die freiere Luft auf den Domänen reizt ihn schon mehr. Aber wenn er ehrlich ist, muss er zugeben, dass ihm für beide Alternativen jede landwirtschaftliche Erfahrung fehlt. Bauer ist er nie gewesen, er hat immer nur getan, was sein Vater angeordnet hatte. Seine innere Stimme warnt ihn, das Wagnis einzugehen. Eine Tätigkeit als Amtmann einer königlichen Domäne, wo es mehr auf die organisatorische Fähigkeiten als auf die landwirtschaftlichen Detailkenntnisse ankommt, kann er sich allerdings sehr wohl vorstellen.

Basedow hat gehört, dass der König ⅓ der Fläche des Landes besitzt. Auf ihr erwirtschaftet er mit Hilfe seiner etwa 1.500 Pächter die Hälfte der Staatseinnahmen. Die Pachtverträge werden von den Domänenkammern auf Zeit vergeben und regelmäßig ausgeschrieben. Da hierfür nur bürgerliche Bewerber in Betracht kommen und Basedow ausreichend Geld besitzt, rechnet er sich gute Chancen aus. Allerdings muss er mit der Konkurrenz der ehemaligen Pächter rechnen, die wegen ihrer bewiesenen Qualitäten von den Domänenkammern bevorzugt werden, wenn die Bauern eine gute Behandlung in der ausgelaufenen Pachtzeit bestätigen. Diesem Pfund hat Basedow nichts entgegenzusetzen. Dafür kann er mit seiner Erfahrung in der Menschenführung Punkte machen.

Basedow weiß, dass es für die guten Soldaten in Friedenszeiten nahezu unmöglich ist, den Abschied zu erlangen. Weil er sich aufgrund seiner Kriegserfahrung und seines besten Mannesalters unzweifelhaft zu der Gruppe der Unentbehrlichen zählen muss, wird er, einmal versetzt, niemals mehr die Chance haben, die Truppe vor seiner Invalidität zu verlassen. Wenn er der Armee vorzeitig den Rücken kehren möchte, dann muss er jetzt eine Lebensentscheidung treffen: weiterhin und für immer Soldat oder Zivilberuf!

Am nächsten Morgen unterrichtet er Dreyer, dass er auf die Verabschiedungsliste gesetzt zu werden wünsche. Dreyer nimmt die Entscheidung mit Bedauern zur Kenntnis und reicht Basedows Antrag bei der Führung ein. Drei Tage später ruft er ihn zu sich, um ihm das Ergebnis mitzuteilen:

»Prinz Heinrich hat alle von mir beantragten Abschiede gebilligt und den Entlassenen sogar ein großzügiges Handgeld akkordiert. Nur deine Verabschiedung hat er verweigert, weil du in den besten Jahren und dazu noch Sergeant bist. Er ist überzeugt, dass eine auf das Friedenssoll reduzierte Armee, die schnell wieder aus unerfahrenen Leuten bestehen wird, bewährte Unterführer als Vorbild haben müsse. Weil er annimmt, dass dir die Einsicht in das Notwendige schwer fallen wird, er sich auch dir gegenüber wegen deiner Verdienste erkenntlich zeigen möchte, darfst du dir deine künftige Einheit aussuchen.«

Obwohl der Oberbefehlshaber nur ausgesprochen hat, was er selbst bereits bedacht hat, ist Basedow enttäuscht. Er hätte einwenden können, dass nach dem langen Kriege in der Landwirtschaft der Kurmark, Neumark, Pommerns oder Schlesiens jede Hand gebraucht würde, aber was hätte es genutzt? Da Auflehnung zwecklos ist, entschließt er sich, das Beste aus der Situation zu machen. Wenn also weiterhin Soldat, dann wenigstens bei der Garde. Garde bedeutet Nähe zum König und damit die Gelegenheit, zu gegebener Zeit den Wunsch auf Entlassung an höchster Stelle noch einmal vorzutragen!

Den Kern der Garde bildet das in Potsdam stationierte und aus drei Bataillonen bestehende Regiment Nr. 15, wobei das erste als »Königs I. Bataillon Leibgarde« und das zweite und dritte als »Königs II. und III. Bataillon Garde« (beide ab 1756 zum »Regiment Garde« zusammengefasst) bezeichnet wird. Im I. Bataillon, das ausschließlich vor dem König ins Gewehr tritt und für niemanden sonst die Ehrenwache stellt, wäre er dem König bereits sehr nah, am nächsten jedoch in der Leibkompanie, wo der König als Chef jeden Einzelnen mit seinem Namen und Platz in der Rangierrolle kennt. Bis zum Siebenjährigen Krieg hatte er sich ständig mit dem I. Bataillon beschäftigt und seine Leibkompanie persönlich exerziert. Es spricht vieles dafür, dass er auch nach dem Kriege seine Gewohnheiten wieder aufnehmen wird, zumal sich an den Gründen nichts geändert hat: »Es ist notwendig, *dass der Herrscher selbst ein Regiment führt, es in Zucht und Ordnung hält und es selber exerziert. Damit gibt er der Armee nicht nur ein Beispiel, sondern lernt auch selbst Fehler sehen und verbessern und kann die Offiziere unterweisen, wie sie die Truppe ausbilden, in Ordnung halten und exerzieren sollen.«*[76]

Wenn es Basedow gelänge, in der Leibkompanie unterzukommen, wäre er seinem Ziel bereits sehr nah. Allerdings würde er mit seinem eigentlichen Ansinnen dann sicherlich noch einige Zeit warten müssen. Denn er hat gehört, dass der augenblickliche Kommandeur des I. Bataillons, Prinz Friedrich Wilhelm, täglich um die Gunst des Königs kämpfen muss. Der nur aus Not erkorene Kronprinz würde alles tun, das ohnehin angespannte Verhältnis nicht mit dem aussichtslosen Antrag eines unbedeutenden Sergeanten zusätzlich zu belasten. Wenn Basedow jedoch weiterhin gute Dienste leistete und unter einem anderen Kommandeur einen glücklichen Augenblick erwischte, konnte es sehr gut sein, dass der König seine Bitte um Entlassung am Ende doch noch erfüllte.

Die formalen Voraussetzungen für den Eintritt in das 926 Mann starke Bataillon, wo der Flügelmann stattliche sechs Fuß acht Zoll (206 cm) und der kleinste im zweiten Glied immerhin noch fünf Fuß 11 Zoll (185 cm) misst, erfüllt Basedow. Er bringt sechs Fuß mit, ist unverheiratet, hat keine Vorstrafen, ist jünger als 30 Jahre und weder Franzose noch Pole. Franzosen mag der König nicht, weil sie am häufigsten desertierten. Gegenüber den Polen ist er voreingenommen, weil er eine Abneigung gegen Namen hat, die mit »ky »enden. Basedow weiß aber auch, dass der König in seiner Leibkompanie nur diejenigen akzeptiert, die er persönlich ausgesucht hat. Deshalb zögert er, ob er sich hierauf kaprizieren soll, zumal er beim Regiment Garde sein Ziel ebenfalls erreicht. Gleichwohl beschließt er, das Äußerste zu wagen. Am nächsten Morgen teilt er Dreyer mit, dass er sich für die Garde entschieden habe. Mutig fügt er hinzu, dass die Leibkompanie des I. Bataillons nicht schlecht wäre. Dreyer grinst und versichert, dass er sein Bestes tun wolle.

Kein General hätte es in Kenntnis der königlichen Prärogative gewagt, einen Soldaten zur Leibkompanie des Königs zu versetzen. Aber Prinz Heinrich hält sein Wort und tut es. Als Dreyer den Marschbefehl aushändigt, ist für beide die Stunde des Abschieds gekommen. Innerlich bewegt stehen sie sich gegenüber. Jeder denkt an die ereignisreiche Zeit, in der sie Seite an Seite durch Höhen und Tiefen gegangen waren und sich in allen Situationen blind aufeinander hatten verlassen können. Es würde lange dauern, bis sie einen gleichwertigen Kameraden wiedertrafen. In eine kurze Umarmung legen sie alles, was sie in diesem Augenblick nicht in Worte fassen können oder sagen wollen. Beide wissen, dass sie sich niemals wieder sehen werden.

Auf dem Weg nach Potsdam hat Basedow eine kurze Unterbrechung in Beelitz eingeplant. Sieben Jahre hat er seine Eltern und den Bruder nicht gesehen, obwohl er ihnen einmal so nahe gewesen war. Jetzt, wo er die Dinge selbst in der Hand hat, will er die Gelegenheit nutzen. Nach dem abseits gelegenen Stücken wagt er sich jedoch nicht, weil er befürchten muss, von einem Streifkorps als Deserteur aufgegriffen oder einem neidischen Nachbarn angezeigt zu werden. Deshalb hat er seinen Onkel schriftlich gebeten, in Beelitz ein Familientreffen zu arrangieren. Als er dort der Postkutsche entsteigt, ist die Freude groß. Alle, die ihm lieb und teuer sind, haben sich zu seiner Begrüßung aufgereiht: Vater, Mutter, Bruder und Onkel. Mit freudiger Erwartung schauen sie ihm entgegen. Die Eltern sind über die Jahre grau geworden und von der

Last der Jahre gebeugt. Dagegen strotzt der Bruder mit leicht gebräuntem Gesicht vor Gesundheit. Der alte Basedow, der schon immer Schwierigkeiten hatte, seine Gefühle auszudrücken, fasst den jüngeren Sohn bei den Schultern und sagt mit warmer Stimme nur zwei Worte: »Mein Junge!« Die Mutter reckt sich zu ihm hoch und drückt ihn fest an sich. Als Basedow sieht, wie sie ihn mit ihren blauen Augen freudig anstrahlt, scheint ihm kein Tag vergangen zu sein.

Natürlich gibt es in der guten Stube des Onkels eine Unmenge zu erzählen, so dass er beschließt, die Reise erst am nächsten Tag fortzusetzen. Bei seinem Bericht über die Kriegserlebnisse hängt der Bruder mit Spannung an seinen Lippen. Fast andächtig bemerkt er: »Nach allem, was man hört, muss die Armee ein faszinierendes Bild abgegeben haben. Ich stelle mir die lange Linie der im Gleichschritt vorgehenden Musketiere vor, die Offiziere mit erhobenem Degen weit voraus. Von den Attacken der stolzen Kürassiere und deren Offiziere auf prächtigen Schimmeln will ich erst gar nicht reden!«

»Es mag so erscheinen, aber die Wahrheit ist viel nüchterner«, erwidert Basedow.

»Preußische Offiziere führen zwar stets von vorn, aber nicht indem sie zwischen den Fronten vorneweg marschieren. Täten sie das, wären sie dem verheerenden Feuer ihrer eigenen Leute schutzlos ausgesetzt. Deshalb führen sie immer von der Seite. Wirklich vorne sind sie nur, wenn es darum geht, einen kopflosen Haufen von Flüchtigen nach dem Sammeln wieder in die Schlacht zu führen. Recht hast du aber mit den Kavallerieattacken. Ihr Sturm ist nach allem, was ich aus der Ferne sehen konnte, tatsächlich starker Tobak. Wenn du dir vorstellst, dass eine ganze Meute von Kavalleristen mit Schenkelkontakt in schnellstem Galopp wie eine Mauer auf dich zustürmt, möchte ich den sehen, der diesem Druck standhält. Schimmel reiten die Offiziere allerdings nicht. Soweit ich weiß, sind die auffälligen Pferde den Paukern und Trompetern vorbehalten. Was ich bei den Kürassieren gesehen habe waren durchgehend dunkle Farben, entweder Braune oder Rappen.«

Der Onkel fasst nach: »Die stattlichen Grenadiere hinter ihren flatternden Fahnen müssen den Feind ebenfalls sehr beeindruckt haben!«

»Zunächst einmal haben die Grenadiere, die für den Kampf aus den Regimentern herausgezogen werden und selbstständige Bataillone bilden, keine Fahnen. Sie sind außerdem nach meinen Beobachtungen keine Riesen wie die Soldaten des Roten Leibbataillons des alten Königs, sondern sogar relativ klein. Erst die Mützen geben ihnen eine stattliche Größe. Gekämpft haben sie aber immer gut. Das ist allerdings kein Wunder, weil sie keine Rekruten ziehen, sondern sich als Ersatz immer die Besten aus unseren Regimentern gegriffen haben.«

»Der letzte Kampf Mann gegen Mann mit dem Bajonett muss eine furchtbare Schlächterei sein!«

»Ein Bajonettkampf Mann gegen Mann ist selten, weil entweder der Gegner oder wir vorher zurückgewichen sind. Ich habe ihn als Musketier zum Glück nie erlebt und später schon gar nicht, weil ich als Sergeant stets hinter meinen Leuten stand. Wenn du dort bist, hast du keine Zeit an irgendetwas zu denken. Du bist permanent damit beschäftigt, deine Leute im Lärm und Pulverdampf zusammen- und auf Linie zu halten. Natürlich hat jeder Angst, und damit sie nicht zu groß wird, musst du die Männer ständig in Bewegung halten. Weit mehr als den Nahkampf fürchten sie die Artillerie und das aus gutem Grund. Denn wenn eine Kugel im Direktschuss oder als Rollschuss schräg auf die Linie trifft, reißt sie mühelos 20 bis 30 Leute nieder.«

»Und was ist, wenn du verwundet wirst?«

»Wenn es dich treffen sollte, bist du mutterseelenallein. Niemand hilft dir. Von den Feldscheren ist weit und breit nichts zu sehen, weil sie während der Schlacht nicht helfen dürfen. Sie sitzen irgendwo hinten bei den Sammelstellen und warten den Ausgang ab. Wenn du kannst, humpelst du dorthin. Wenn nicht, bleibst du liegen und wartest, bis sie endlich kommen. Ist die Schlacht verloren, bist du den plündernden Soldaten des Feindes hilflos ausgeliefert. Ich selbst bin bei Kunersdorf in dem erbärmlichen Zustand gewesen und möchte die Hölle nicht noch einmal erleben. Am einsamsten bist du, wenn du fällst. Der Tod in Schmutz und Staub hat nichts Heroisches.«

Der Vater hat die Unterhaltung verfolgt, ohne ein Wort zu sagen. Das Gehörte geht ihm nach, aber sein Innerstes berührt haben nur die letzten Worte. Als die Magd des Onkels das Essen auftischt und der alte Basedow das Tischgebet spricht, vergisst er nicht, Gott mit schlichten Worten für den Schutz des Sohnes zu danken und ihn zu bitten, dass er auch weiterhin seine Hand über die kleine Familie halten möge.

15. Grenadier in Potsdam

In Potsdam meldet sich Basedow auf der Wache des Regiments am Fortunaportal des Stadtschlosses. Anschließend durchläuft er die bekannte Prozedur: Einkleidung auf dem Dachboden der Wache, Aufnahme der Ausrüstung und Marsch ins Quartier. Mit Ausnahme der Predigerhäuser und Schulen ist jedes Haus mit vier bis sechs Mann belegt. Zwar gibt es bereits die ersten Kasernen, die im Grunde nicht mehr als größere Bürgerhäuser sind. Aber dort kommen zunächst nur die verheirateten Soldaten unter. Ursprünglich hatte jeder Verheiratete in der Kaserne eine Stube für sich, die mit einem Tisch und mehreren Stühlen kärglich möbliert war. Inzwischen wohnen jedoch legal und illegal Beweibte und unverheiratete Unteroffiziere in einem Zimmer bunt durcheinander. Herumtollende Kinder, keifende Soldatenweiber und unbeschäftigte Soldaten, die in angetrunkenem Zustand aufeinender losgehen, machen das Zusammenleben fast unerträglich. Was Basedow später darüber hört, stimmt ihn froh, privat untergebracht zu sein. Die Wirte sind über die ungebetenen Gäste zwar auch nicht gerade glücklich, aber weil der König die meisten Häuser auf eigene Kosten errichtet und die Bürger der Stadt vom Wehrdienst befreit hatte, nehmen sie die Belastung kommentarlos hin.

Basedow wohnt mit den Unverheirateten in der Altstadt südlich des Kanals. Weil er zum I. Bataillon Garde gehört, ist seine Stube lediglich mit vier Mann belegt. Je zwei Mann teilen sich ein Bett. Im nördlichen Teil der Altstadt liegen die Grenadiere des II. und III. Bataillons. Die Musketiere des Regiments Prinz von Preußen haben ihre Quartiere in der westlichen Neustadt zwischen der Junkerstraße und der Stadtmauer und die Soldaten der Grenadiergarde zwischen dem Kiez und Brandenburger Tor.

Unter Friedrich Wilhelm bestand die Militärgemeinde von Potsdam aus dem 3.481 Mann starken Königsregiment und deren Angehörigen. Beim Tode Friedrichs des Großen 1786 umfasst die Garnison folgende Truppenteile:

das 1. Bataillon Leibgarde (Nr. 15 a)

das Regiment Garde (Nr. 15 b, c)

das Bataillon Grenadiergarde (Nr. 6)

das Regiment Prinz von Preußen (Nr. 18)

die Leibschwadron des Kürassierregiments Nr. 13

die Reitende Artillerie

das Korps der Ausrangierten und Invaliden in der Stärke von vier Kompanien sowie einen Zug Feldjäger.

Die ausschließlich für militärische Zwecke bestimmten Gebäude sind überall in der Stadt verteilt. Die Kasernen für die Verheirateten des I. Bataillons Leibgarde stehen in der Berliner Straße in unmittelbarer Nachbarschaft zu denen des II. Bataillons Garde in der Heiliggeiststraße. Das III. Bataillon hat seine Kasernen in der Tuchmacherstraße der Friedrichsstadt und das Regiment Prinz von Preußen in der Lindenstraße sowie zwischen dem Jäger- und Nauener Tor. Am östlichen Ausgang des Kanals stehen die Ställe der Leibschwadron des Kürassierregiments Nr. 13 und das Haus des Kommandeurs (Am Kanal Nr. 3). In der Burgstraße 29 liegt zwischen dem Pack- und Schlachthof das Lazarett des I. Bataillons. Wenige Schritte weiter ist südlich der Heiliggeistkirche die Garnisonsbäckerei

Fortunator des Stadtschlosses in Potsdam
Quelle: Archiv des Verfassers

untergebracht. Das Lazarett für das Regiment Garde und das Bataillon Grenadiergarde befindet sich in der Lindenstraße Nr. 25. Die Kranken des Regiments Prinz von Preußen werden an der Kommunikation südlich des Brandenburger Tores gepflegt.

Basedow mag die neue Garnison mit ihren ansehnlichen Häusern. Während die Stadt zur Zeit des Soldatenkönigs noch im Wesentlichen aus gleich hohen weißen oder gelben Fachwerkhäusern mit festen Dächern sowie gleichen Fenstern und Türen bestanden hatte, deren Fronten nur durch wenige Zweckbauten wie dem Rathaus am Alten Markt, dem Waisenhaus in der Lindenstraße, der Gewehrfabrik, dem Langen Stall sowie der Garnison, Nikolai- und Heiliggeistkirche durchbrochen wurde, hat Friedrich ihr ein neues Gesicht gegeben. Das Stadtschloss und der Marstall sind von Knobelsdorff überarbeitet und Teile des Lustgartens wiederhergestellt. Der Neubau des Rat- und Waisenhauses, die Französische Kirche am Bassinplatz und die Verschönerung der Bürgerhäuser nach im Wesentlichen italienischen Vorbildern werden folgen. Vieles von dem sieht Basedow bereits. Anderes wird er im Verlauf seiner Anwesenheit in Potsdam noch entstehen sehen.

An den Dienst knüpft Basedow keine überzogenen Erwartungen. Dem routinemäßigen Friedensdienst entsprechend bestimmen die Wachen den militärischen Alltag. Dazu werden die Grenadiere regelmäßig alle zwölf Tage eingeteilt. Während die meisten den Wachtdienst wegen seiner Eintönigkeit hassen, kann Basedow ihm durchaus etwas abgewinnen. Er muss allerdings zugeben, dass sich seine Wachen von denen in der Stadt erheblich unterscheiden. Wenn er mit seinen Leuten die mit 54 Mann besetzte Hauptwache in Richtung Sanssouci verlässt, kann er immer damit rechnen, bekannte Persönlichkeiten oder gar den König aus der Ferne zu sehen. Besonders gern geht er in den warmen Sommernächten die Posten ab, von denen einer vor dem Schlosse und zwei unten an der Rampe bei der Fontaine aufgezogen sind. In der Stille der Nacht und im Zauber der vom Mond beschienenen mächtigen Bäume fühlt er sich jedes Mal in einer anderen Welt. Nichts scheint den Frieden zu stören.

Die Sanssouci-Wache ist mit 13 Mann ungewöhnlich schwach, aber der König will für seinen Schutz keine größere Wache haben. Die Unbekümmertheit erregt allgemeine Verwunderung, so dass sogar die Botschafter ihren Höfen darüber berichten. Der Baron Diebitsch schreibt an den Großfürsten Paul in St. Petersburg:

»Fast jeder Mann bewunderte es, daß seine Majestät so ganz unbesorgt um ihre allerhöchste Person waren und in der ganzen Gegend, wo sie in Sanssouci wohnten, und wo überdies die Fenster bis an den Fußboden gingen, nicht eine Wache hatten.«[77]

Auf der ersten im Lustgarten angesetzten Übung sieht Basedow den König wieder. Sieben Jahre Krieg und persönliche Schicksalsschläge haben ihn um Jahre altern lassen. Obwohl erst 51 Jahre, geht er gebeugt, was seine Gestalt noch kleiner macht. Das Gesicht ist grau und eingefallen, nur die hellen wachen Augen sind dieselben geblieben. Der König ist sich der Veränderung längst bewusst. Bereits 1760 hatte er der Gräfin Camas berichtet:

»Der Krieg hat mich alt gemacht. An der rechten Seite des Kopfes sind die Haare ganz grau geworden, meine Zähne zerbröckeln und fallen aus. Ich habe Falten im Gesicht wie die Falten an einem Damenkleid, der Rücken ist so gekrümmt wie der eines Mönchs von la Trappe.«

Und nochmals am 6. März 1763:

»Mich werden Sie gealtert und fast kindisch wiederfinden, grau wie einen Esel, täglich einen Zahn verlierend (das Flötespielen wird er deshalb 1775 gänzlich einstellen) und halblahm von Zipperlein.«[78]

König Friedrich II.
Quelle: Zeichnung von Franz Scarbina

Basedow ist erschüttert, den König so verändert zu sehen. Zugleich empfindet er beim Anblick des von seinem Schicksal gebeugten, aber nicht gebrochenen Mannes eine tiefe Bewunderung. Bisher hat er sich nicht vorstellen können, dass ein Mensch dem Druck der Verantwortung an der Spitze von vier Millionen Preußen gegen 100 Millionen Feinde mit herben Niederlagen, flüchtigen Siegen, Anfeindungen durch Geschwister und einer anfälligen Gesundheit über sieben endlose Jahre Tag für Tag standhalten kann. Der König hat ihm das Gegenteil bewiesen. Niemals zuvor hat es für Basedow einen Menschen vergleichbarer psychischer Standfestigkeit gegeben, und er bezweifelt, dass es einen solchen jemals wieder geben wird. Ehrfürchtig schaut er zu seinem König herüber.

Nachdem Friedrich das Exerzieren mit gewohnter Schärfe beobachtet hatte, lässt er den Chef der Leibkompanie vortreten und wechselt mit ihm einige Worte, die Basedow aus der Distanz nicht verstehen kann. Anschließend kommt er direkt auf ihn zu:

»Er ist neu im Bataillon?«

»Jawohl, Majestät.«

»Weiß Er, dass ich die Burschen meines Bataillons selbst aussuche?«

»Jawohl, Majestät.«

»Ihm ist also wohl bewusst, dass Er nicht den üblichen Weg gegangen ist. Nun denn, ich will es gleichwohl dabei belassen, zumal mein königlicher Bruder Ihn rekommandiert hat. Eine bessere Empfehlung kann es nicht geben. Wen der Prinz als Soldaten für gut befindet, ist auch in meinen Augen gut. Er kommt, wie ich höre, von Le Noble. Das Regiment hat sich wacker geschlagen, was ich nicht von allen dreimal Blauen sagen kann. Er hat bei den Freitruppen viel Freiheit genossen. Jetzt muss Er sich wieder an Zucht und Ordnung gewöhnen. In Potsdam herrscht ein scharfer Wind. Bleibe Er ambitioniert und rechtfertige Er die Empfehlung meines Bruders. Ich erwarte viel von Ihm!«

Ein kurzer prüfender Blick, und der König marschiert gebeugt, aber mit festem Schritt davon.

Zu Basedows großer Verwunderung folgen die regelmäßigen Übungen, zu denen der König auch künftig hin und wieder erscheint, minutiös denselben Regeln, die bereits vor dem Kriege gegolten hatten. Nichts ist geändert. Während der König im Kriege auf die kleinste Veränderung prompt reagiert hatte, werden die Lehren in Frieden völlig ignoriert. Unverändert verharrt die Linie vor dem Angriff mit äußerster Disziplin starr auf ihrem Platz, um sich anschließend mit genau bemessenem Schritt langsam auf den Gegner zuzubewegen, obwohl gerade diese Taktik im Kriege die meisten Verluste gekostet hatte. Gute zwölf Minuten hatten sie gebraucht, bevor sie den Feind auf Gewehrschussweite erreichten. In dieser schier endlos langen Zeit waren sie schutzlos dem Artilleriefeuer ausgesetzt, das im Verlaufe des Krieges durch die Erhöhung der Geschützzahlen und eine verbesserte Taktik ständig zugenommen hatte. Während 1740 auf 1.000 Mann noch eine Kanone kam, waren es bei Kriegsende bereits sieben. Wenn schon Basedow mit seinem beschränkten Horizont daraus die Notwendigkeit einer neuen Taktik für die Infanterie ableitet, muss der König die Zwänge doch erst recht erkennen, hatte er doch bei Torgau mit dem aufgelockerten Angriff mehrerer Korps den ersten Versuch bereits gewagt! Warum beschreitet er den Weg nicht konsequent fort? Die wenigen neuen Manöver, die er von Zeit zu Zeit erprobt und anschließend immer wieder durch andere ersetzt, erscheinen Basedow planlos, weil sie zu keinen Änderungen führen.

Selbst bei der hinderlichen Ausrüstung und der Uniform bleibt alles beim Alten. Was soll der Säbel, der nie benutzt wird? Lassen sich Brotbeutel, Tornister und Feldflasche, die an der linken Hüfte baumeln, nicht zusammenfassen und andernorts am Mann bequemer tragen? Warum schneidert man den Rock, der den Soldaten wie eine Zwangsjacke einschnürt, nicht großzügiger? Basedow kann sich die Untätigkeit des Königs nur durch mangelnde persönliche Erfahrung erklären. Hätte er seine militärische Laufbahn nicht als Offizier, sondern als einfacher Rekrut begonnen, wären die Mängel längst abgestellt.

Weil er keine Fortschritte sieht, empfindet Basedow den militärischen Friedensalltag zunehmend als Gamaschendienst. Hinzu kommt, dass die Freizeit in Potsdam keinen Ausgleich bietet. Da der König seine Mustertruppe immer verfügbar haben will und Urlaub außerhalb der Stadt grundsätzlich nicht gewährt wird, fühlen sich die Soldaten in der von Palisaden umgebenen Garnison eingeschlossen wie in einem Kloster. Die großzügige Besoldung bedeutet keinen Ersatz. Auch eine Familie, in der man hätte Entspannung finden können, gibt es nicht, weil Eheschließungen Grenadieren der Garde im Gegensatz zu den Soldaten der Linienregimenter so gut wie nie erlaubt werden. Wer ohne Trauschein bleibt, kann sein eheähnliches Verhältnis immerhin legitimieren lassen. Dazu beantragt er beim Kommandeur einen Liebstenschein, der das Mädchen als seine Angehörige ausweist und davor bewahrt, bei Polizeirazzien aufgegriffen und als unredliche Person der Stadt verwiesen zu werden. Die angemietete Wohnung darf allerdings nur das Mädchen beziehen. Der Soldat muss wegen der sofortigen Verfügbarkeit weiterhin in seinem Quartier logieren, zu dem das Mädchen keinen Zutritt hat.

Auch Basedow hat schon mehrmals daran gedacht, sich mit einem anständigen Mädchen zusammenzutun. Aber die Frauen, die er in den Wirtschaften trifft, taugen alle nichts. Und den Handwerkstöchtern muss er mehr bieten als die bestenfalls trübe Aussicht auf eine kasernierte Unterbringung und den kläglichen Sold. Deshalb wird er sich seine Frau wohl unter« den Soldatentöchtern suchen müssen, die nichts anderes gewohnt sind. Manchmal bedauert er, noch niemanden gefunden zu haben. Wenn er aber sieht, wie seine Kameraden unter der räumlichen Trennung leiden, ist er bei aller Einsamkeit froh, noch nicht mit ihren Sorgen belastet zu sein.

Um der bohrenden Langeweile zu entfliehen, verbringen die Grenadiere ihre Freizeit im Sommer mit Ballspielen auf den Straßen und im Winter mit Schlittschuhlaufen auf dem Bassin. Wenn das nicht hilft, lassen sie ihren Frust an den Bürgern aus. Die Leidensfähigkeit der Potsdamer ist verständlicherweise begrenzt, so dass nahezu täglich irgendwo geschlichtet werden muss. Beschwerden hagelt es nicht nur von den Bürgern. Auch gegenüber den Offizieren anderer Regimenter nimmt sich die Garde im Wissen um ihre hervorgehobene Stellung viel heraus, denn ihre Kapitäne werden wie Majore, der Großteil der Leutnante wie Kapitäne und die Grenadiere mit doppeltem Sold bezahlt. Auch die Unteroffiziere fühlen sich hervorgehoben, weil sie Anspruch darauf haben, anstelle des gewöhnlichen »Er« mit »Sie« angeredet zu werden. Nicht zuletzt führt das im I. Bataillon übliche Fuchteln der Mannschaften durch Offiziere dazu, dass sich die Garde als etwas Besonderes fühlt. In der Truppe ist das Fuchteln eine typische Strafe der Unteroffiziere. Beim Regiment Garde und der Grenadiergarde übernehmen die Unteroffiziere den Vollzug.

Aufgrund der besonderen Lebensumstände ist die Kriminalitätsrate bei den Soldaten in Potsdam hoch. An der Spitze der begangenen Delikte stehen der Diebstahl und die Veruntreuung von Ausrüstungsgegenständen. Dagegen sind Verurteilungen wegen Desertion aufgrund der guten Außensicherung der Stadt relativ selten. Weil Potsdam nicht zu entkommen ist, enden viele Soldaten im Selbstmord. Der Unglückliche, dem die Selbsttötung aus Verzweiflung misslingt, steht anschließend ebenfalls vor dem Kriegsgericht.

Drei Jahre hat Basedow in Potsdam tapfer seinen Dienst unter inzwischen zwei Kommandeuren erfüllt und allen Erwartungen der Vorgesetzten zur vollsten Zufriedenheit entsprochen, als er beschließt, ein letztes Mal um seinen Abschied zu bitten. Der Dienst bedeutet ihm nichts mehr. Er will endlich Amtmann werden. Natürlich besteht immer noch die Gefahr, dass der König das Gesuch schroff ablehnen oder versuchen wird, ihm den Verbleib mit der Beförderung zum Secondeleutnant zu versüßen. Es kann aber auch sein, dass er für ihn eine Ausnahme macht. Da der neue Kommandeur Laxdehnen weiß, daß Basedow beim König wohl gelitten ist, rechnet er mit einer komplikationslosen Weitergabe seines Gesuchs. Seine Vermutung erweist sich als richtig, denn der Kommandeur schickt die Eingabe nicht postwendend zurück. Weil der König alle Eingänge noch am selben Tag zu beantworten pflegt und sich nur in den schwierigen Fällen 24 Stunden Bedenkzeit vorbehält, ist eine schnelle Entscheidung gewiss. Und tatsächlich erhält er die Antwort prompt und ohne Zwischenträger direkt. Bereits auf der nächsten Übung spricht ihn der König an:

»Er will meine Armee verlassen, um Amtmann zu werden?«

»Jawohl, Majestät.«

»Versteht Er etwas von der Landwirtschaft?«

»Nicht viel Majestät, aber ich habe gelernt, Menschen zu führen.«

»Hat Er genug Geld, um mitzubieten und den Pachtzins zu zahlen?«

»Ja Majestät. Ich habe bei Le Noble gutes Geld gemacht und alles zurückgelegt.«

»Kann Er der Armee für sich Ersatz stellen?«

»Nein. Aber Majestät brauchen keinen Ersatz.« Diese Antwort ist gewagt, wenn nicht sogar frech. Basedow kann sehen, wie sich die Züge des Königs verhärten.

»Warum, meint Er, brauche ich keinen Ersatz?«

»Weil Majestät mich in Ihren Diensten nicht verlieren. Verloren geht der Amtmann, an dessen Stelle ich trete.« Der König stutzt für einen Augenblick. Dann scheint ihm die bäuerliche Logik zu gefallen, denn seine Züge entspannen sich. Mit einem kaum merklichen Schmunzeln spricht er den erlösenden Satz:

»Er hat seinen Abschied. Melde Er sich auf der Domänenkammer in Küstrin.«

Basedow erkennt sofort die Großzügigkeit der Entscheidung und das Glück, das er gehabt hat. Bei den Linienregimentern durften Mannschaften unter Anwendung strengster Kriterien nur entlassen werden, wenn sie durch Kriegseinwirkungen, Alter oder Krankheit absolut dienstunfähig (invalide) geworden waren. Dazu schickten die Kommandeure die Kandidaten am 20. Februar jeden Jahres nach Berlin, wo ihre Verwendbarkeit noch einmal intensiv geprüft wurde. Ein danach weiterhin brauchbarer Soldat wurde zum Regiment zurückgeschickt. Da die Kosten der Rückführung der Regimentskommandeur zu tragen hatte, gingen nur absolut klare Fälle nach Berlin. Vorzeitige Entlassungen tauglicher Soldaten kamen nur in Betracht, wenn sie sich ansässig machen wollten oder durch besser gewachsene ersetzt werden konnten. Basedow hatte darauf spekuliert, dass dieser Grundsatz auch bei der Leibkompanie galt, ohne sich dessen sicher zu sein. Denn den selbst ausgesuchten Mann ständig bei der Truppe zu haben, konnte für den König durchaus wichtiger sein als ihn durch

Musketier in feldmarschmäßiger Ausrüstung
Quelle: Archiv des Verfassers

Sesshaftmachung an Preußen zu binden, zumal dann, wenn er wie Basedow bereits Preuße war. Basedow hatte alles auf eine Karte gesetzt und gewonnen. Wie leicht hätte die Sache anders ausgehen können!

Der Stabskapitän hat mitgehört und sich entsprechende Notizen gemacht. Am übernächsten Tag ruft er Basedow zu sich und verliest in Gegenwart des Feldwebels den Entlassungsschein:

»Nachdem Vorzeiger dieses, Joachim Basedow aus Stücken in der Mark gebürtig, seines Alters 29 Jahr, welcher Anno 1755 bey des Königl Preuß Infanterie-Regiment Markgraf Carl in Kriegs-Dienste getreten, und dabey die Bataille bey Prag beygewohnt; alsdann Anno 1758 zu dem Regiment Hauss als Unterofficier abgegeben und Anno 1761 unter das Freyregiment Le Noble versetzt, wobey er folgenden Battaillen als (1) der bey Kunersdorff, 2) Torgau und 3) Freyberg, wie auch vielen Ueberfällen beygewohnet; als dann Anno 1763 zur Leibkompanie des Königs versetzt worden, wird darum seiner Kriegsdienste entlassen, weil er sich als Amtmann possessionieren will, und kann solcher nunmehro von der Gerichtsobrigkeit zum Unterthan angenommen werden, falls sich solcher wirklich ansässig macht; sollte solcher aber das Regiment hintergehen wollen, und sich anderweitig verheyrathen, so ist dieser Abschied für null und nichtig anzusehen, und kann er von den Gerichten nicht ohne Rückfrage zum Unterthan angenommen, auch von keinem Prediger aufgebothen und copuliret werden, sondern das Regiment behält sich vor solchen wieder einzustellen.

So geschehen, Potsdam, den 28. Mai 1766

Laxdehnen

Seiner Königl. Majestät in Preußen bestallter Oberst
und Kommandeur des I. Bataillons Leibgarde«

Bei der Aushändigung beschränkt sich der Stabskapitän auf den Hinweis, dass der König entschieden habe und sich deshalb seinerseits jeder Kommentar erübrige. Nur so viel wolle er sagen, dass sich Basedow als tüchtiger Soldat erwiesen habe und er fest davon ausgehe, dass die Kammer in Küstrin ihn als Kandidaten akzeptieren werde. Niemand könne einen Soldaten der Leibkompanie des Königs ablehnen. Falls das Unerhörte dennoch geschehen sollte, werde man sich wieder sehen.

16. Amtmann in der Neumark

Eine Woche später befindet sich Basedow zum zweiten Mal in Küstrin, diesmal jedoch in Zivil. Er nimmt Quartier in einem Gasthof. Obwohl die Preise in der Provinz günstiger sind als in Berlin, wo man für eine Übernachtung im ersten oder zweiten Stock eines guten Hotels leicht den Monatssold eines Soldaten bezahlt, wählt er eine Stube zu sechs Groschen nach hinten heraus. Er braucht keinen Luxus, Sauberkeit genügt ihm. Außerdem muss er für sein großes Ziel jeden Pfennig zusammenhalten. Denn wenn er das Glück haben sollte, von der Domänenkammer als Pächter und Amtmann akzeptiert zu werden, wird er mindestens zwei Taler pro Hektar als Pachtzins hinlegen müssen. Da die Bauernhöfe der Domänen in der Regel eine Größe von zwei Hufen[79] haben und mehrere Höfe die Domäne bilden, würde eine beachtliche Summe zusammenkommen.

Am nächsten Tag ist das Dienstgebäude der Kriegs- und Domänenkammer schnell gefunden. Als oberste Behörde einer Provinz, die das Steuerwesen der Städte und des flachen Landes kontrolliert, die königlichen Domänen verwaltet und die Statistik über die Bevölkerung sowie den landwirtschaftlichen Viehbestand führt, ist der Ort jedermann bekannt. An der Spitze der Behörde steht der Präsident, dem mehrere Abteilungsleiter unterstellt sind, die wiederum von zahlreichen Kriegs- und Domänenräten mit fest umrissenen Zuständigkeiten unterstützt werden. Der Posten des Kammerpräsidenten gehört zu den anspruchvollsten und angesehensten der preußischen Administration. Die Auswahl trifft der König persönlich aus dem Kreis bewährter Beamter. Während er im vorgesetzten Generaldirektorium weniger qualifiziertes Personal meist in seinen Stellungen belässt, tauscht er unfähige Kammerpräsidenten rigoros aus.

Basedow übergeht die niederen Chargen und meldet sich mit dem frischen Mut eines ehemaligen Sergeanten der Leibgarde gleich beim Präsidenten. Dort trägt er mit kurzen Worten sein Anliegen vor, während er dem nicht unfreundlichen Herrn seine Bewerbungsunterlagen nebst Entlassungsschein überreicht. Der Präsident überfliegt wortlos die Papiere. Beim Studium des Entlassungsscheins blickt er auf und bemerkt, dass Basedow ein guter Mann sein müsse. Den erstaunten Gesichtsausdruck seines Gegenübers erkennend, fügt er hinzu, dass er dies aus Basedows Wiedereinstellung bei fehlgeschlagener Bewerbung schließe. Eine solche Zusage sei äußerst ungewöhnlich, weil der König, soweit er aus Berichten ihm bekannter Offiziere wisse, auf Wiedereinstellungsgesuche nach selbst beantragten Entlassungen stets drastisch zu reagieren pflegt. Als schroffste Form der Ablehnung würden die Worte: »Die Armee ist kein Bordell, wo man ein- und ausgeht,« kolportiert, und die seien in ihrer Eindeutigkeit ja tatsächlich nicht zu überbieten.

Ermutigt durch die persönliche Bemerkung, fragt Basedow nach einer Einschätzung seiner Bewerbungschancen. Der Präsident erwidert, dass er sich hierzu nicht äußern wolle, weil die Bearbeitung in den Händen der zuständigen Abteilung liege. Allerdings lässt er erkennen, dass der alte Pächter noch nicht um Erneuerung seines Vertrages nachgesucht hat und bisher nur eine weitere Bewerbung eingegangen ist.

In den nächsten drei Wochen kann Basedow nichts tun als den Ablauf der Ausschreibungsfrist und die Entscheidung abzuwarten. Mit Spaziergängen vertreibt er sich die Zeit. In dem Gespräch mit dem Präsidenten hat er trotz eines gewissen Respekts vor seiner militärischen Herkunft kein Anzeichen einer Bevorzugung erkennen können. Deshalb vertraut er darauf, dass seine Konkurrenten ebenfalls ausschließlich nach objektiven Kriterien bewertet werden. In der vierten Woche sind die Würfel endlich gefallen. Basedow erhält die Nachricht, dass ihm die offene Amtmannstelle zugeschlagen worden sei. Noch am selben Tag zahlt er die fällige Pachtsumme ein. Am Abend gönnt er sich zur Feier des Erfolgs ein Abendessen in einer besseren Wirtschaft, bevor er sich am nächsten Morgen auf die Reise in die Neumark begibt.

Der Empfang auf der Domäne ist reserviert bis frostig. Offensichtlich sind die Bauern mit dem alten Pächter gut gefahren, so dass sie eine Wende zum Schlechten befürchten. Ungebildet und schlicht von Gemüt, aber auf ihrem Fachgebiet erfahren, erfassen sie schnell, dass dem neuen Pächter fundierte Kenntnisse der Landwirtschaft fehlen. Außerdem misstrauen sie seinen ungewöhnlich jungen Jahren. Basedow ist klug genug, ihr Selbstwertgefühl nicht durch Chefallüren zu verletzen. In landwirtschaftlichen Fragen gibt er seine momentane

Unerfahrenheit offen zu. Auch nimmt er in den kommenden Tagen jeden Rat dankbar an. In der Führung der Gemeinschaft lässt er jedoch nicht mit sich reden, sondern zeigt von Anfang an Profil. Da er Faulheit und Nachlässigkeiten ohne Ansehen der Person konsequent verfolgt und die Arbeitsabläufe organisatorisch geschickt und ideenreich zu regeln versteht, nimmt die Zurückhaltung der Bauern allmählich ab. Mit jedem Tag stärkt Basedow seine Position. Den Durchbruch erzielt er, als es ihm Dank seiner guten Beziehungen zu seinem alten Regiment Markgraf Karl gelingt, für die Domäne zehn Pferde aus dem Bestand abzuzweigen, den das Regiment von den an die Wirtschaft zurückzugebenden Artillerie- und Troßpferden »schwarz« für sich zurückbehalten hatte.[80] Nicht zuletzt wegen dieser Verstärkung ist das Ernteergebnis der Domäne gegenüber dem Vorjahr zwar leicht rückläufig, aber nicht schlecht. Basedow ist darüber hochzufrieden. Er will nicht der beste Amtmann des Kreises sein. Es genügt ihm, wenn er das Wohlwollen der Kammer behält, das er sich durch verständlich formulierte und aufs Wesentliche beschränkte Berichte bereits erworben hat. Mit der Kürze und Prägnanz seines schriftlichen Ausdrucks liegt er genau auf der Linie der Sachlichkeit gewohnten Beamten. Ganz offensichtlich ist er beim Militär und dem Garnisonspastor in Berlin durch eine gute Schule gegangen.

Jedes Jahr, wenn die Ernte eingebracht ist und die Felder für den Winter bestellt sind, besucht er seine Familie in Stücken. Die Eltern haben sich inzwischen auf das Altenteil zurückgezogen und den Hof mit Zustimmung des Grafen dem älteren Sohn überlassen. Basedow erkennt neidlos an, dass ihm der Bruder in den Kenntnissen der Landwirtschaft weit überlegen ist. Wenn sie in der guten Stube ihre Fachgespräche führen, hört der Vater zufrieden zu, während etwas abseits unter den abgearbeiteten Händen der Mutter Jahr für Jahr ein neues Kleidungsstück entsteht, ohne das er Stücken nicht verlassen darf. Basedows Welt ist klein und bescheiden, aber er möchte sie mit keiner anderen tauschen.

Seit drei Jahren ist die Dreifelderwirtschaft auf Anordnung des Königs durch die Fruchtwechsel- bzw. Vierfelderwirtschaft abgelöst worden, so dass es für die Brüder viel zu erörtern gibt. Darüber hinaus ist das Risiko von Missernten ständiges Thema. 1755 war ein ausgesprochenes Regenjahr gewesen mit enormen Ernteausfällen und schlechtem Saatgut für das kommende Jahr. 1762 hatte sich die Hungerperiode in einem bis dahin nicht gekanntem Ausmaß wiederholt. Erst jetzt erfährt Basedow, dass sein Vater vor dem Ruin gestanden hatte, weil er als Viertelbauer[81] mit lediglich 8 Hektar eigenbewirtschafteter Fläche die Verluste nicht ausgleichen konnte. Da der Grundherr die trotzdem fällige Grundsteuer vorgeschossen hatte und der alte Basedow die Erstattung nicht durch erhöhte Leistungen auf den Fluren des Grafen abarbeiten konnte, hatten sich Schulden angehäuft, an denen der Bruder heute noch trug. In stundenlangen Diskussionen beraten sie die Wege zur Steigerung der Produktivität. Am Ende sind beide überzeugt, dass hierfür auf den gegenüber der Altmark mäßigen bis schlechten Böden ein ganzes Bündel von Maßnahmen erforderlich ist: Vermeidung von Fehlreihen durch größere Genauigkeit beim Pflügen, intensiverer Bekämpfung des Unkrauts und ordentliches Vorgewende. Dazu engere Aussaat des Getreides, weil es dann besser steht, und Herbstfurchen zur Bewahrung der Winterfeuchte.

Über die Politik reden sie wenig, zumal Basedow der Einzige ist, der etwas von der Welt gesehen hat. Nur einmal kommt das Thema auf, als der Bruder mehr sich selbst als sein Gegenüber danach fragt, was aus Preußen werden würde, wenn der alternde König einmal stirbt. Basedow bemerkt dazu:

»Als wir in Sachsen einmarschierten, wussten wir nicht warum. Wir sind marschiert, weil der König es so wollte. Erst später haben wir erkannt, dass es ihm um Preußen ging. Trotzdem war für uns im Feld nicht Preußen, sondern immer Friedrich der Leitstern. Aus ihm haben wir unsere Kraft geschöpft, durch ihn und für ihn Preußen zu dem gemacht, was es heute ist. Fällt er einmal weg, gerät auch sein Lebenswerk in Gefahr. Ist der Nachfolger stark, läuft alles wie bisher, fehlt es ihm an Strahlkraft, geht es bergab. Für mich steht deshalb fest, dass die Zukunft nicht an einer Person hängen darf. Nicht der König, sondern der Staat muss der Leitstern sein, wenn Preußen dauerhaft Bestand haben soll. Noch interessiert der Staat nicht einmal die Soldaten, und uns auf dem Lande ist er noch ferner. Erst wenn der Staat dem Bauern etwas bietet, was dieser im Falle einer Krise persönlich verliert, wird er für ihn mit allen Mitteln kämpfen. Deshalb glaube ich, dass der König die Gesellschaftsstruktur zugunsten der Bauern ändern muss, wenn er über seinen Tod hinaus etwas für das Land tun will.«

»Der Adel wird sich kaum etwas wegnehmen lassen,« wirft sein Bruder ein.

»Das sehe ich auch so. Noch braucht der König den Adel, der ihm die Offiziere und Beamten stellt und über die Rittergüter Staatseinnahmen verschafft. Aber das muss nicht so bleiben. Wenn der König zulässt, dass das Volk durch Eigentum und Bildung in die höheren Sphären aufwächst, werden sich die Standesunterschiede schleichend auflösen. Auf den Domänen hat der König den Anfang dazu gemacht. Die Kolonisation des Oderbruchs mit freien Bauernstellen geht in dieselbe Richtung. Die Lassbauernschaft und Fronwirtschaft, deren Lasten du besser kennst als ich, muss aufhören. Freies Eigentum und freie Entfaltung garantieren die Zukunft des Staates. Wenn für den Bauern beides auf dem Spiele steht, kämpft er nicht mehr für den König, sondern für den Staat und damit vor allem für sich selbst.«

Dem Bruder scheint das Thema zu hoch und visionär, denn er sagt: »Ich glaube, dass du recht hast. Aber lassen wir es dabei. Als kleine Bauern können wir sowieso nichts ändern. Alles kommt, wie es kommen muss.«

Jedes Mal wenn Basedow im Herbst seine Familie in Stücken besucht, versäumt er nicht, einen Tag aufs Land hinauszugehen. Der Anblick der mächtigen Eichen am sandigen Wegesrand und der weiten von dunklen Kiefernwäldern umrahmten Felder bringt ihm seine Jugend wieder, die hart, aber gleichzeitig erfüllt gewesen war. In seinen Gedanken sieht er sie ergrünen, sieht die sich im Wind sanft wiegenden Ähren unter den majestätisch am blauen Himmel vorüberziehenden Wolken und spürt die nur vom fernen Ruf des Kuckucks unterbrochene große Stille. Er mag dieses Land mit den von ihm geprägten Menschen, genügsam, stark und ehrlich, wie sein Vater einer ist. Er würde, wo immer er sich aufhielt, seine Heimat niemals vergessen.

17. Blick zurück

Vier Jahre später sitzt Basedow vor seinem Verwaltergebäude in der Abendsonne. Die Kastanien werfen lange Schatten auf die Allee. Pferde schnauben in den Ställen. Milchkannen trocknen in der warmen Luft. Von den letzten Strahlen gewärmt und mit der Tagesarbeit zufrieden, zieht er für sich ein vorläufiges Resümee.

In Stücken hatte er sich nie Illusionen über seine berufliche Laufbahn gemacht. Als Sohn eines einfachen Bauern war sein Weg vorgezeichnet. Weil sein älterer Bruder das erste Anrecht auf den Hof seines Vaters hatte, konnte er dort nur als Tagelöhner arbeiten und darauf hoffen, dass der Gutsherr ihm eines Tages als Lohn seines Fleißes eine freie Lassbauernstelle übertrug. Einmal Bauer, immer Bauer, daran führte kein Weg vorbei. Innerhalb des vorgegebenen Rahmens hat er als Verwalter einer Domäne mit mehreren Höfen in seinem Stand eine Position erreicht, die jenseits seiner kühnsten Träume lag. Nach schwierigem Anfang sind seine Bauern hoch zufrieden, denn er hat ihr Jahreseinkommen durch geschickte Bewirtschaftung und günstige Getreidepreise von 30 auf 60 Taler steigern können und damit das Einkommen der am besten stehenden ostpreußischen Domänenbauern nahezu erreicht. Mit dieser Summe können sich die aus vier bis fünf erwachsenen Personen bestehende Familien je nach Anspruch sogar etwas Luxus leisten. Für die glückliche Fügung und den erfolgreichen Verlauf seiner Arbeit muss er seinem Schicksal dankbar zu sein.

Nicht so sicher ist er sich bei der Beurteilung seiner Dienstzeit beim Militär. Zwar wurde er in erstaunlich kurzer Zeit zum Unteroffizier befördert, aber eine Ernennung zum Secondeleutnant, die im Kriege im Bereich des Möglichen gelegen hätte, war ausgeblieben. Immerhin hatte er bei Le Noble gutes Geld verdient, das ihm später von größtem Nutzen gewesen ist. Wenn er bedenkt, dass der militärische Drill und Gehorsam ihm wiederholt die letzten Kräfte abverlangt hatten, kommt er insgesamt zu dem Schluss, dort viel gegeben, aber wenig erhalten zu haben.

In seinem Unterbewusstsein spürt Basedow, dass das Fazit über diesen Teil seines Lebens nicht die endgültige Antwort sein kann. Hatte der militärische Gehorsam ihm tatsächlich immer nur etwas abverlangt, ohne ihm etwas zu geben? Bei genauerem Nachdenken wird ihm klar, dass die Antwort differenziert ausfallen muss. Wer gehorcht, weil er gehorchen muss, wird den Nutzen ausschließlich bei dem anderen sehen. Wer dagegen gehorcht, weil er gehorchen will, hat zuvor einen Lernprozess durchlaufen. Er hat sich entschlossen, seinen natürlichen Hang zu Bequemlichkeit zu besiegen und mit der Befähigung dazu die Erfahrung gewonnen, Herr über sich sein zu können.

Basedow hat sicherlich gehorcht, weil ihm Gehorsam von Kind auf anerzogen war. Das religiöse Gebot, sich selbst nicht wichtig zu nehmen und auf dem ihm zugewiesenen Platz nach der Strophe des Kirchenliedes »Gib daß ich tu mit Fleiß, was mir zu tun gebührt, wohin mich Dein Befehl in meinem Stande führet,« das Beste zu geben, war für ihn selbstverständliche Pflicht. Er hat aber auch gehorcht, weil er es aus eigener Einsicht so wollte. Sein Motiv war dabei weniger der Schutz der Eltern vor den Unbilden des Krieges. Weil Kriege damals allenfalls auf die Eroberung einiger Provinzen und nicht ganzer Staaten zielten, war das Schicksal seiner Eltern nicht unmittelbar bedroht. Im Übrigen hätte es für seine Eltern kaum einen Unterschied gemacht, ob sie von einem preußischen oder anderen Monarchen regiert worden wären. Basedow hatte auch nicht das hohe Ziel der Verteidigung eines Staates vor Augen, der wegen seiner vorbildlichen Ausrichtung auf eine individuell angemessene Verteilung, unabhängige Justiz, freie Meinung und religiöse Toleranz besonderen Schutz verdiente. Dazu war sein Horizont als einfacher Bauer viel zu begrenzt. Seine Beweggründe waren viel profaner und, auf einen simplen Nenner gebracht, schlicht soldatisch: Er hatte gern gehorcht, weil man den König, der alle Entbehrungen und persönliche Gefahr mit seinen Soldaten teilte, als obersten Vorgesetzten und Kameraden nicht im Stich ließ.

Ihm ist klar, dass aufgrund der straffen Disziplin, für welche die Truppe berühmt war, jeder, der nicht in der Armee gedient hat, dem preußischen Soldaten blinden Gehorsam unterstellen muss. Aus eigener Erfahrung weiß er jedoch, dass er als Soldat durchaus Raum für eigene Entscheidungen gehabt hat. Bereits bei der Grundausbildung war ihm eingebläut worden, Befehle, die Meuterei gegen den Landesherrn oder Verstöße gegen »die natürliche Ordnung« bedeuteten, auf keinen Fall zu befolgen. Selbst wenn er unter Gewehr stand, wo absoluter Gehorsam Pflicht war, hatte er nicht blind gehorcht. Der Unterschied bestand nur darin, dass ihm in diesem Fall die Gewissensprüfung durch den Vorgesetzten abgenommen war. Denn der Offizier war durch seine Ehre zu rechtmäßigen Befehlen verpflichtet. Blind war dann nur Basedows Vertrauen, weil er davon ausgehen konnte, ausschließlich rechtmäßige Befehle zu erhalten. Dass die Offiziere die Verpflichtung ernst nahmen und selbst Befehle verweigerten, wenn ihre Befolgung nicht Ehre brachte, haben sie wiederholt unter Beweis gestellt. Der König, der selbst nicht davor zurückschreckte, bedenkliche Befehle zu erteilen, hat die sittlich begründete Verweigerung eines zweifelhaften Befehls stets respektiert und niemals bestraft.

Basedow kann an dem Prinzip nichts Bedenkliches finden, sondern ist im Gegenteil davon überzeugt, den militärischen Gehorsam in seiner effektivsten und schönsten Form erlebt zu haben. Wer sich während des Feuerns in einem unausweichlichen Handlungszwang befindet, kann bei der Vielzahl der Handgriffe unmöglich überlegen, ob ein gegebener Befehl Recht oder Unrecht bedeutet. Er muss sich in der Hektik des Geschehens absolut darauf verlassen können, nur rechtmäßige Befehle zu erhalten. Dafür sorgte der Vorgesetzte, der Gehorsam nur forderte, wo er selbst gehorchen konnte. Er war zur ständigen Selbstbeobachtung, strengster Selbstkritik gezwungen, wenn er seine Ehre nicht verlieren wollte. Der permanente Druck zu verantwortungsbewusstem Handeln führte zur höchsten Qualitätsauslese bei den Vorgesetzten und vermittelte den Untergebenen das Gefühl, nicht um jeden Preis gehorchen zu müssen, sondern mit ruhigem Gewissen gehorchen zu können. Basedow kann sich nicht vorstellen, dass das selbsterfahrene Prinzip jemals durch ein ethisch höherwertigeres ersetzt werden könnte.

Die Erkenntnis, sich durch den freiwilligen Gehorsam die Reife bewiesen zu haben, eine Sache um ihrer selbst Willen tun zu können, erfüllt ihn mit tiefster Genugtuung. Die Gewissheit, Herr über sich und nicht Sklave seiner Bedürfnisse und damit immun gegen Verführungen jeglicher Art zu sein, vermittelt ihm ein neues, bisher nicht gekanntes Selbstwertgefühl. Er sieht sich unabhängig und frei. Nicht durch Selbstsucht, sondern durch Selbstbescheidung findet der Mensch seine Größe und sein wahres Glück. Das große Wort des Königs: »Es ist nicht wichtig dass ich lebe, sondern dass ich meine Pflicht erfülle« , das er bisher nicht verstanden hatte, erhält in diesem Lichte seinen Sinn. Basedow wird sich die Souveränität über sein Ich allerdings immer wieder erkämpfen müssen. Sich und seine Bedürfnisse für das Wichtigste zu halten, wird stets eine Verlockung bleiben. Unbewusst mit dem Kopf nickend, stellt er fest, dass Preuße zu sein kein Vergnügen, aber eine Ehre ist.

Literaturverzeichnis

Allmeyer-Beck, Die friderizianische Armee im Spiegel ihrer Gegner, Vorträge zur Militärgeschichte Bd. 8 Herford, Verlag Mittler & Sohn

Archenholz Johann, Gemälde der preußischen Armee vor und in dem Siebenjährigen Kriege, Berlin 1791

Bedürftig, Preußisches Lesebuch, Unipart Stuttgart 1981

Benninghoven, Börsch-Supan, Gundermann, Friedrich der Große, 1986

Berkenhagen Wagner, Der bunte Rock in Preußen, Berlin 1981

Bleckwenn Hans, Unter dem Preußenadler, München, Bertelsmann 1978

Bleckwenn Hans, Friederizianische Uniformen, Biblio Dortmund 1984

Bräker Ulrich, Lebensgeschichte und Abenteuer des armen Mannes im Tockenburg, Progressverlag Düsseldorf

Briefe eines preußischen Feldpredigers, Biblio Verlag Osnabrück 1972

Briefe eines alten preußischen Officiers, Biblio Verlag Osnabrück 1972

Carsted, Zwischen Schwert und Pflugschar, Hüttemann Paderborn 1989

Cyran Eberhard, Preußisches Rokoko, Berlin 1979

Der Alte Berliner Garnisonfriedhof, Haude und Spener Berlin 1995

Die Bewaffnung und Ausrüstung der Armee Friedrichs des Großen, Vereinigung der Freunde des Militärgeschichtlichen Museums und der Förderer der Wehrtechnischen Studiensammlung, Koblenz, 1986

Dominicus, Tagebuch aus dem Siebenjährigen Krieg, München 1891

Dreyer, Leben und Taten eines preußischen Regiments-Tambours, Biblio Verlag Osnabrück 1975

Duffy Christopher, Friedrich der Große und seine Armee, Motorbuch Stuttgart 1978

Fiedler Siegfried, Grundriss der Militär- und Kriegsgeschichte, München 1972

Fritsch Oskar, Friedrich der Große, Lehmanns Verlag, München 1936

Grünberg Ludwig, Garnison Berlin, Zeitschrift für Heereskunde 1957

Hoen von, Die Kriege Friedrichs des Großen, Berlin 1907

Hülsen Carl Wilhelm von, Unter Friedrich dem Großen, Memoiren 1752–1773

Hürlimann Rave, Die Residenzstadt Potsdam, Berichte und Bilder, Berlin 1933

Jany Kurt, Geschichte der preußischen Armee, Biblio Osnabrück 1967

Jany Kurt, Urkundliche Beiträge und Forschungen zur Geschichte des preußischen Heeres, LTR Bad Honnef 1983

Klein, Berliner Handbuch, Rombach, Freiburg 1982

Koser Reinhold, Geschichte Friedrichs des Großen, Stuttgart 1925

Kroener Bernhard, Wirtschaft und Rüstung der europäischen Großmächte im Siebenjährigen Krieg, Vorträge zur Militärgeschichte Bd. 8, S. 143 ff. Mittler Herford

Lange Eduard, Heerschau der Soldaten Friedrichs des Großen, Leipzig 1856

Ledebur von, Die Geschichte des preußischen Unteroffiziers, Berlin 1939

Lemcke Jakob Friedrich, Tagebuch in Kriegs-und Friedensbilder 1725–1759, Biblio Verlag Osnabrück 1971

Lippe Ernst Graf zur, Militaria aus Friedrich des Großen Zeit, Krefeld 1866

Müller Georg, Königlich Preußisches Kriegsrecht, Berlin 1760

Müller Heinrich, Das Heerwesen in Brandenburg und Preußen 1640 bis 1806, Brandenburgisches Verlagshaus Berlin 1991

Müller Johann Conrad, Der wohlexercierte preußische Soldat, Schaffhausen 1759

Müller Johannes, Friedrich der Große und sein Heer, Verlag Wehr und Wissen 1981

Neumann, Aus der Festungszeit Preußischer Kammergerichts- und Regierungsräte auf Spandau 1780, Berlin 1910

Nicolai Friedrich, Beschreibung der königlichen Residenzstadt Berlin, Propyläen Berlin 1987

Nicolai Friedrich, Anekdoten von Friedrich II. von Preußen, Berlin 1788

Pelet-Narbonne, Brandenburg Preußische Reiterei, Berlin 1905

Petersdorff Herman von, Friedrich der Große, Berlin 1911

Priesdorff Kurt von, Soldatisches Führertum, Berlin 1939

Prittwitz Christian von, Ich bin ein Preuße, Hüttemann Paderborn 1989

Richnow Hans-Jochen, Erinnerungen an Preußen,
Berlin 1978

Rohdich Walther, Leben für Preußen, Münster
1981

Rudolph Hartmut, Das evangelische Militärkirchen-
wesen in Preußen, Göttingen 1973

Schmidtchen Volker, Der Einfluß der Technik auf
die Kriegführung zur Zeit Friedrichs des
Großen, Vorträge zur Militärgeschichte
Bd. 8, S. 121 ff. Mittler Herford

Schoeps Hans-Joachim, Preußen Bilder und Zeugnisse, Berlin 1967

Schoeps Hans-Joachim, Preußen Geschichte eines
Staates, Berlin 1967

Schwertfeger-Volkmann, Die deutsche Soldatenkun-
de, Stubenrauch Berlin 1937

Seeger Karl von, Mit Marschallstab und Kesselpauke,
Stuttgart 1939

Simoneit Max, Unsterbliche Soldaten, Nibelungen-
verlag, 1941

Sinn Dieter und Renate, Der Alltag in Preußen, So-
cietäts Verlag Frankfurt 1991

Teske Herrmann, Berlin und seine Soldaten, Haude
und Spener Berlin 1868

Transfeldt, Wort und Brauch im deutschen Heer,
Schultz Hamburg 1976

Vehse Eduard, Preußische Hofgeschichten, Müller
München 1913

Volz Gustav, Die Werke Friedrichs des Großen,
Berlin 1913

Volz Gustav, Friedrich der Große, Bilder aus seiner
Zeit, Hayn'sche Erben Berlin 1828

Winteroll Michael u.a., Tagestouren um Berlin, Nico-
laische Verlagsbuchhandlung Berlin 2002

Witzleben von, Aus den alten Parolebüchern der
Berliner Garnison, Biblio Osnabrück 1971

Woche Klaus-Rainer, Vom Wecken bis zum Zapfenstreich, Vowinkel 1986

Anmerkungen

1 Schoeps, Preußen, Seite 27

2 Jany Band 2, Seite 77

3 Pelet-Narbonne, Band 1 Seite 10

4 Friedrich der Große, Werke, Band 1 Seiten 100, 117, 119

5 Schoeps a.a.D.

6 Schoeps, Preußen, Seite 328

7 Sinn, Seite 37

8 Sinn, Seite 36

9 Der König forderte für das erste Glied der alten Regimenter eine Mindestgröße von 5 Fuß 8 Zoll und für das zweite 5 Fuß 6 Zoll (siehe Volz, Werke Friedrichs des Großen Band 7, Seite 169)

10 Friedrich nennt in seinen Generalprincipia vom Kriege zwei Jahre

11 Witzlebens, Seite 19

12 Winteroll, Seite 54

13 Fiedler, Band 1, Seite 123

14 Müller, Kriegsrecht, Seiten 142 ff.

15 Der Enrollierte unterstand noch nicht der Militärgerichtsbarkeit. Er wurde erst mit der Notifikation (Aufruf) Soldat. Der Eid hatte nur affirmative Wirkung. Siehe Müller, Kriegsrecht Seiten 99, 133, 161

16 Sinn, Seiten 134, 185.

17 Entspricht 1 ½ Pfund Brot zu neun Pfennigen, Gemüse, Fleisch, Salz und Getränke zu sieben Pfennigen

18 Ein Taler hatte 24 Groschen oder 288 Pfennige. Seine Kaufkraft betrug nach heutiger Währung ca. 55 EUR.

19 Bräker, Seite 94

20 Reglement vor die Königl. Preußische Infanterie 1743, Seite 43

21 Reglement vor die Königl. Preußische Infanterie 1743, Seite 187

22 Bräker, Seite 101

23 Bräker, a.a.O.

24 Cyran, Seite 174

25 Bereits der Centurio der römischen Armee trug als Zeichen seiner Autorität einen Stock, mit dem er bei Bedarf zuschlug. Aus ihm sind das königliche Szepter und der Marschallstab abgeleitet.

26 Dreyer, Seiten 19, 20

27 Bleckwenn, Preußische Uniformen, Seite 25

28 Cyran, Seite 173

29 Witzleben, Seite 9

30 Kaltenborn, Briefe eines alten Preußischen Officiers, Seite 18 ff.

31 Witzleben, Seite 65

32 Witzleben, Seite 19

33 Lemcke, Seite 33

34 Schoeps, Bilder und Zeugnisse, Seite 8

35 Friedrich der Große, Werke, Band 7 Seite 148; Bedürftig, Seite 50.

36 Friedrich der Große, Werke, Band 7 a.a.O.

37 Renovirtes Militair-Consistorial-Reglement und Kirchenordnung des Feld-Ministerii vom 15.07.1750 II. Hauptstück Abschnitt II

38 Reglement vor die Königl. Preußische Infanterie 1743, Seite 386

39 Reglement vor die Königl. Preußische Infanterie 1743, Seite 308

40 Militair-Consistorial Reglement, a.a.O.

41 Petersdorff, Seite 352

42 Die Regimentsabzüge flossen im Wesentlichen in die Invalidenkasse, dienten aber auch zur Besoldung überzähliger Offiziere.

43 Aus den Kompaniegeldern wurden u.a. die Arzneimittel finanziert.

44 Die Abzüge für die große Montur gingen in die Regimentskleiderkasse, die für die kleine in die Kompaniekasse.

45 Reglement vor die Königl. Preußische Infanterie 1743, Seite 616; Bräker, Seite 94

46 Witzleben, Seite 23

47 Witzleben, Seite 27

48 Das Standgericht unterscheidet sich von dem des modernen Rechts. Letzteres ist der altpreußischen Rechtsordnung ebenfalls bekannt, aber an andere Voraussetzungen geknüpft. Es trat unter freiem Himmel zusammen, wenn die Tat ein Militärdelikt war, »das Delikt für sich selbst redete« d.h. aufgrund der klaren Beweislage nichts weiter als die Exekution erforderte, die Strafe genau bestimmt war und mit dem sofortigen Vollzug ein Exempel statuiert werden musste. Der Vollzug erfolgte nach Anhörung des Angeklagten unmittelbar durch Erschießen oder Erhängen, wobei dem Toten ein Zettel mit Angabe der Tat auf die Brust geheftet wurde.

49 Witzleben, Seite 10

50 Witzleben, Seite 11

51 »Unehrlich« machende Schläge

52 Neumann, Seite 55

53 Neumann, Seite 30

54 Neumann, Seite 155

55 Königlich Priviligierte Berlinische Staats- und Gelehrtenzeitung 1780, Seite 305

56 Königlich Privilegierte Berlinische Staats- und Gelehrtenzeitung 1780, Seite 341

57 Klein, Seite 23

58 Friedrich II. gibt an, dass der Brotvorrat in besonderen Fällen auf zwölf Tage (sechs Tage am Mann, sechs Tage auf den Brotwagen) erhöht wurde.

59 Duffy, Seite 220

60 Bräker, Seiten 112

61 Bräker, a.a.O.

62 Cartsted, Seite 33

63 Volz, Seite 199 ff.

64 Theden, Unterricht für die Unterwundärzte, Seite 7

65 Lemcke, Seiten 30 f.

66 Witzleben, Seite 70

67 Müller, Der wohlexercierte Soldat, Seite 19

68 Friedrich der Große, Werke, Band 2, Seite 226, Duffy, Seite 76

69 Cyran, Seite 60

70 Fritsch, Seite 60; Petersdorff, Seite 401

71 Fritsch, Seite 59

72 Petersdorff, Seite 400

73 Feldheer einschließlich Garnison- und Festungstruppen.

74 Er wird 1777 ganz entfallen, weil der König zumindest auf seinen Domänen wahr macht, was er von den Adligen im Interesse des inneren Friedens nicht erzwingen will.

75 Auf einem Rittergut gab es bis 1800 erbuntertänig drei Klassen von Bauern: Erbzinsbauern (Großbauern), die ihren Hof in Erbpacht und mit größerer Dienstbefreiung besaßen, Lassbauern (Lasse = Hörige), denen der Hof in Erbpacht (Brandenburg) oder (bis 1769) nur zur Nutzung mit Hand- und Spanndiensten überlassen war, sowie die Kossäten, welche die nicht mehr in Äcker aufteilbaren Außenflächen mit Hand- und Fußdiensten für den Gutsherrn bewirtschafteten.

76 Volz, Werke Friedrichs des Großen Band 7, Seite 173

77 Hürlimann, Seite 180

78 Koser, Band 3, Seite 107; Fritsch, Seite 77

79 Altes Flächenmaß vor Einführung des Hektars. Eine Hufe entspricht der Fläche, die ein Bauer mit einem Pferd an einem Arbeitstag von 14 bis 17 Stunden bearbeiten konnte. Zwei Hufe = 34 Hektar.

80 Nach dem Siebenjährigen Krieg wurden insgesamt 17.826 Artillerie- und Trosspferde an die Landwirtschaft zurückgegeben.

81 Innerhalb der Bauernschaft wurde zwischen Groß- und Vollbauern unterschieden. Ein Großbauer bewirtschaftete zwischen 34 und 100 Hektar, ein Vollbauer die Standardfläche von 34 Hektar.

Lexikon zur Erläuterung

Abschied
Entlassung aus dem Militärdienst. Das Militärrecht unterscheidet den ehrlichen und schimpflichen Abschied. Der ehrliche Abschied konnte ein »zufälliger« sein, weil ein Regiment aufgelöst wurde, oder ein »verursachter«, weil der Soldat wegen Krankheit oder zu geringer Größe ausgemustert wurde.
Der schimpfliche Abschied war entweder ein »einfacher« oder ein »infamer«. Der einfache wurde bei geringeren Verstößen gegen die Kriegsartikel ausgesprochen, der infame bei schweren Vergehen. Letzterer war mit dem Verlust von Ehrenämtern, der Testierfähigkeit und der Übernahme von Vormundschaften verbunden.

Akzise
Die ab 1684 nach holländischem Vorbild in der Mark und später landesweit an den Stadttoren auf ein- und ausgehende Waren erhobene indirekte Steuer. Güter, die Preußen nicht selbst herstellte, sowie Rohstoffe wurden nicht besteuert. Die Einnahmen aus der Akzise flossen in die Generalkriegskasse, die wiederum die Generalpferdekasse, die Kleiderkasse sowie die Artilleriekasse speiste.

Anhalt Dessau, Leopold I. Fürst von
(03.07.1676 – 09.04.1747) Preußischer Generalfeldmarschall (seit 1712) mit hoher militärischer Begabung und großer Kriegserfahrung. Während Friedrich Wilhelm I. zumindest in militärischen Angelegenheiten stets bereit war, seinen Ratschlägen zu folgen, zog Friedrich II. bei der Vorbereitung des Ersten Schlesischen Krieges den Grafen Schwerin als Berater vor. Ihm missfiel die grobe, trotzige und mitunter halsstarrige Art des Fürsten, die ihn stark an seinen Vater erinnerte. Die Zurücksetzung traf den durch Friedrich Wilhelms Verehrung verwöhnten Soldaten umso härter, weil er sie zugleich als Kritik seiner rüden Drillmethoden empfand, zu denen sich Schwerin durch einen humanen Führungsstil in bewusstem Gegensatz gesetzt hatte.

Anhalt Dessau, Moritz Prinz von
(1712–11.4.1760) Preußischer Generalfeldmarschall. Lieblingssohn des Fürsten Leopold. Militärisches Naturtalent, draufgängerisch, unübertroffen tapfer, aber kein selbstständiger Feldherr wie

seine Brüder und ohne einen guten Stab völlig aufgeschmissen. Der »Prince sauvage« genannte fünfte Sohn wurde bei Hochkirch verwundet und in der Kutsche auf der Fahrt nach Bautzen durch den österreichischen Rittmeister Velten gefangen genommen. Daraus auf Ehrenwort nach Dessau entlassen, starb er an einem sich aus den Kriegswunden entwickelnden Lippenkrebs.

Arrest
Häufigste Disziplinarmaßnahme. Sie wurde in der Regel auf der Stadtwache eines Regiments oder auf einer Festung abgesessen. Der Arrest war nicht ehrenrührig, eine anschließende Beförderung daher durchaus möglich.

Artilleriemunition
Die gebräuchlichste Munitionsart war die Eisenkugel, die bei den kleineren Kalibern als Vollkugel und bei den größeren zur Minimierung des Transportgewichts auch als Hohlkugel verschossen wurde.
Auf geringe Entfernung, vor allem gegen die Kavallerie, kamen Kartätschen zum Einsatz. Dabei handelt es sich um zylindrische, mit kleineren Kugeln gefüllte Behältnisse aus Blech (Büchsenkartätschen) oder Leinen (Beutelkartätschen), die beim Verlassen des Rohrs platzten und den Inhalt in Form eines Schrotschusses freigaben. Bis 1754 bestand die Submunition aus Eisen oder Blei. Danach wurde ausschließlich Eisen verwendet, weil Eisen während des Fluges nicht verklebte. Die einzelne Kugel hatte ein Gewicht von sechs Lot. Die Büchsenkartätsche für den Dreipfünder enthielt 50, für den Sechspfünder 80 sowie für den Zwölfpfünder 150 Kugeln Submunition.
Die Einzelkugeln und Kartätschen wurden mit Pulverkartuschen aus Kamelhaar, Leinen und notfalls sogar Papier verschossen.

Attentate
Auf Friedrich wurden zwei Anschläge verübt: Im Frühjahr 1757 versuchte der Kammerdiener Glasow auf Anstiftung der Gräfin Brühl, den König in seinem Hauptquartier in Lockwitz bei Dresden mit einer Tasse Schokolade zu vergiften. Der Attentäter kam auf die Festung nach Spandau und wurde nach wenigen Jahren entlassen.
1761 verriet der schlesische Baron von Warkotsch Friedrichs Aufenthaltsort an die Österreicher. Der

Jäger des Barons, Matthias Kappel, deckte jedoch den Anschlag rechtzeitig auf. Warkotsch entging der drohenden Verhaftung durch Flucht.

Auditeur

Seit 1712 übliche Bezeichnung für den juristisch ausgebildeten Offizier der Militärgerichtsbarkeit (ab 1900 Kriegsgerichtsrat). Der Auditeur leitete die Voruntersuchung und beriet das Gericht. Darüber hinaus führte er den gesamten Schriftverkehr des Regiments.

Bei der Infanterie, den Kürassieren und Dragonern hatte jedes Regiment einen Auditeur. Bei den Husaren fehlte er. Auditeure standen im Rang von Subalternoffizieren. Sie schworen nicht auf die Fahne, sondern verpflichteten sich wie die Regimentsfeldschere durch Vertrag gegenüber dem Regiment. Das Portepee durften sie nicht tragen.

An der Spitze der Organisation stand der Generalauditeur mit Dienstsitz in Berlin. Im Felde waren Oberauditeure als Stellvertreter des Generalauditeurs den selbstständig operierenden Korps beigegeben.

Avancieren

Vorwärtsbewegung des in Linie aufgestellten Bataillons. Bis 1772 betrug die normale Geschwindigkeit 65 Schritt pro Minute, danach galt Tempo 76. Alle 50 Schritt wurde für das Chargieren halt gemacht. Schnelle Schwenkungen erfolgten mit Tempo 108.

Bagage

Der mit Material beladene Wagenpark eines Regiments oder eines größeren Verbandes. Der Tross eines Infanterieregiments (ohne Grenadiere) umfasste 31 Fahrzeuge. Der Transport des Materials für die zehn Musketierkompanien und des Stabes erforderte 274 Pferde. Davon zogen 120 Tiere die 30 Wagen der zehn Kompanien, acht die vier zweirädrigen Patronenkarren und 16 die vier Bataillonsgeschütze. 54 Pferde benötigten die Offiziere für deren Bagage. Jeder Kompanie standen ferner sieben Packpferde für den Transport der Zelte, Decken und des Kochgeräts zu. Vier Pferde zogen den Stabswagen, auf dem die Kasse, der Büchsenmacherkasten, das Abendmahlsgerät und die Ketten des Profoßes lagen. Zwei Packpferde wurden für die Wach- und Brandzelte benötigt. Hinzu kamen die 70 Reitpferde der Offiziere und des Unterstabes, soweit sie nicht benutzt wurden.

Die Wagen der Regimenter fuhren in der Reihenfolge, wie diese in den Brigaden stehen sollten. Der Wagen des Regimentschefs übernahm die Spitze, gefolgt von den Fahrzeugen der Leibkompanie. Ihnen schlossen sich die Wagen der übrigen Kompanien in der Reihenfolge ihrer Rangierung an. Dazu waren alle Fahrzeuge mit Nummern versehen. Auf die Einhaltung der Ordnung wurde strengstens geachtet. Kein Knecht durfte von der Reihung abweichen oder seinen Wagen im Halt verlassen. Nur wenn ein Fahrzeug wegen Defekts ausfiel, rückten die übrigen auf.

Bajonett

Waffe der Infanterie. Das Bajonett war ursprünglich zur Abwehr der Kavallerie bestimmt. Dazu wurde es zuerst in den Lauf gesteckt (Spundbajonett) und später seitlich des Laufs aufgesetzt (Tüllenbajonett). Das preußische Modell von 1753 war 48 cm lang. Die Klinge hatte einen dreieckigen Zuschnitt ohne Hohlschliff. Seit 1732 kämpfte nur das erste Glied, ab 1742 auch das zweite und dritte mit aufgepflanztem Bajonett. Reine Bajonettangriffe waren jedoch sehr selten. Marschiert wurde ebenfalls stets mit aufgepflanztem Bajonett. Nur bei Regen und Glätte blieb es im Futteral, um eine Gefährdung des Nebenmannes auszuschließen.

Bataillon

Taktische Untergliederung eines Regiments. Zum Exerzieren und für den Marsch ins Feld wurde jedes Infanterieregiment in zwei gleich starke Bataillone geteilt. Lediglich die Regimenter 3 und 15 hatten drei Bataillone. Ein Bataillon bestand aus fünf Musketier- und einer Grenadierkompanie. Zum I. Bataillon gehörte die Leibkompanie des Chefs, die Kompanie des dienstälteren Oberstleutnants oder Majors sowie drei weitere Kompanien. Zum II. Bataillon zählten bis 1751 die Kompanie des Kommandeurs, die des dienstjüngeren Oberstleutnants oder Majors sowie die restlichen drei, die von Kapitänen geführt wurden

Belling, Wilhelm Sebastian von

(15.02.1719–28.11.1779) Generalleutnant der Kavallerie, Organisator und bedeutender Führer der preußischen Husaren. Belling war bei den Soldaten wegen seiner Unverzagtheit und Herzensgüte sehr beliebt. Er befehligte ab 1761 die preußischen Truppen gegen die Schweden. Dabei nahm er den späteren Feldmarschall Blücher als Kornett gefangen. Blücher begann unter ihm seine preußische Karriere.

Bestushew-Rjumin, Alexei Petrowitsch Graf
(1693–1766) Von 1744–1757 Grosskanzler und Berater der Zarin Elisabeth. Der gebürtige Moskauer hatte erheblichen Einfluss, zumal er durch seinen Bruder Michael, der das Amt des Oberhofmarschalls in St. Petersburg bekleidete, unterstützt wurde. Außerdem war er der Schwiegervater der unehelichen Tochter der Zarin aus ihrer Beziehung zu Alexej Rasumowski. Der hochbegabte ‚aber bestechliche Politiker stand früh im Solde Österreichs.

Bräker, Ulrich
Musketier im Berliner Infanterieregiment Nr. 13 Itzenplitz. Er desertierte in der Schlacht bei Lobositz. Bekannt geworden ist der angeworbene Schweizer durch seine 1789 in Zürich erschienenen Memoiren. Die unterhaltsame und plastische Schilderung des strengen Dienstes in der preußischen Armee liest sich gut und wird wegen ihrer mitunter bissigen Kritik von Preußengegnern gern zitiert.

Brandenburg, Karl Albrecht Markgraf von
(10.05.1705–22.06.1762) General der Infanterie. Markgraf Karl aus einer Nebenlinie der Hohenzollern war im Unterschied zu seinem Bruder ein tüchtiger Soldat. Im Siebenjährigen Krieg zeichnete er sich bei der Einschließung der Sachsen in Pirna sowie bei Hochkirch aus. Bei Liegnitz und Torgau gehörte er zum Korps des Königs. Er starb 1762 in Breslau. Der Bildhauer Rauch hat ihm auf dem Denkmal Friedrichs des Großen Unter den Linden einen ehrenden Platz eingeräumt.

Braunschweig-Lüneburg (Bevern),
August Wilhelm Herzog zu
(1715–1781) Preußischer General der Infanterie. Vetter der Königin Elisabeth Christine und des Herzogs Ferdinand. Bevern, bei Friedrichs Regierungsantritt Oberstleutnant im Infanterieregiment 25, galt als vorzüglicher Ausbilder. 1743 wurde er Generalmajor und 1750 nach erfolgreichen Einsätzen bei Prag und Hohenfriedeberg sowie gutem Friedensdienst als Gouverneur von Stettin Generalleutnant. Im Siebenjährigen Krieg war er einer der besten Unterführer, in höheren Verwendungen aber überfordert. Der Aufgabe, mit lediglich 28.400 Soldaten Schlesien gegen die 83.606 Mann starke österreichische Hauptarmee zu decken, während Friedrich in Sachsen operierte, zeigte er sich nicht gewachsen. Statt die Chance der Zersplitterung der österreichischen Truppen

infolge der Belagerung der Festung Schweidnitz durch Nadasdy für einen Angriff zu nutzen, wurde er am 22. November 1757 vor Breslau durch die wiedervereinigte österreichische Hauptarmee empfindlich geschlagen. Bevern musste sich mit seiner auf rund 22.000 Mann reduzierten Armee auf Glogau zurückziehen und geriet am 24. November 1757 auf einem Vorpostenritt in Gefangenschaft. Die Umstände – geringe Begleitung – sprechen dafür, dass dies aus Absicht geschah. Im Mai 1758 wurde Bevern gegen einen österreichischen General ausgetauscht. Friedrich setzte ihn wieder als Gouverneur von Stettin ein, wo er nach weiteren Verwendungen gegen die Russen und Schweden seine militärische Karriere beendete.

Browne, Maximilian Ulysses von
(1705–1757) Österreichischer Feldmarschall irischer Herkunft. Er stand Friedrich am 1. Oktober 1756 in der ersten Schlacht des Siebenjährigen Krieges bei Lobositz gegenüber. Der gegen ihn erfochtene an sich unbedeutende preußische Sieg war dennoch von großer Tragweite, weil er Browne daran hinderte, die Sachsen bei Pirna zu entsetzen. Deshalb musste die gesamte sächsische Armee am 16. Oktober 1756 kapitulieren. Browne hatte bereits 1740 bei dem Einmarsch der Preußen in Schlesien große Kaltblütigkeit und ein beachtliches Reaktionsvermögen gezeigt. Er wurde in der Schlacht bei Prag am 6. Mai 1757 tödlich verwundet.

Chargieren
Begriff von unterschiedlicher Bedeutung:
1. Kommandos zum Laden und Feuern (noch bis 1906)
2. Vorgehen der Fußtruppen unter exerziermäßigem Laden und Abfeuern des Gewehres, wobei der gut ausgebildete preußische Soldat drei- bis fünf Mal pro Minute schoss
3. Angriff der Kavallerie mit blanker Waffe

Daun, Leopold Graf
(1705–1766) Österreichischer Feldmarschall und Präsident des Hofkriegsrats. Daun, dessen Familie aus der Hocheifel stammte, wurde am 12. März 1757 von Maria Theresia anstelle des glücklosen Prinzen Karl von Lothringen zum Oberbefehlshaber der österreichischen Truppen berufen. Er war ein tüchtiger, kühl abwägender Methodiker, aber ihm fehlte wegen seiner Bedachtsamkeit die mitreißende Strahlkraft. Das Herz der Soldaten hatte deshalb Laudon.

Domäne

Landwirtschaftsbetrieb im Staats- oder Kirchenbesitz. Die königlichen Domänen wurden auf sechs oder zwölf Jahre verpachtet und unter Aufsicht der Kriegs- und Domänenkammer von einem Amtmann geführt.

Dominicus, Johann Jakob

(13.11.1731–11.06.1775) Musketier im Infanterieregiment Nr. 9. Er gehört zu den wenigen des Lesens und Schreibens kundigen einfachen Soldaten. Seine Erinnerungen über den Siebenjährigen Krieg sind durch andere Nachrichten belegt und deshalb eine bedeutende Quelle für die Militärgeschichte.

Dreyer, Joseph Ferdinand

(05.05.1718 bis nach 1811) Ursprünglich Tambour im Linienregiment Bork in Wesel, im Siebenjährigen Krieg als Angehöriger des Freikorps Le Noble Führer zahlreicher außerordentlich erfolgreicher Kommandounternehmen. Die dafür nach dem Kriege angebotene Leutnantstelle schlug er bescheiden aus. Dreyer ging als einfacher Soldat mit seinem Regiment nach Glatz, wo er, durch wiederholte Geldgeschenke des Königs geehrt, in hohen Jahren starb.

Ehrenbezeigung

Der typische militärische Gruß durch Anlegen der rechten Hand an die Kopfbedeckung, der das Abnehmen des Hutes andeutet, wurde in der preußischen Armee erst 1817 eingeführt. Zur Zeit Friedrich Wilhelms I. grüßte die Mannschaft im Freien wie in geschlossenen Räumen durch Abnehmen der Kopfbedeckung mit der rechten Hand, wobei der Hut seitwärts mit leicht gekrümmtem Arm in Kinnhöhe gehalten wurde. Die Offiziere hielten den Hut in der rechten Hand am nach unten gestreckten Arm. Ab 1726 grüßten alle Soldaten durch Abnehmen des Hutes mit der linken Hand. Anschließend hielten sie ihn am ausgestreckten Arm leicht hinter dem Säbel oder Degen.
1742 verfügte Friedrich II., dass kein Offizier den Hut abzunehmen habe, wenn er ein Sponton führte. Mit dem Sponton grüßte der Offizier im Vorbeimarsch durch Absenken der Spitze bis in Bodennähe. Stand er vor der Front, streckte er den die Waffe haltenden Arm seitwärts aus, den Daumen an der Stange nach oben gerichtet. Stand er in der Front, winkelte er den Arm an und zog die Waffe zu sich, die Hand auf Schulterhöhe.

Feldkriegskommissariat

Organ der Militärverwaltung, das im Kriege die Befüllung der Feldmagazine und die Versorgung der Truppe übernahm. Die Besetzung war abhängig von der Stärke des Armeekorps. An der Spitze stand ein Finanzrat des Generaldirektoriums, der durch zwei Kriegsräte der Kriegs- und Domänenkammern unterstützt wurde. Mehrere Schreiber fertigten die Verträge mit den Lieferanten und die dienstlichen Anweisungen aus. Dem Feldkriegskommissariat waren das Personal der Feldmagazine, der Feldbäckereien, des Proviantfuhrwesens und der Feldkriegskasse unterstellt. Letztere leitete der Feldkriegszahlmeister, der in der Regel ein erfahrener Regimentsquartiermeister war. Aus ihr wurden die Ausgaben für die Tafelgelder der hohen Offiziere, die Bezüge des Magazinpersonals, der Feldbäckereien und des gesamten Trains sowie die Fleischgelder der Truppe bestritten, während der Sold aus der Generalkriegskasse floss.

Feldprediger

Militärseelsorger. Jedes Infanterie- und Kavallerieregiment verfügte über einen Prediger. Für die Grenadierbataillone war für jeweils drei ein Pastor zuständig. Die Feldprediger unterstanden dem Feldprobst, dessen Stellung seit 1742 mit der des Feldpredigers beim Regiment Garde (Nr. 15 b, c) identisch war. Der Feldprobst trug eine talarähnliche Uniform mit lila Beffchen. Die Feldprediger hatten blaugraue Beffchen.

Feldscher

Sanitäter mit angelernten medizinischen Kenntnissen. Zu jeder Kompanie gehörte ein Feldscher, so dass ein Regiment zwölf Sanitäter hatte. Die eigentliche medizinisch voll ausgebildete Kraft war der Regimentsfeldscher. Er stellte die Feldschere ein und besoldete sie aus seiner Kasse.

Feldwebel

Funktionsbezeichnung des Sergeanten, der die Kompaniestammrolle führte und die Mannschaft als Vertrauensmann gegenüber dem Chef vertrat. Aufgrund seiner hervorgehobenen Stellung wurde er nicht wie die übrigen Unteroffiziere mit »Er« angeredet, sondern hatte Anspruch auf das höflichere »Sie«.

Feuergeschwindigkeit

Die preußische Infanterie war für ihr schnelles Feuern berühmt. Der Soldat gab als Resultat einer konsequenten Ausbildung vier Schuss pro Minute ab und lud dreimal nach, während es die übrigen Nationen bestenfalls auf zwei Schuss brachten. Französische Manöverbeobachter wollen sogar sieben Schuss pro Minute gezählt haben, jedoch entsprach die mehrfach berichtete außerordentliche Leistung nicht der Norm.

Die hohe Feuergeschwindigkeit war notwendig, um die große Streuung der unpräzisen Gewehre auszugleichen. Ein kampfstarkes Infanteriebataillon verschoss pro Minute 2.280 Kugeln, so dass die Streuung nicht allzu sehr ins Gewicht fiel. Die Artillerie schaffte mit der dreipfündigen Kanone zehn Schuss pro Minute, ohne Auswischen sogar zwölf.

Finck, Friedrich August von

(1718–1766) Generalleutnant der Infanterie. Finck war über seine Tante mit Winterfeldt familiär verbunden und von diesem für die preußische Armee empfohlen worden. Vor 1740 in kaiserlichen und russischen Diensten, zeigte er in preußischer Verwendung zunächst als Kapitän und Flügeladjutant und ab 1744 als Major im Truppendienst hohe Intelligenz und Energie. 1755 wurde er zum Oberst befördert. Zwei Jahre später nach der Schlacht bei Prag und schwerer Verwundung bei Kolin war er Generalmajor. 1759 folgte der Generalleutnant. Der König hatte zu Finck über lange Zeit großes Vertrauen, so dass er ihm nach der Schlacht bei Kunersdorf, als er selbst nervlich völlig am Ende war, für zwei Tage die Hauptarmee übergab. Am 21. September 1759 schlug Finck mit 16.000 Mann Hadik bei Meißen. Durch die Kapitulation bei Maxen ruinierte er jedoch seinen guten Ruf. Den Verlust von 14.000 Mann, 70 Geschützen, 96 Fahnen und 24 Standarten verzieh ihm der König nie. Die schmähliche Selbstaufgabe, die sogar beim Gegner größtes Erstaunen und Missbilligung erregte, büßte der General nach Rückkehr aus österreichischer Kriegsgefangenschaft mit Kassation und zwei Jahren Festungshaft in Spandau. Er saß die Strafe ab und ging anschließend in dänische Dienste.

Fouqué, Ernst Heinrich Baron de la Motte

(04.02.1698–03.05.1774) General der Infanterie. Fouqué war zunächst Subalternoffizier im Regiment des Prinzen Leopold, bis er wegen einer Auseinandersetzung mit dem Sohn des Fürsten Preußen verließ und in dänische Dienste trat. Nach Preußen zurückgekehrt, gehörte er zur Tafelrunde in Rheinsberg. In militärischen Angelegenheiten war Fouqué zäh und unangenehm. Er nahm seine Stellung sehr ernst und schritt bei geringsten Vergehen rücksichtslos ein. In der Schlacht bei Prag übernahm er nach dem Tode Schwerins das Kommando. Am 23. Juni 1760 unterlag er bei Landeshut dreifacher Übermacht und wäre beinahe von den Österreichern erschlagen worden, wenn sich nicht sein Bursche Trautschke dazwischengeworfen hätte. Wegen seines hohen militärischen Wertes verweigerten die Österreicher den Austausch, so dass Fouqué erst mit dem Friedensschluss nach Berlin zurückkehrte.

Freikorporal

Auch Gefreiter-Korporal, ein zwischen dem Korporal, aber von dessen niederen Diensten befreiter (gefreyter), und dem Sergeanten stehender (Mittel-)Unteroffizier. Der Freikorporal war von adliger Herkunft und Offiziersaspirant. Seiner hervorgehobenen Stellung entsprechend trug er die Fahne.

Freikorporale traten in der Regel sehr jung in das Regiment ein. Ihr Alter lag zwischen 13 und 19 Jahren. In Friedenszeiten stiegen sie frühestens nach drei Jahren zum Offizier auf. Hülsen war sechs Jahre Freikorporal, bevor er Offizier wurde.

Freikorps

Die Freikorps gehören nach dem klassischen Kriegsrecht zu den irregulären Soldaten. Sie wurden während eines Feldzuges für den »kleinen Krieg« (Überfälle, Hinterhalte, Säuberungen) angeworben und bei Friedensschluss wieder entlassen. Für Hilfstruppen paramilitärischen Charakters hatte man auf Dauer keine Verwendung.

Nachdem die »Freipartheien« Österreichs unter der geschickten Führung Trencks, Franquinis, Defőffys und Nadasdys der preußischen Armee im Schlesischen Krieg heftig zugesetzt hatten, beschloss Friedrich zu Beginn des Siebenjährigen Krieges, ebenfalls Freikorps aufzustellen. Genügend Kriegsgefangene, kleine Ganoven und Condottieretypen (wer mich bezahlt, dem dien ich) fanden sich schnell zusammen. Gemocht hat er die Soldaten nie. »Dreimal Blau und dreimal des Teufels, ein execrables Geschmeiß« bezeichnete Friedrich in Anspielung auf die Uniform seine Freikorps, die er ebenso sehr verachtete wie er sie bei den im Verlauf des Krieges immer knapper werdenden personellen Ressourcen benötigte. Erst 1759 besserten sich Disziplin und Leistung der Freisoldaten, die von harter Hand eines Kleist,

Wunsch, Mayr oder Salemon geführt, sogar eine beachtliche Kampfkraft entwickelten.

Die Freikorps umfassten jeweils mehrere Waffengattungen. Im Korps Trümbach dienten Infanterie, Jäger, Dragoner und Husaren. Das Korps Kleist setzte sich aus »Grünen Kroaten«, ungarischer (evangelischer) Infanterie, Dragonern, Husaren, Ulanen und einem Jägerkorps zusammen. Im Freikorps Schony standen ungarische Grenadiere und Husaren, im Freikorps Gschray Infanterie und Dragoner. Nur aus einer Waffengattung bestehende Formationen sind bei den Freikorps die Ausnahme (Lubomirski Husaren, Glasenapp Dragoner, Bauer Husaren). Neben den Korps gab es reinrassige Freiinfanterieeinheiten in Bataillons- oder Regimentsstärke mit Kommandeuren beachtlicher Qualität, von denen zwei, Kalckstein und Knobelsdorff, später sogar zu Feldmarschällen aufgestiegen sind.

Frisur

Im Rokoko trug der Mann die Haare nach chinesischer Mode als Zopf. Dem Militär kam die Sitte sehr entgegen, weil loses Haar beim Abfeuern des Gewehrs leicht entflammte. Um einen schrägen Sitz des Hutes zu gewährleisten, sollte das Haar links in drei und rechts in zwei Locken aufgesteckt sein. Für die Umwicklung des Zopfes wurden die alten Luntenschnüre verwendet. Soldaten mit schütterem Haarwuchs empfingen Perücken aus Dienstbeständen. Bei Paraden war gepudertes Haar Vorschrift. Bei den Husaren waren Haarknoten oder Schläfenzöpfe üblich.

Fuchteln

Disziplinarstrafe, die gegen Unteroffiziere verhängt wurde. Dabei schlugen die Offiziere mit der flachen Degenklinge zu.

Füsiliere

Leichte Infanterie, zu der die kleinwüchsigen Kantonisten und Angeworbene herangezogen wurden. Während in den meisten Armeen Europas die Musketiere mit der Einführung des Flintschlossgewehrs (franz. fusil) lediglich durch Namensänderung zu Füsilieren wurden, bildeten sie in Preußen eine Gruppe für sich.

Unter der Regierung Friedrich II. waren alle neu aufgestellten Regimenter Füsiliere. Ihre Uniform entsprach im Schnitt der Bekleidung der Musketiere. Als Kopfbedeckung trugen sie bis auf das Regiment 34, das den Hut zur Kenntlichmachung als Hausregiment behielt, eine der Grenadiermütze nachempfundene Kopfbedeckung. Sie sollte die Füsiliere größer erscheinen lassen und die feindliche Aufklärung über die mindere Kampfkraft täuschen. Denn die Füsiliere waren mit kurzläufigen Gewehren geringerer Reichweite ausgestattet, weil ihnen aufgrund ihres kleineren Wuchses die für das schnelle Nachladen der Muskete notwendige Armspanne fehlte.

Die optische Wirkung der Füsilier- und Grenadiermützen war tatsächlich gleich stark. Besonders wenn die Sonne auf die in Linie angetretenen Regimenter schien, vermittelten die reflektierenden Strahlen einen prächtigen, die Unterscheidung nahezu unmöglich machenden Eindruck.

Friedrich setzte die Füsiliere wegen ihres geringeren Kampfwerts bis 1762 grundsätzlich im zweiten Treffen ein, wo sie wenig Gelegenheit hatten, sich zu bewähren. Da manche Regimenter schlesische oder ostpreußische Rekruten hatten, die ihn in den Russenschlachten enttäuschten, galten sie als Verschleißtruppe. Lediglich die Hausregimenter 34 und 35 sowie das Regiment 41 bildeten eine Ausnahme.

Fuß

Preußisches Längenmaß, entspricht 0,31 m.

Garnisonsregimenter

Einheiten, deren Soldaten aufgrund schwächerer Konstitution die Mindestanforderungen für den Felddienst nicht erfüllten, aber zum Schutz fester Plätze durchaus genügten. Als Offizier der Festungssoldaten kam in Betracht, wer durch Invalidität oder Alter für den Felddienst untauglich geworden war, oder der bürgerliche Offizier, der den Sprung zum Stabsoffizier nicht mehr geschafft hatte. Hin und wieder wurden den Garnisonstruppen auch solche Offiziere zugeteilt, die wegen eines Fehlverhaltens in der Feldtruppe untragbar geworden waren.

Friedrich hatte vier Garnisonsbataillone übernommen, die durch Neuaufstellungen zu 13 Regimenter aufwuchsen. Die Einheiten waren wie die Feldtruppen in Grenadier- und Normalkompanien gegliedert und hoben sich durch schlichtere Röcke und dunkelblaue, ab 1762 zunehmend weiße Kamisole sowie durchgehend schwedische Aufschläge von der Feldarmee ab. Die Mannschaften trugen keine Säbel und die Offiziere bis 1763 schlichte schwarze Hüte.

Gefreiter

Von den niederen Aufgaben (Postenstehen) freigestellter (»gefreyt«) Soldat. Der Gefreite führte die Schildwachen auf die Posten, holte die Parole von der Hauptwache ein, überwachte die Arrestanten und diente den Stabsoffizieren als Ordonnanz. In geschlossenen Formationen richteten sich die Kameraden nach ihm aus.

Grenadiere

Ursprünglich auf den Wurf von Handgranaten spezialisierte Soldaten, später an Brennpunkten eingesetzte elitäre Infanterie. Die Grenadiere waren entgegen der allgemeinen Vorstellung nicht besonders groß, sondern eher mittelgroß gewachsene Männer, aber von kräftiger Statur. Jedes Regiment hatte zwei Kompanien Grenadiere, die mit denen eines anderen Regiments zu selbstständigen Bataillonen schwadronierten.
Bei der Garde hießen alle Mannschaften Grenadiere und die Soldaten der Grenadierkompanien Flügelgrenadiere.

Hacke, Hans Christoph Graf von

(21.10.1699–17.08.1754) Generalleutnant der Infanterie, Schwiegervater des Generals Seydlitz. Hacke diente zunächst im Königsregiment Nr. 6. 1738 wurde er Generaladjutant Friedrich Wilhelms I. Friedrich übernahm ihn in dieser Funktion. Darüber hinaus setzte er Hacke an die Spitze des neuen Feldjägerkorps. 1742 wurde er Chef des Infanterieregiments Nr. 1, 1746 Generalleutnant und drei Jahre darauf Kommandant von Berlin. Als er 1754 starb, notierte der König: »Er gehörte nicht zu den glänzenden Geistern, aber er machte sich nützlich, und diese Art Leuthe sind einem Staat wichtiger als die besterzogenen, denen es an Wissenstiefe und Arbeitskraft mangelt.« An seine Schwester Wilhelmine schrieb er: »Ich habe den armen General Hacke verloren. Mir bleibt fast niemand mehr aus der Zeit des verstorbenen Königs, und ich hänge offen gesagt stets an meinen Bekannten. Der Verstorbene war durch und durch ein Ehrenmann und wackerer Offizier. Könnte ich ihn wieder zum Leben erwecken, ich thäte es gern.«

Hadik, Andreas von

(1711–1790) Österreichischer General. Während des Siebenjährigen Krieges geschickter Kommandeur selbstständiger Abteilungen, an deren Spitze er bis nach Berlin vordrang. 1762 Oberbefehlshaber der Reichstruppen.

Hemd

Das Hemd der Mannschaften bestand aus grober Leinwand. Es wurde, wie damals üblich, hinten geschlossen. Darüber trug der Soldat auf der Brust ein fein gefaltetes Halbhemd.

Hose

Die Kniehose des preußischen Soldaten hatte dieselbe Farbe wie das Kamisol. Sie wurde im jährlichen Wechsel einmal aus Tuch und das andere Mal in Leinen ausgegeben. Die leinenen Hosen trugen die Soldaten ab Mai, das schwere Tuch im Winter. Über den bis über das Knie reichenden weißwollenen Strümpfen – im Sommer Leinwandsocken – trug der Soldat im Dienst stets Stiefeletten, die an der Seite durch 14 kleine Messingknöpfe geschlossen wurden. Diese Gamaschen bestanden ab 1744 im Sommer aus weißer und im Winter aus schwarzer Leinwand. Zur etatmäßigen Ausstattung des Soldaten gehörten keine Unterhosen. Diese wurden erst Ende des 19. Jahrhunderts durch Kaiser Wilhelm in die preußische Armee eingeführt.

Hülsen, Johann Dietrich von

(01.06.1693–29.05.1767) Generalleutnant der Infanterie. Hervorragender Ausbilder und General im Siebenjährigen Krieg mit hoher Durchsetzungsfähigkeit und ostpreußischer Standfestigkeit. Nach durchschnittlicher Karriere – er begann als Siebzehnjähriger im Infanterieregiment Nr. 2, wurde erst mit 53 Jahren Oberst und mit 61 Generalmajor- gehörte Hülsen im Korps des Prinzen Heinrich zu den besten Unterführern. Weithin bekannt wurde er durch die Schlacht bei Torgau, wo er sich als Verwundeter auf einer Kanone sitzend ins Gefecht fahren ließ. Ähnliches ist vom General Rothkirch überliefert, der aus denselben Gründen bei Soor eine Hängematte benutzte. Als Anerkennung seiner Leistungen übertrug der König dem General nach dem Krieg die Stelle des Gouverneurs von Berlin.

Hut

Der Hut der preußischen Soldaten bestand aus schwarzem Filz. Er hatte bei herabgelassener Krempe die ursprüngliche kurfürstliche runde Form. Die Krempe war mit einer schmalen weißen Tresse aus Wolle eingefasst. Sie wurde in der aufgeschlagenen dreieckigen Form vorn links durch einen Messingknopf gehalten. Darüber saß auf der Innenseite ein Puschel in den Wappenfarben des Regimentschefs. Dieselbe Farbe hatte die auf der Naht zwischen Krempe und Hutknopf angebrachte, in zwei Quasten (Kordon) endende Hutschnur. Der Hut von 1740 hatte eine profiliert nach vorne ragende Spitze. Das zur Zeit des Siebenjährigen Krieges übliche Modell war kaum weniger spitz. Adolf von Menzel, der den Dreispitz stets mit senkrecht aufgerichteter Spitze zeichnete, ist deshalb nicht genau. Sein Hutmuster wurde erst nach 1763 eingeführt. Die Hüte mussten einmal im Jahr aufgeformt und die Wollitessen ausgewaschen werden. Im Übrigen lagen bei jedem Regiment genügend Hüte und Puschel auf Kammer, die bei Paraden oder sonstigen wichtigen Anlässen gegen schlechtere Stücke ausgetauscht werden konnten.

Infam
Unehrenhaft. Es gab infame Berufe (Scharfrichter, Abdecker oder Kloakenreiniger), die mit dem Wehrdienst unvereinbar waren, sowie infam machende Strafen wie den Staupenschlag, die den Ausschluss von allen Ämtern und ehrlichen Berufen oder die Landesverweisung nach mehrjähriger Festungshaft zur Folge hatten. Wer mit infamen Leuten Kontakt hatte, wurde ebenfalls infam.

Invalidität
Dauernde Dienstunfähigkeit. Sie beschränkte sich nicht auf Kriegsverletzungen, sondern konnte nach damaligem Verständnis auch auf Krankheit oder Altersabbau beruhen.

Kamisol (auch Chemisette)
Ärmelweste, die seit 1728 aus Tuch gefertigt und mit Leinwand gefüttert wurde. Sie reichte in der Regierungszeit Friedrich Wilhelms I. an die Mitte des Oberschenkels und hatte einen großzügigen runden Halsausschnitt. Danach war das Kamisol kürzer und der Ausschnitt spitz.
Zur Anpassung an die nach Jahreszeit unterschiedlichen Temperaturen trennten die Soldaten die Ärmel im Sommer ab und nähten sie im Winter wieder an. Das Kamisol hatte eine Reihe von Knöpfen, die im Sommer bis auf den untersten offen blieben. Die Grundfarbe der Weste war zur Zeit des Soldatenkönigs weiß, gelb oder rot, zur Zeit Friedrichs des Großen weiß, stroh- oder hellgelb.

Kapitän
Offizier der Infanterie, Artillerie oder Dragoner. Bei der Infanterie führte er eine Kompanie. Handelte es sich um die des Regimentchefs (Leibkompanie) oder die des Kommandeurs, nannte er sich Stabskapitän. 1842 wurde die Bezeichnung Kapitän in Hauptmann geändert.

Kapitulation
Vertrag (lat. capitulare = verhandeln), mit dem sich ein Bewerber verpflichtete, in die Dienste eines Landesherrn zu treten oder den Dienst mit den bestehenden Rechten und Pflichten fortzusetzen.

Karre
Mit Zwangsarbeit verbundene Festungshaft.

Keith, Jacob (James)
(11.06.1696–14.10.1758) Preußischer Generalfeldmarschall. Wie sein Bruder zur Flucht aus Schottland gezwungen, trat Keith zunächst in spanische, dann russische Dienste. Als 1747 der Kanzler Bestushew den Druck auf die Ausländer erhöhte, trat Keith auf Empfehlung Winterfeldts, der die russischen Verhältnisse auf Grund seiner Ehe mit der Stieftochter des Feldmarschalls Münnich gut kannte, in die preußische Armee ein.
In Berlin gab er Friedrich wertvolle Hinweise für die Beurteilung des russischen Heeres. Am 1. Oktober führte er durch einen energischen Angriff den Sieg bei Lobositz herbei. 1757 schloss er Prag von Westen ein, wo er vom Tode Schwerins erfuhr, den er sehr geschätzt hatte. Bei Rossbach befehligte Keith das zweite Treffen. Den österreichischen Überfall bei Hochkirch ahnte er voraus. Tags darauf fiel er in der Schlacht.

Kleist, Ewald von
(1715–1759) Major der Infanterie Der gebürtige Pommer war zu seiner Zeit ein recht bekannter Dichter. Er hatte die Schulen in Deutsch Krone und Danzig sowie die Universität in Königsberg besucht, bevor er 1740 in die Armee eintrat. Als Major eines aus sächsischen Diensten übernommenen Füsilierregiments (S 55) nahm er an der Schlacht bei Kunersdorf teil und wurde dort schwer verwundet. Die Russen brachten ihn nach Frankfurt a. O., wo er im Hause des Universitätsprofessors Gottlob Nicolai gepflegt wurde und nach zwölf Tagen an seinen Kriegswunden starb.

Kleist, Friedrich Wilhelm von
(29.08.1724–28.08.1779) Generalmajor der Kavallerie. Lebhafter, umsichtiger Husarenoffizier, später zugleich Chef eines Freikorps. Kleist wurde von Friedrich und Prinz Heinrich gleichermaßen gelobt.

Man nannte ihn zur Unterscheidung zu der Vielzahl gleichnamiger Offiziere den »grünen Kleist«.

Kompanie

(companio = Brotgenosse) Teileinheit eines Regiments. Die Sollstärke betrug bei den Grenadieren 145 und bei den Musketieren 139 Mann. Bis auf die Infanterieregimenter 3, 6 und 15 hatte jedes Regiment zehn Musketier- und zwei Grenadierkompanien. Jede Kompanie hatte vier Züge. Die Musketiere standen drei Mann hoch in den Zügen eins und vier mit zehn, und in den Zügen zwei und drei mit neun Rotten. Bei den Grenadierkompanien waren die Züge mit zehn Rotten gleichstark. Für den Kriegsdienst wurden aus den zehn Musketierkompanien zwei Bataillone zu vier Divisionen mit je zwei Zügen gebildet und die Grenadierkompanien zweier Regimenter zu selbstständigen Grenadierbataillonen zusammengefasst.

Korporal

Niedrigster Dienstgrad der Unteroffiziere. Der Korporal exerzierte die Soldaten, verteilte Quartierzettel, Proviant und Munition und sorgte für die Disziplin innerhalb der Korporalschaft. Die Infanteriekompanie hatte sechs Korporale.

Kriegsartikel

Verhaltenskodex für Soldaten und Unteroffiziere mit Strafandrohung. Die Artikel wurden 1713 vom Generalauditeur Katsch verfasst und 1749 durch den Oberauditeur Pawlowski überarbeitet. Für Offiziere galten besondere Bestimmungen.

Kurzgewehr

Stangenwaffe der Unteroffiziere bis 1807. Das Kurzgewehr war mit 1,87–2,38 m ähnlich lang wie das Sponton der Offiziere, hatte aber eine andere Form. Eine Parierstange fehlte. Auf dem siebenspitzgen Blatt war unter den gekrönten Initialen des Königs in geschwungenem Band der Namen des Regiments eingraviert. 1755 wurde das Kurzgewehr der Musketierregimenter durch ein neues Modell mit geradem Blatt und halbmondförmig heruntergezogenen Enden sowie rechtwinkligem Namensbandeau ersetzt. Das Bandeau blieb während des Krieges leer. 1786 haben auch die Füsilierregimenter das neue Modell übernommen.
Die drei dienstältesten Unteroffiziere einer Grenadierkompanie trugen bis 1756 ein Kurzgewehr mit dreispitzigem Blatt, kreisförmiger Gravur und einer s-förmig geschwungenen Parierstange.

Danach erhielten sie eine Pike mit längerer Spitze an gut vier Meter langem Schaft. Die übrigen Unteroffiziere trugen bereits seit 1744 Gewehre. Die Farbe der Stangen war unterschiedlich, bei der Garde einschließlich der Fahnenstangen durchgehend gelb.

Lacy, Franz Moritz Graf

(1725–1801) Österreichischer Feldmarschall irischer Abkunft. Neben Laudon einer der fähigsten Führer der österreichischen Armee. Er war kein Mann des schnellen Zugriffs, sondern ein gründlicher und umsichtiger Planer und Organisator, dessen Stärke in der Vorbereitung und weniger in der Ausführung lag. Als Mann von noblem Charakter sorgte er für ein ehrenvolles Begräbnis des bei Hochkirch gefallenen Feldmarschalls Keith. Wegen seiner geschliffenen Umgangsformen genoss Lacy bei Hofe höheres Ansehen als Laudon, so dass man ihn 1766 an Stelle des militärisch besser qualifizierten Balten zum Nachfolger Dauns als Hofkriegspräsident bestellte. Als solcher beriet er Kaiser Joseph II. bei der Restrukturierung der österreichischen Armee.

Lassbauer

Erbuntertäniger Rittergutsbauer, der seinen Besitz nicht vererben konnte und seinem Gutsherrn neben der Pacht Hand-und Spanndienste leisten musste.

Laudon, Gideon Ernst Freiherr von

(1717–1790) Österreichischer Feldmarschall livländischer Herkunft. Er hatte sich nach russischem Dienst zunächst in Schweden und danach in Preußen vergeblich um eine Offiziersstelle beworben. Zu Beginn des Siebenjährigen Krieges kämpfte er als Oberstleutnant bei Lobositz und Prag. Ein Jahr danach wurde er Führer kleinerer Detachements und Generalfeldwachtmeister. Kurioserweise erhielt er die Bestallung durch Friedrich zugestellt, weil die Depesche auf dem Weg von Wien in die Hände preußischer Husaren gefallen war. Der König las das Dokument und ließ es mit einer Gratulation durch einen Trompeter an den Empfänger aushändigen. Der Durchbruch in die militärische Spitze gelang Laudon mit dem bravourösen Überfall auf die preußische Nachschubkolonne bei Domstadl, womit er, ohne es zu wissen, Friedrichs Vorstoß auf Wien verhinderte. Der Sieg bei Hochkirch ist im Wesentlichen ebenfalls sein Verdienst. Bei Kunersdorf bildete er durch seine Kenntnisse der russischen Verhältnisse und Sprache die perfekte

Ergänzung zu Saltikow. Am 23. Juni 1760 schlug er Fouqué bei Landeshut, am 26. Juli 1760 nahm er Glatz, die wichtigste preußische Festung nach Magdeburg. Ein Jahr darauf musste Schweidnitz vor ihm kapitulieren.

Laudon, ein Mann, der schlagen und nicht ermatten wollte, war das genaue Gegenteil des behutsam vorgehenden Daun. Außerdem hatte der verschlossene General, über dem stets ein Hauch von Trübsinn lag, im Unterschied zu Daun ein Herz für seine Soldaten, so dass sie für ihn durchs Feuer gingen. Friedrich war sich der Gefährlichkeit dieses Gegners immer bewusst. Als er 1770 in Mährisch Neustadt mit Kaiser Joseph II. und Laudon zusammentraf und die Gesellschaft sich zur Tafel begab, forderte er den General auf, sich neben ihn zu setzen. Voller Hochachtung und mit feinem Humor bemerkte er: »Ich sehe Ihn lieber an meiner Seite als mir gegenüber!«

Laufpass

Förmliches Entlassungsdokument, das im Gegensatz zum Entlassungsschein nur die einstweilige Dienstbefreiung begründete.

Leibkompanie

Die Kompanie, welche der Regimentchef wegen der Einkünfte für sich vorbehielt. Da der Chef im Frieden selten bei der Armee war, wurde sie an seiner Stelle von einem Stabskapitän geführt. Im Gegensatz zu den Normalkompanien hatte die Fahne der Leibkompanie stets einen weißen Untergrund. Die Leibkompanie stand immer auf dem rechten Flügel eines Regiments.

Lestwitz, Johann Georg von

(1688–1767) Generalleutnant der Infanterie. Er machte bereits mit 26 Jahren als Stabskapitän im Spanischen Erbfolgekrieg auf sich aufmerksam. Feldmarschall Schwerin gehörte zu seinen besonderen Förderern. Seit Kesselsdorf wurde er auch vom König hoch eingeschätzt. 1754 erfolgten die Beförderung zum Generalleutnant und die Verleihung des Schwarzen Adlerordens. Im Siebenjährigen Krieg stand Lestwitz vor dem Kriegsgericht, weil er am 25. November 1757 Breslau gegen freien Abzug übergeben hatte. Weit größere Schuld daran trug allerdings der in Gefangenschaft geratene Bevern, der Lestwitz eine unerfüllbare Aufgabe hinterlassen hatte. Mit zehn Bataillonen schlesischer und ehemals sächsischer Truppen von labilster Moral und einer zu Österreich tendieren-

den Stadtbevölkerung war die Festung nicht zu halten.

Manstein, Christoph Herrmann von

(1711–1757) Generalmajor der Infanterie. Als Kadett in Berlin erzogen, trat er 1730 als Gefreiterkorporal des Infanterieregiments Nr. 19 in die preußische Armee ein. 1735 nahm er als Fähnrich Urlaub für den Besuch seines Vaters in St. Petersburg, ohne von dort zurückzukehren. Nunmehr in russischen Diensten, stieg er zum Oberstleutnant und Flügeladjutanten des Feldmarschalls Münnich auf. Seinen Antrag auf Widerverwendung in die preußische Armee lehnte Friedrich wegen der Desertion von 1735 zunächst ab. Jedoch war Manstein 1745 bei Soor wieder auf preußischer Seite dabei. Im Siebenjährigen Krieg kommandierte er als Generalmajor mehrere Grenadierbataillone. Bei Kolin schlug er eigenmächtig zu früh los und trug dadurch wesentlich zur Niederlage bei. Am 22. Juni 1757 wurde er bei Wellemin von österreichischen Panduren gefangen und, weil er sich nicht ergeben wollte, erschossen.

Manstein war in Friedrichs Zerwürfnis mit Voltaire involviert. Jedermann wusste, dass der Franzose Friedrichs in Französisch geschriebene Werke stilistisch überarbeitete. Als Manstein ihn bat, auch seine Lebenserinnerungen über die Zeit in Russland durchzusehen, soll Voltaire geantwortet haben: »Komme Er morgen wieder. Heute wasche ich Friedrichs schmutzige Wäsche, morgen seine.« Mansteins Meldung hierüber leitete den Bruch ein.

Meile

Längenmaß. Eine preußische Meile = 2.000 Ruten = 24.000 Fuß entspricht 7.573 m.

Musketier

Soldat, der in einer der zehn Normalkompanien eines Infanterieregiments stand. Die Bezeichnung hat sich in der preußischen Armee bis 1918 erhalten. Die Soldaten der restlichen zwei Kompanien waren Grenadiere.

Nadasdy, Franz Graf

(1708–1783) Einer der gefährlichsten österreichischen Generale. Er unterlag zwar Winterfeldt bei Landeshut, schlug ihn dafür aber bei Moys. 1757 besetzte er die wichtige Festung Schweidnitz. Bei Leuthen kommandierte er den linken Flügel, der im Zentrum des preußischen Angriffs stand.

Patrone

Geschoss für Gewehre und Karabiner. Die Patrone bestand aus einem Röhrchen aus Kartuschpappe, welches mit Schwarzpulver gefüllt war und an einem Ende die Kugel aus Blei trug. Die Kugel selbst wog 31,3 Gramm.

Patronentasche

Schwarze Ledertasche zur Aufbewahrung der Gewehrmunition. Die Tasche wurde vom Infanteristen an einem über die linke Schulter laufenden und von einem »Dragoner« (Schulterklappe) fixierten Riemen an der rechten Hüfte getragen. Das Leder war seit 1730 glänzend lackiert. Die Tasche enthielt eine Innentasche (sog. Cartouche) mit 30 Patronen in vorbereiteten Rahmen und darunter weitere 30 Patronen. Die Ausstattung mit nur 30 Patronen hatte sich in der Schlacht bei Mollwitz als unzureichend erwiesen. Da die Truppe ihre Munition schnell verschossen hatte, mussten die Unteroffiziere die Toten und Verwundeten nach Patronen absuchen und diese ihren Soldaten zustecken.

Peleton

Kleinste taktische Einheit der Infanterie. Jedes Bataillon hatte nach dem Reglement von 1743 acht Peletons (Züge), später zehn, weil die Teilung der Kompanien einfacher zu bewerkstelligen war. Die Stärke der Züge variierte, war aber immer durch Drei teilbar, da das Bataillon in einer Tiefe von drei Gliedern stand.

Preußen, Heinrich Prinz von

(1726–1802) General der Infanterie. Zweitjüngster Bruder des Königs. Heinrich war wie der König hoch begabt und militärisch außerordentlich befähigt. Im vollen Bewusstsein seines Talents und des Umstandes, niemals selbst König werden zu können, fühlte er sich jedoch zurückgesetzt, zumal Friedrich peinlich darauf bedacht war, jeden seiner Familie von der Regierung auszuschließen. Besuche von Brüdern und Schwestern in Potsdam gestattete er nur mit besonderer Erlaubnis. Ohne eigentliche Lebensaufgabe erwog Heinrich sogar ehelos zu bleiben, um nicht noch weitere nutzlose Prinzen in die Welt zu setzen. Friedrichs wiederholte Angebote für eine Annäherung schlug er unversöhnlich aus. »Es ist mein Schicksal, keine Anerkennung zu finden, wie es das Schicksal Friedrichs ist, gelobt zu werden, selbst für Dinge, die er nicht getan hat,« schrieb der verbitterte

Prinz an den jüngsten Bruder Ferdinand. Da sich das kritische Verhältnis zum König schnell herumsprach, sammelte sich um ihn ein Kreis von Leuten, die Gründe zu haben meinten, mit Friedrich unzufrieden zu sein.

Friedrichs Niederlage bei Kolin kommentierte Heinrich gegenüber der Schwester Amalie mit den hämischen Worten: »Phaeton ist gestürzt, und wir wissen nicht, was aus uns werden wird. Der 18. wird für Brandenburg auf ewig unheilvoll sein. Phaeton hat für seine Person Sorge getragen und sich zurückgezogen, bevor der Verlust der Schlacht völlig entschieden war.«

Als Soldat bewährte sich Heinrich hervorragend, war aber aufgrund seiner Empfindlichkeit schwer zu führen. Am Ende drohte er sogar mit persönlichem Rückzug, so dass der König ihn mit schärfsten Worten an seine Pflichten erinnern musste. Heinrich fügte sich schließlich und zeigte durch seinen glänzenden Sieg am 29. Oktober 1762 bei Freiberg über Hadik und Serbelloni, dass er zu Recht zu den fähigsten preußischen Generalen gezählt wurde.

Preußen, Heinrich Karl Prinz von

(1747–1767) Generalmajor, Sohn des Prinzen August Wilhelm und Bruder des späteren Königs Friedrich Wilhelm (II). Mit sieben Jahren zum Offizier ernannt, wuchs Heinrich ab 1755 mit seiner Schwester Wilhelmine am Hof seiner Großmutter Sophie Dorothea in Berlin auf. Friedrich hatte auf den jungen Prinzen große Hoffnungen gesetzt und zeitweise sogar erwogen, ihn statt des älteren Bruders zum Kronprinzen zu machen. Hierzu kam es jedoch nicht, weil Heinrich mit 20 Jahren in Protzen an den Pocken starb. Der König hat den Tod seines Lieblingsneffen nur schwer verwunden. Heinrich und Wilhelmine, die Friedrichs Zuneigung aufrichtig erwiderten, waren sein letzter familiärer Halt. Nachdem die meisten Angehörigen zu ihm schon lange vorher auf Distanz gegangen waren, fühlte er sich mit Heinrichs Tod und dem Weggang Wilhelmines nach Holland gänzlich allein.

Ramin, Friedrich Ehrenreich von

(1709–1782) Generalleutnant der Infanterie. Ramin trat 1725 in das Regiment 25 ein, wo er 1757 bis zum Kommandeur aufstieg. Er war ein typischer Frontsoldat, tapfer bis zur Tollkühnheit aber ungeschlacht und ausgesprochen grob. Der unverheiratete Offizier hatte deshalb in der Armee wenige

Freunde. Seit 1767 Gouverneur von Berlin, führte Ramin die Geschicke der Stadt über mehr als 14 Jahre mit gewohnt harter Hand. Friedrich deckte ihn, weil besondere Strenge der Stadt nach seiner Überzeugung gut tat.

Ranzionierung

Austausch von Kriegsgefangenen aufgrund vertraglicher Vereinbarung. Nach dem Cartell zur Auswechslung und Ranzionierung, das Friedrich am 9. Juli 1741 mit Maria Theresia geschlossen hatte, war ein Generalfeldmarschall 3.000 Köpfe oder 1.500 Gulden wert. Ein Oberst kam auf 130 Köpfe oder 650 Gulden. Für einen Leutnant mussten sechs Soldaten gestellt oder 30 Gulden bezahlt werden. Der Wert eines Musketiers entsprach 5 Gulden. Erst gegen Ende des Krieges hielt man besonders wertvolle Gefangene bis zum Friedensschluss zurück.

Rapport

Stärkenachweis, der dem Vorgesetzten bei Truppenbesuchen oder zu den Revuen vorgelegt wurde.

Regiment

Taktische Einheit unter dem Kommando eines Offiziers mit Gerichtsbefugnis. Chef des Regiments war in der Regel ein General, Kommandeur ein Stabsoffizier im Obristenrang. Ein Regiment bestand aus zehn Musketier- und zwei Grenadierkompanien mit einer Sollstärke (1743) von 1.629 Mann.

Regimentsbezeichnung

Die Regimenter trugen traditionell die Namen ihrer Chefs. Die Reihung richtete sich nach deren Dienstalter.
Die bereits vom Fürsten Leopold angeregte Benennung nach Nummern setzt 1750 ein, wird aber erst ab dem 1. Oktober 1806 offiziell.

Reinlichkeit

Die Körperhygiene spielte im 18. Jahrhundert eine untergeordnete Rolle. Man scheute geradezu das Wasser, benetzte die Finger allenfalls in einem zierlichen Lavoir und griff, wenn die Körperausdünstung unerträglich wurde, zum Parfum. Friedrich der Große verhielt sich nicht anders. Seine Uniform war vom Tabaksud verschmutzt. Seine Wäsche wechselte er selten. Im Felde ließ er niemanden an sich heran und reagierte ausgesprochen genant und

ungehalten, wenn jemand in Erster Hilfe seine Uniform öffnen wollte.
Eine Ausnahme machten der Soldatenkönig und die Armee. Friedrich Wilhelm I. war der erste Monarch, der sich zum großen Erstaunen aller Bürger täglich sommers wie winters mit kaltem Wasser wusch. Im Heer war das tägliche Waschen zumindest des Gesichts und der Hände Vorschrift, weil man Seuchen und Krätze fürchtete. Nach den Reglements sollte der Soldat auf seinen Körper achten, denn »bevor ein Kerl nicht zu seinem eigenen Leibe Lust hat, ist noch nicht der Soldat, sondern der Bauer in einem solchen Kerl.«

Rutowski, Friedrich August Graf von

(19.06.1702–16.03.1764) Sächsischer Generalfeldmarschall. Der hoch veranlagte Offizier war ein Sohn August des Starken und einer türkischen Mutter. Am 18. Februar 1728 trat er als Generalmajor in die preußische Armee ein, wurde aber bereits ein Jahr darauf zum Bedauern Friedrich Wilhelms I. nach Sachsen zurückbeordert. Dort befehligte er 1745 die Armee bei Kesselsdorf und stieg 1749 zum Generalfeldmarschall auf. Er war der Einzige, der 1756 Friedrichs politische und militärischen Absichten erkannte, aber mit seinen warnenden Empfehlungen bei Brühl und dem Kurfürsten kein Gehör fand.

Saltikow, Peter Semjonowitsch

(1701–1772) Russischer Marschall. Saltikow war ähnlich bedächtig wie Daun, aber im Gegensatz zu ihm bei den einfachen Soldaten beliebt und von seinen Generalen gefürchtet. Als Oberbefehlshaber der russisch-österreichischen Truppen bei Kunersdorf siegreich, leitete er das Wunder des Hauses Brandenburg ein, indem er mit den Worten »Je n'ai ni ordre, ni envie, d'écraser le Roi« davon absah, die geschlagenen Preußen zu verfolgen. Verärgert über die herablassende Behandlung durch die Österreicher, sah er keinen Grund, nach Zorndorf und Kunersdorf ein weiteres Mal die Kartoffeln mit hohem russischen Blutzoll für den Bundesgenossen aus dem Feuer zu holen.

Secondeleutnant

Zweite Stufe der Offizierslaufbahn nach dem Fähnrich. Ursprünglich Vertreter (locum tenens) des Kapitäns. Die altpreußische Armee unterschied zwischen dem Seconde- und dem Premierleutnant. Der Oberleutnant wurde erst 1899 durch Kaiser Wilhelm II. eingeführt.

Schmettau, Carl Christoph Reichsgraf von

(1696–1774) Generalleutnant der Infanterie. Schmettau war zunächst Generalquartiermeister, bevor er ein Kommando im Truppendienst übernahm. Dort spielte er im Stabe des Prinzen August Wilhelm eine höchst unglückliche Rolle, weil er den Prinzen gegen den Rat Winterfeldts und anderer Offiziere zur Aufgabe der Stellung bei Jung Bunzlau (1757) überredete. Hierdurch bereits auf der roten Liste des Königs, wurde ihm die Übergabe von Dresden zum Verhängnis, die er mit der Entlassung aus dem Dienst büßte. Die Kapitulation für sich wäre kein Entlassungsgrund gewesen, zumal Schmettau durch einen Befehl des Königs gedeckt war. Der General war ein schwieriger Charakter, der nur die eigene Meinung gelten ließ. Durch seine Unbelehrbarkeit, seine nachtragende Art und missgünstigen Beschwerden über Kameraden war er längst zu einem Störfaktor geworden, der im Offizierkorps nicht mehr geduldet werden konnte.

Schritt

Preußisches Längenmaß. Ein Schritt zu zwei Werkschuhen entspricht 0,65 m.

Schwerin, Curt Christoph Graf von

(1684–06.05.1757) Generalfeldmarschall. Er trat mit 16 Jahren in die mecklenburgische Armee ein und stieg dort bis zum Generalleutnant auf. Kriegseinsätze, diplomatische Missionen und Kontakte zu damaligen militärischen Größen (Karl XII.) nutzte er zur Bereicherung seines Erfahrungsschatzes, so dass Friedrich Wilhelm I. den »kleinen Marlborough« am 10. April 1720 gern in seine Dienste nahm. Als Generalmajor der preußischen Armee wurde er am 13. Januar 1723 Chef des Infanterieregiments 24, das er rasch in die Spitzengruppe führte. Schwerin bewährte sich wiederum auch als Diplomat, wobei ihm seine umfassende Bildung und geschliffenen Umgangsformen sehr zugute kamen. Er war ein angenehmer Gesellschafter, der sich seiner Wirkung in den Salons wohl bewusst war und in der Rolle eines Lebemannes durchaus gefiel.
Bei der Vorbereitung des Schlesischen Krieges war Schwerin neben Podewils Friedrichs einziger Berater. Bei Mollwitz siegte er über die Österreicher, nachdem er dem König in kritischer Lage den fatalen Rat gegeben hatte, das Schlachtfeld vorzeitig zu verlassen. Im Zweiten Schlesischen Krieg besetzte er an der Seite seines Widersa-

chers Leopold von Dessau das österreichische Prag. Im Siebenjährigen Krieg stand er erneut vor der Stadt. Dabei wurde er durch fünf Kartätschenkugeln in Bauch und Hals vom Pferd geschossen. Der Tod des 73-jährigen Feldmarschalls, den Friedrich später mit dem Verlust von 10.000 Mann verglich, riss eine tiefe Lücke in die Armee.

Sebelloni, Johann von

Österreichischer Feldmarschall, Oberbefehlshaber der Reichsarmee

Sergeant

Höchster Unteroffizierdienstgrad. Der Sergeant beaufsichtigte die Korporale. Im Felde sollte er bei Bedarf Offiziere ersetzen. Jede Infanteriekompanie hatte drei Sergeanten.

Soldat

Die preußischen Soldaten waren entweder aus den Kantonen gezogene Rekruten oder angeworbene Freiwillige aus dem In- und Ausland. Die Offiziere stammten aus dem Landadel oder fremden Diensten. Das Militärrecht unterschied »reguläre Soldaten« (Feldsoldaten und Garnisontruppen) und »irreguläre Soldaten« (Milizen und Freitruppen).

Stabskapitän

Offizier, der an Stelle des Regimentschefs die Leibkompanie oder die Kompanie des Kommandeurs führte. Bei der Kavallerie nannte er sich Stabsrittmeister.

Stiefeletten

Bei der Infanterie von Offizieren und Mannschaften getragene Gamaschen, die, mit einer Knopfreihe versehen, vom Knöchel bis zum Knie reichten. Bis 1756 wurden vom Mai bis zum September in der Regel weiße Stiefeletten angelegt und vom Oktober bis April die 1741 eingeführten schwarzen. Bei schlechtem Wetter oder in Manövern trugen jedoch die Soldaten auch in der guten Jahreszeit die schwarzen. Nach dem Siebenjährigen Krieg behielt nur die Garde die weißen Stiefeletten bei.

Taler

Preußische Standardwährung. Ein Taler hatte 24 Groschen oder 288 Pfennige. Seine Kaufkraft betrug nach heutiger Währung ca. 55 EUR.

Tambour

Trommelschläger der Infanterie und Dragoner. Jedes Infanterieregiment hatte 36 Tamboure (drei je Kompanie) und einen Regimentstambour. Als Tamboure wurden kleine, adrette Burschen ausgewählt, die für das Gewehr zu schwach waren, aber »Wachstum versprachen.« Da die Regimentschefs ursprünglich die Livree der Tamboure auswählten, wenn sie die Kosten dafür übernahmen, hatten die Uniformen einen prächtigen Besatz. Der Hut war wie bei den Unteroffizieren mit Tressen besetzt.

Die Trommel bestand aus Messing. Die Ringe waren aus Holz und bunt bemalt. Häufigste Muster waren weiß-rote Streifen oder weiß-rote flammenartige Zacken. Zum Schlagen hakte der Tambour die Trommel an das Bandelier. Auf dem Marsch trug er sie auf dem Rücken an zwei an der Unterseite angeschlagenen Riemen. Zum Schutz des Rückens diente ein die Haarseite zeigendes braunes Kalbfell, das beim Schlagen als Schurzfell angelegt wurde. Die braunen oder gelben Trommelstöcke verwahrte er in zwei Schlaufen am Bandelier über der Brust. Den Tornister trug er nicht über der rechten, sondern über der linken Schulter. Der »Dragoner« fehlte.

Tauentzien, Bogislav Friedrich von

(18.04.1710–20.03.1791) General der Infanterie. Tauentzien gehört zu den markantesten Persönlichkeiten des preußischen Heeres, tapfer, pflichtgetreu, ein Nur-Soldat. Friedrich schätze ihn besonders »in der Front.« Bei Kolin war er Oberst und Kommandeur des I. Bataillons Leibgarde, das sich unter ihm vorbildlich schlug, aber auch beinahe aufgerieben wurde. Bekannt wurde er durch seine markigen Sprüche während der Belagerung Breslaus im August 1760. Die Drohung, dass die Österreicher selbst die Schwangeren nicht schonen würden, soll er mit dem kühlen Hinweis kommentiert haben, dass ihn dies nicht schrecke, weil er nicht schwanger sei. Tauentzien wurde 1761 durch die Ernennung zum Generalleutnant und Verleihung des Schwarzen Adlers belohnt. 1762 eroberte er mit 22 Bataillonen und 20 Schwadronen die Festung Schweidnitz. Nach dem Frieden wurde er Gouverneur von Breslau und Inspekteur der schlesischen Infanterie. Lessing diente ihm gut drei Jahre als Sekretär. Bei dieser Gelegenheit hat der Dichter profunde Kenntnisse über die Strukturen der preußischen Armee erworben, die ihm bei der Abfassung der »Minna von Barnhelm« sehr nützlich gewesen sind.

Tornister

Der Tornister der Infanterie bestand aus gegerbtem Kalbfell. Er wurde neben dem grauleinenen Brotsack über der linken Hüfte direkt hinter dem Säbel an einem weißen, über die rechte Schulter laufenden Lederriemen getragen. Die Tasche enthielt alles, was der Soldat benötigte: 1 Hemden, Stiefelettenknöpfe, Knielose, lange Strümpfe, Feuersteine, Haarpuder, Essbesteck, Salz, Spiegel, Bürste, Schuhwachs, Gewehröl und Schraubenzieher. An dem über den Rücken laufenden Riemen baumelten außerdem drei bis vier hölzerne Zeltpflöcke. Denn jede Kompanie war mit zwei Unteroffizier- und 22 Gemeinenzelten ausgerüstet, wobei die Zeltbahnen auf Pferden mitgeführt wurden.

Totleben, Eduard Graf

(1710–1773) Russischer General, der 1760 Berlin besetzte und sich dort als großherziger Sieger erwies. Der Kaufmann Gotzkowski, der wegen der Unterstützung russischer Kriegsgefangener aus der Schlacht bei Zorndorf hohes Ansehen genoss, konnte ihn überreden, die bereits befohlene Zerstörung des Lagerhauses und der Gold- und Silbermanufaktur zu unterlassen. Ebenso unterblieb aus Rücksicht auf die benachbarten Gebäude die Sprengung des zentral gelegenen Gießhauses. Nicht verhindern konnte Gotzkowski jedoch die Räumung des Zeughauses, des Pulverwerks und sämtlicher Magazine. Auch einige Gefangene, darunter 105 zehnjährige Kadetten des Kadettenhauses, mussten den Russen beim Abzug am 12. Oktober 1760 folgen. Weit zügelloser als die Russen, die Totleben weitgehend unter Kontrolle halten konnte, hatten sich die Österreicher benommen, die von Lacy gegen den Willen Totlebens in die Stadt gelegt worden waren. In den Schlössern Schönhausen und Charlottenburg wurden die Gemälde zerschnitten, die Vorhänge zerrissen, die Fußböden in Brand gesetzt und die kostbaren antiken Statuen der Sammlung Poliniac in tausend Stücke zerschlagen. Nur die Schlösser von Potsdam blieben unberührt, weil der dort kommandierende Graf Esterhazy mit eiserner Hand jede Ausschreitung unterband. Der Vandalismus von Schönhausen und Charlottenburg hat Friedrich im Januar 1761 veranlasst, die Plünderung des Schlosses Hubertusburg durch preußische Truppen zu befehlen.

Treffen

Teil der Schlachtaufstellung. Gewöhnlich wurden zwei Treffen formiert, wobei das zweite 300 Schritt (195 m) hinter dem ersten stand. Das Treffen hatte eine Tiefe von drei Gliedern und konnte abhängig von der Stärke der Kräfte und dem Geländes eine Frontbreite bis zu vier Kilometern einnehmen:
Schlacht bei Chotusitz 1.500 m
Schlacht bei Hohenfriedeberg 4.000 m
Schlacht bei Kesselsdorf 2.000 m
Schlacht bei Lobositz 2.000 m
Schlacht bei Rossbach 2.500 m
Schlacht bei Leuthen 3.000 m

Tschernitschew, Zacharias Graf

Russischer General. Er führte 1760 das russische Kontingent bei der Besetzung Berlins und ermöglichte durch Verzögerung des von der Zarin Katharina befohlenen sofortigen Abzugs den preußischen Sieg bei Burkersdorf am 21. Juli 1762.

Uniform

Der Mannschaftsrock der Infanterie bestand aus dunkelblauem Tuch, der seit 1726 mit rotem Wollstoff gefüttert war, während die Ärmel rohes Leinwandfutter hatten. Der Saum hörte da auf, wo ihn der Mittelfinger am gestreckten Arm erreichte. Der Rock sollte bestimmungsgemäß so gefertigt sein, dass er im Winter geschlossen getragen werden konnte, denn die Soldaten hatten keine Mäntel. Zum Schutz vor Kälte wurden die Brustklappen der Röcke übergeknöpft oder der Rock, wo solche fehlten, zugehakt. Auf der linken Schulter saß in der Höhe des Schulterblattes eine Klappe (Dragoner), meist in Tuchfarbe, die den Patronentaschenriemen fixierte. Bei der Garde kamen Achselbänder hinzu. Die Rockschöße waren mit den Vorder- und Rückenteilen aus einem Stück geschnitten, also nicht mit Naht angesetzt. Sie lagen von den Taillenknöpfen ab in drei Falten und wurden mittels eines Knopfes und einer an jedem Rockzipfel angenähten dunkelblauen, rot unterfütterten Lasche stets aufgeschlagen getragen. In den Schößen befanden sich quergesetzte Taschen mit Patten und drei Knöpfen. Die Ärmel waren sehr eng, die kleinen runden Aufschläge meistens rundherum angenäht.
Zur Zeit Friedrich Wilhelms I. war der Rock am Hals ringförmig geschnitten und hatte teilweise einen kleinen, daumenbreiten Stehkragen vom Grundtuch, seltener einen farbigen liegenden Kragen. In der Armee Friedrichs des Großen fiel der Kragen entweder ganz weg oder wurde durch einen aufgenähten Tuchstreifen ersetzt. Die Regimenter unterschieden sich im Besatz des Uniformrocks und in den Ärmelaufschlägen. Auch die Uniformknöpfe, die in der Regel aus Messing oder Zinn bestanden, hatten eine von Regiment zu Regiment unterschiedliche Form. Beim Wechsel des Rockes wurden die gepressten Knöpfe abgetrennt und anschließend wieder verwendet.

Die Unteroffiziere trugen reicheren, metalldurchzogenen Besatz und goldene Tressen entweder in Litzenform oder als Einfassung der Aufschläge. Außerdem fiel der Dragoner weg, weil die Unteroffiziere keine Gewehre hatten und infolgedessen keine Patronentaschen benötigten. Zur weiteren Kenntlichmachung der Dienststellung war der Hut mit einer daumenbreiten Gold- oder Kamelhaartresse, einem entweder schwarz-weiß über Kreuz gefärbten oder nach oben weiß abgesetzten schwarzen Puschel sowie schwarz-weiß gedrehten Kordonschnüren versehen. Die Säbelquasten waren ebenfalls schwarz-weiß durchwirkt. Eine Abweichung gab es bei den Unteroffizieren von Nr. 15, die Achselbänder trugen und deren Hut mit einer roten Plumage sowie einer breiten Silbertresse eingefasst war. Die Zipfel der Rockschöße wurden nicht wie üblich mittels eines Knopfes aufgeschlagen, sondern verhakt. Die Unteroffiziere der Hausregimenter Nr. 3, 6, 34 und 35 verhakten die Rockschöße ebenfalls. Die Unteroffiziere von 3 und 6 schnallten darüber hinaus das Gehenk unter die Weste, wodurch sie ein offiziersmäßiges Aussehen erreichten. Sie unterstrichen es zusätzlich durch schmale Huttressen bei Nr. 3 und weiße Offiziershalsbinden bei Nr. 6. Die Unteroffiziere der Grenadiere trugen die Mütze mit entsprechendem Puschel.

Winterfeldt, Hans Karl von

(1707–1757) Generalleutnant der Infanterie. Winterfeldt war Friedrich Wilhelm I. in Ostpreußen aufgefallen und in das Königsregiment Nr. 6 übernommen worden. Vom König als Begleiter des Kronprinzen im Feldzug am Rhein ausgewählt, kam er 1734/35 als Leutnant mit Friedrich erstmals in Kontakt. Auch der Kronprinz erkannte schnell die Qualitäten des Offiziers. Winterfeldt gehörte jedoch nicht zum Rheinsberger Kreis, sondern blieb als Regimentsadjutant dem König eng verbunden. Als das Regiment mit dem Thronwechsel aufgelöst wurde, beförderte ihn der neue König in Würdigung der seinem Vater bewiesenen Treue zum Major und Flügeladjutanten. Am 6. März 1742 wurde er Oberst und Generaladjutant.

An der Spitze eines Grenadierbataillons festigte er im Schlesischen Krieg bei Glogau und Mollwitz seinen Ruf als Truppenoffizier. Als Generaladjutant reorganisierte er Teile der Armee, richtete einen Nachrichtendienst ein und bereitete den Siebenjährigen Krieg mit Schwerin generalstabsmäßig vor. Beide Generale achteten sich sehr und kooperierten gut, was angesichts der Eifersucht und Rivalität unter den Generalen keineswegs selbstverständlich war.

Winterfeldt war ein hart arbeitender, intelligenter, freundlicher und persönlich sehr bescheidener Mann mit einem überragenden strategischen Talent. Niemand hat so deckungsgleich gedacht und dem Monarchen seine ganze Kraft gewidmet wie er. Wegen seiner Geradlinigkeit und seines kongenialen Denkvermögens war er unter den Soldaten der Einzige, zu dem der sonst auf Abstand bedachte König eine tiefe persönliche Verbundenheit empfand. Der General hatte deshalb viele Neider. Die Prinzen Heinrich und August Wilhelm zählten ebenso dazu wie der Herzog von Bevern und die Generale Schmettau und Zieten.

Winterfeldt wurde am 7. September 1757 bei der Verteidigung des rechten Neißeufers östlich von Görlitz (Moys) durch einen Schuss in den Rücken tödlich verwundet. Die Leiche des auch vom Gegner hochgeschätzten Generals wurde mit einem Geleitbrief des Prinzen Karl von Lothringen durch die österreichischen Linien nach Schlesien gebracht. Friedrich hat den Tod des unersetzbaren Mannes nie verwunden. Die Tiefe der Gefühle, die der durch die Kriege hart und zynisch gewordene König über den Verlust empfand, zeigt sich in den Worten, die er nach Angaben des jüngeren Fouqué Jahre später zu einem Offizier gesagt haben soll: »Einen Winterfeldt finde ich nie wieder. Er war ein guter Mensch, ein Seelenmensch, er war mein Freund.«

Wolffersdorff, Karl Heinrich von

(1716–1781) Generalleutnant der Infanterie. Wolffersdorff gehört zur Gruppe der 52 Offiziere, die nach der sächsischen Niederlage bei Pirna in preußische Dienste übergetreten sind. Nach anfänglichen Schwierigkeiten überzeugte er durch gute Leistungen, so dass er schnell vom Oberstleutnant zum General aufstieg. Der König hielt viel von ihm: »Wolffersdorff ist gut, aber nicht für die Defensive.«

Der General war von großer Gestalt mit Riesenkräften und in der Truppe allgemein beliebt. Weil er der Kapitulation bei Maxen heftig widerspro-

chen hatte, gehörte er neben General Wunsch zu den wenigen, die das Kriegsgericht freisprach.

Wylich zu Diersfurth, Friedrich Freiherr von

(1706–1770) Generalleutnant der Infanterie, Flügeladjutant Friedrichs II., Brautwerber für Prinz Heinrich. Im Siebenjährigen Krieg beschlagnahmte er im Schloss zu Dresden gegen den heftigen Widerstand der Kurfürstin das sächsische Geheimarchiv. Die Originalunterlagen dienten dem König zur Rechtfertigung seines Präventivschlages.

Zapfenstreich

Signal zur Einhaltung der Bettruhe. Es wurde im Lager bei Sonnenuntergang mit einem Kanonenschuss eröffnet. Die Tamboure nahmen ihn durch Trommelschlag im Fünfsekundentakt auf. Daran schloss sich das Durchzählen der Soldaten an. Bis zur Bettruhe (Eintritt der Dunkelheit) durfte niemand die Kompaniegasse verlassen.

Zieten, Hans Joachim von

(1699–1786) General der Kavallerie. Nach Seydlitz der bekannteste preußische Reitergeneral. Er gehörte nicht zur allerersten Garnitur, denn strategisches Denken fehlte ihm, und weitläufige Dispositionen lagen ihm überhaupt nicht. In geistiger Wendigkeit anderen Generalen nachstehend, übertraf er alle in der Beliebtheit bei den Soldaten. Von keinem Kavallerieführer fühlte sich die Mannschaft so verstanden und väterlich behandelt wie von ihm, keiner wurde deshalb auch so volkstümlich wie er. In der Erinnerung lebt er als verlässlichste Stütze des Königs fort, auch wenn beider Beziehung keineswegs frei von Spannungen gewesen ist. Der König mochte Zieten, kannte aber auch seine Defizite. Zieten fühlte sich in falscher Selbsteinschätzung häufig ungerecht behandelt und reagierte empfindlich.

Zug

Teileinheit einer Kompanie bzw. eines Infanteriebataillons. Jede Kompanie hatte vier Züge, wobei jeweils zwei zehn bzw. neun Rotten zu drei Mann hatten. Das Bataillon bestand aus vier Divisionen zu zwei Zügen, wobei die Züge 1 bis 4 und 8 jeweils 24 und die Züge 5 bis 7 23 Rotten zu drei Soldaten bildeten.

Zweibrücken, Friedrich Prinz von

(1724–1767) Von 1758 bis 1760 Oberbefehlshaber der Reichsarmee

Unterwegs auf historischen Pfaden

Der Reiseführer spannt den Bogen vom Dreißigjährigen Krieg
– Schlacht bei Wittstock und am Scharfenberg – über den Brandenburg-
Schwedischen Krieg – Schlacht bei Rathenow und Fehrbellin – bis
hin zu den Befreiungskriegen zu Beginn des 19. Jahrhunderts
– Großbeeren und Dennewitz. Dabei wird nicht nur detailliert auf die
Kriegsgeschehnisse ein-
gegangen, sondern auch
in bewährter Art auf die
Schauplätze, wie sie der
Leser heute vorfindet.

Hans-Joachim Nicolai

Militärgeschichtlicher
Reiseführer

Brandenburg

Mittler

144 Seiten,
66 s/w- und 51 Farb-Abb.,
Broschur,
ISBN 3-8132-0752-8

Mittler